المدخـــل
الى نظـم المعلومـات الإداريـة

" إدارة تكنولوجيا المعلومات "

Introduction

To Management Information Systems

" Information Technology Management "

تأليف

الاستاذ الدكتور

محمد عبد حسين آل فرج الطائي

أستاذ وخبير نظم المعلومات الإدارية

دار وائل للنشر

الطبعة الثانية

٢٠٠٨

رقم الايداع لدى دائرة المكتبة الوطنية : (١٩٥٦/٨/٢٠٠٤)
الطائي ، محمد
المدخل إلى نظم المعلومات الإدارية / محمد عبد حسين آل فرج الطائي .
- عمان ، دار وائل ٢٠٠٤
(٣٢٢) ص
ر.إ. : (١٩٥٦/٨/٢٠٠٤)
الواصفات: المعلومات الإدارية / إدارة الأعمال
* تم إعداد بيانات الفهرسة والتصنيف الأولية من قبل دائرة المكتبة الوطنية

****

رقم التصنيف العشري / ديوي : ٦٥٨.٤٠٣
ISBN ٩٩٥٧-١١-٥٦٧-٧ (ردمك)

* المدخل إلى نظم المعلومات الإدارية
* الأستاذ الدكتور محمد عبد حسين آل فرج الطائي
* الطبعـة الأولى ٢٠٠٥
* الطبعـة الثانية ٢٠٠٨

* جميع الحقوق محفوظة للناشر

دار وائـل للنشر والتوزيع
* الأردن - عمان - شارع الجمعية العلمية الملكية - مبنى الجامعة الاردنية الاستثماري رقم (٢) الطابق الثاني
هـاتف : ٠٠٩٦٢-٦-٥٣٣٨٤١٠ - فاكس : ٠٠٩٦٢-٦-٥٣٣١٦٦١ - ص. ب (١٦١٥ - الجبيهة)
* الأردن - عمـان - وسـط البـلد - مجمـع الفحيص التجـاري- هـاتف: ٠٠٩٦٢-٦-٤٦٢٧٦٢٧
www.darwael.com
E-Mail: Wael@Darwael.Com

بسم الله الرحمن الرحيم

﴿ ومن يتق الله يجعل له مخرجا ويرزقه من حيث لا يحتسب ﴾

صدق الله العظيم

الإهـــداء

إلى ..

آل فرج الطائي .. مع الامنيات بالوئام والمحبة

الوالدين العزيزين .. أطال الله في عمرهما

اخوتي وأخواتي .. مع الدعوات بالموفقية
والسعادة

أسرتي الصغيرة .. رعاها الله بكنفه

الفهرس

الفصل الثالث
عناصر نظام المعلومات الادارية

الفصل الرابع
المستلزمات الضرورية لادارة وتشغيل نظام المعلومات الإدارية

مقدمة الطبعة الثانية

ادارة تكنولوجيا المعلومات والاتصالات هي توليفة لحقلين دراسيين هما تكنولوجيا المعلومات والاتصالات والادارة، والتي تهدف إلى تحقيق مرامي وأهداف المنظمة بوساطة الحاسبات وشبكات الاتصالات، من خلال التكامل بين أنظمة الحاسبات والاتصالات وبين مرامي وأهداف المنظمة.

وهذا المدخل لا يتعارض مع علم الحاسبات الذي يتصف بأنه اكثر نظرية بطبيعته وانه يتعامل بشكل أساسي مع ابتكار البرمجيات أو هندسة الحاسبات والتي تركز أكثر على تصميم أجهزة الحاسبات. وفي منظمات الأعمال فان نظم المعلومات الادارية تدعم عمليات المنظمة وتسهل مهمة صنع القرارات وهذا الاصطلاح ادارة "ICT" يمثل الوظيفة العامة للأعمال في أية منظمة وبشكل أكثر تحديداً هناك تجسيدين لهذا المفهوم، الأول: يتضمن إدارة مجموعة من النظم والبنى التحتية والمعلومات التي تقوم عليها. والثاني: يتضمن ادارة تكنولوجيا المعلومات والاتصالات كوظيفة أعمال. وعليه فاننا نتعامل مع نظم المعلومات الادارية في هذه الطبعة على أنها تمثل حلاً لمواجهة التحديات البيئية التي تواجهها المنظمة وهي تركز على الطبيعة المنظمية والادارية لنظم المعلومات دون تجاهل الطبيعة التكنولوجية.

المقدمــة

تعيش منظمات اليوم في مجتمع المعلوماتية. المجتمع الذي أسهب الكتاب والباحثون في وصفه وتحديد خصائصه وآثاره، المجتمع الذي يتجاوز فيه الفرد حواجز الزمن والمسافات والحدود والوسائل التقليدية والتسلط الفوقي والبيروقراطية ويسعى الى الابداع والتجديد والجهود الجماعية.

فالسلع والخدمات تنساب على شبكات المعلومات الفائقة السرعة بدلا من الطرق الاسفلتية والسكك الحديدية والخطوط البحرية والجوية. والانشطة الانسانية المختلفة تنجز من خلال الحاسب والشاشة والانترنيت بدلا من التفاعلات الشخصية، اذ يمكن أن يتم كل نشاط عن بعد فالتسوق عن بعد والاستشعار عن بعد وعقد المؤتمرات عن بعد والتعليم عن بعد والانتاج عن بعد وتشخيص الامراض عن بعد والعمليات الجراحية عن بعد ...وهكذا أختزلت المسافات الى حد الغائها من الناحية العملية فاصبحت المسافة بين الشاشة والعين هي المسافة بين الفرد وأي شيء يتفاعل معه. ثم أصبحت الحدود ليست ذات معنى بعد أن أضحت حدودا هلامية زئبقية بدلا من الحدود الفيزيقية. ولم تعد وسائل الانتاج التقليدية (رأس المال والارض والايدي العاملة والموارد الطبيعية) الاساس في بناء الاقتصاد وتحقيق الرقي والتقدم وبدلا من ذلك أصبحت المعلومات وتكنولوجيا المعلومات هي الاساس والفيصل في ذلك. كما انتهت المكاتب التقليدية والمباني التقليدية والسكرتيرة التقليدية والاجتماعات التقليدية وحلت بدلا منها المكاتب الالكترونية والسكرتيرة الالكترونية والاجتماعات عن بعد. وانتهى عصر الاستبداد المعلوماتي المميز للنظم السياسية المتسلطة وتهاوت البيروقراطيات التي ملكت المتربعين في قمة الهرم التنظيمي للمنظمات زمام السيطرة على المعلومات والتحكم بها وبمصير الذين تعود

اليهم هذه المعلومات. واصبحت عملية الابداع مسألة حتمية في اطار الجهود الجماعية وتعزيز روح الفريق الواحد مع اعتماد نظم ادارية جديدة ومتجددة تتناغم ومتطلبات مجتمع المعلوماتية .

لقد هيأ المخططون الاستراتجيون في الدول المتقدمة للدخول في هذا المجتمع والانصهار فيه بقوة وعلى نحو فاعل ، فوضعت الولايات المتحدة الامريكية تقرير (ROCHEFELLER) و (SALMON)عام ١٩٧٦ ، وأعتمدت فرنسا خطة "ديجول" المعروفة بأسم (CACUL PLAN) وتقرير (MORA-MINE) عام ١٩٧٨ واعتمدت السوق الاوربية المشتركة تقرير (DABLIN) عام ١٩٨٠. وأعدت المملكة المتحدة تقرير (ALVEY) عام ١٩٨٢ وخطة (SIMON) الطارئة عام ١٩٨٣، كما أعدت اليابان خطتها الوطنية في ضوء الوثيقة المشهورة المسماة (مجتمع المعلومات عام ٢٠٠٠) .

وتأتي فكرة هذا الكتاب لتشكل دعوة صريحة للاعداد والتهيأة للانخراط في هذا المجتمع من خلال التوعية الفكرية والبناء الاكاديمي للاطر البشرية التي ستسهم في الانتقال من المجتمع الحالي الذي تعيش فيه الاجيال العربية الى المجتمع المعلوماتي، وهذا الكتاب موجه بشكل عام الى جميع المهتمين بتخصص نظم المعلومات الادارية وبشكل خاص صانعي القرارات في المؤسسات الحكومية والعامة ومنظمات القطاع الخاص والى طلبة تخصص نظم المعلومات الادارية ونظم المعلومات الحاسبية وتكنولوجيا المعلومات. ويضم الكتاب خمسة فصول تناول الاول مفهوم نظام المعلومات الادارية وأهم أركانه وأنصب الثاني على بيان الانظمة الفرعية المكونة لنظام المعلومات الادارية وركز الفصل الثالث على عناصر نظام المعلومات الادارية في ضوء الانموذج العام للنظام وأشتمل الرابع على أهم المستلزمات الضرورية لادارة وتشغيل نظام المعلومات الادارية واختتم

الفصل الخامس أهمية نظام المعلومات الادارية في تكامل وظائف المدير وفي تكامل وظائف المنظمة وفي عملية صنع القرارات وتحقيق المزايا التنافسية .

نأمل في أن تلقى هذه الدعوة القبول والدعم لدى الجميع .

والله ولي التوفيق

المؤلف

الفصل الاول
نظام المعلومات الادارية : المفهوم والأركان

بهدف التمهيد لدراسة نظام المعلومات الإدارية على وفق مدخل النظم يركز هذا الفصل في المبحث الاول على بيان ماهية النظام واركانه ، وفي المبحث الثاني على تحديد مفهوم نظام المعلومات الإدارية وتوضيح اركانه .

المبحث الأول
مفهوم النظام وأركانه

١- مفهوم النظام The System Concept

على الرغم من ان مصطلح النظام (System) تبلور - كمفهوم علمي - حديثاً في نهاية الاربعينات من هذا القرن، وهو مصطلح مشتق أساساً من كلمة "Systema" اليونانية التي تعني الكل المركب من عدد من الأجزاء، الا انه يعد من المصطلحات الشائعة الاستخدام في مختلف المجالات الاجتماعية والاقتصادية والسياسية .... الخ، اذ اكتسب هذا المصطلح بمرور الزمن معاني جديدة ودلالات مختلفة لوصف مختلف الظواهر الإدارية والفنية والعلمية والظواهر العامة الأخرى.

وعند البحث في تعريف النظام نجد صعوبة الاتفاق التام بين الكتاب حول تعريف دقيق وموجز له بسبب التفسيرات والتطبيقات المختلفة له ، ومما يزيد المسألة تعقيداً هو حقيقة وجود عدد كبير من الأنظمة التي تضم في داخلها انظمة اخرى اصغر أو تعد جزءاً من أنظمة اخرى أكبر، وبسبب من هذه الحقيقة نجد أن

بعض الكتاب يدعي بأن مفهوم النظام يمثل نظرية للانتساب إذ أن حدود النظام واكتماله يتم من خلال مفهوم الانتساب الذي يعني تنسيب النظام الى النظام الاكبر الذي ينضوي تحته أو إلى الانظمة الفرعية التي يتكون منها. وبموجب هذا المفهوم يمكن النظر الى الشمس كنظام والكواكب التي تدور في فلكها نظاماً اكبر، والكواكب تعد نظاماً فرعياً في اطار نظام الكون ، وهكذا إذ تعد هذه القدرة على تعديل مستوى التجريد عن طريق تغيير الحدود واحدة من المزايا الرئيسة لمفهوم النظام. ويؤكد بهذا الخصوص الكاتبان (المنصور، ابو النور) على ان مفهوم النظام هو مفهوم علمي عام لايختلف من مجال الى آخر وان النظام ذاته يختلف باختلاف المجال الذي ينتمي اليه ، اما مفهومه العلمي فواحد لا يتغير. واعتماداً على ذلك يمكن تناول بعض التعريفات التي تناولت النظام بعامة ومنها :

- النظام هو " مجموعة العناصر او الاجزاء المتكاملة والمتداخلة والتي يمكن من خلالها تحقيق اهداف النظام ".
- النظام هو "مجموعة عناصر تشكل برنامج / اجراءات وفعاليات تنجز لتحقيق هدف او مجموعة اهداف من خلال معالجة بيانات و/ او مادة لتهيئة معلومات و/ او مادة في فترة زمنية معينة ".

واسترشادا بهذا التعريفين وأيضا انسجاما مع توجهات هذا الكتاب يمكننا اعادة توليفة الافكار الواردة في التعريفين للوصول الى تعريف النظام على نحو أدق وكالآتي: "مجموعة الاجزاء والعناصر والمستلزمات المتكاملة التي تسعى لتحقيق هدف معين من خلال معالجة بيانات و/أو مادة لتهيأة معلومات و/أو مادة في فترة زمنية محددة".

٢- الاركان الاساسية للنظام The Main dimensions of the system

ينسجم التعريف أعلاه مع مدخلنا في دراسة نظام المعلومات الادارية لانه يجسد الاركان الاساسية للنظام وهي الانظمة الفرعية المكونة للنظام، عناصر النظام، المستلزمات الضرورية لادارة وتشغيل النظام، التكامل بين الانظمة الفرعية

والعناصر والمستلزمات جميعاً، التكامل بين الانظمة الفرعية بعضها مع بعض وبين العناصرمع بعضها البعض، التكامل بين المستلزمات الضرورية للنظام وأخيراً الهدف من النظام. وفيما يأتي توضيحا لهذه الاركان.

١- أجزاء النظام The System Components : يشير أجزاء النظام إلى الانظمة الفرعية المكونة للنظام (Subsystems)، إذ يمكن تجزئة النظام الى مجموعة من الاجزاء أو الانظمة الفرعية المتكاملة انسجاماً مع القدرة على تعديل مستوى التجريد عن طريق تغيير حدود النظام، وهذه الانظمة الفرعية يمكن تجزئتها الى نظم ثانوية اصغر وهكذا إلى أن نصل الى أصغر نظام فرعي لا يمكن تجزئته، وتتم عملية التجزئة على نحو هرمي. مثال ذلك تجزئة النظام الانساني الى نظام الدورة الدموية ونظام الجهاز الهضمي ونظام الجملة العصبية ونظام الاطراف وتجزئة نظام الدورة الدموية الى نظام القلب ونظام الشرايين ونظام الاوردة وهكذا .

٢- عناصر النظام The System elements : يتمثل الأنموذج العام لاي نظام بالعناصر الاربعة الرئيسة وهي المدخلات، عمليات المعالجة، المخرجات، التغذية العكسية. وفيما يأتي توضيحاً لهذه العناصر :

- المدخلات Inputs : يعتمد كل نظام على مدخلات معينة هي تلك التي ينصب عليها نشاط النظام وعملياته وتكون حصراً على ثلاثة أنواع في جميع الانظمة هي المادة فقط أو البيانات فقط أو الاثنان معاً، وتأتي هذه المدخلات من مصادر مختلفة ومتنوعة من البيئة المحيطة بالنظام أو قد تكون مخرجات لنفس النظام عندما تستخدم كمدخلات جديدة من خلال عملية التغذية العكسية(*) .

(*) حدود النظام هي المنطقة الفاصلة بين نظام وآخر ، إذ لايمكن النظر الى هذه الحدود على انها ذات طبيعة مادية، فهي المنطقة التي يجب ان تمر من خلالها المدخلات والمخرجات اثناء التبادلات مع بيئة النظام.

- عمليات المعالجة Processes : هي النشاط الذي تمارسه النظام على المدخلات باعتماد المستلزمات الضرورية من قوى بشرية ومادية واجراءات معينة لاجل تحويل هذه المدخلات الى المخرجات المطلوبة، وتختلف طبيعة هذه العمليات باختلاف الانظمة فهي تتمثل بالاحتراق الداخلي في نظام السيارات والتركيب الضوئي في نظام النباتات والتصنيع في نظام المنشأة الصناعية والتجميع والتصفية والفهرسة والتحديث والتخزين والاسترجاع في نظام المعلومات الادارية.

- المخرجات Outputs : تتحول المدخلات بفعل عمليات المعالجة الى المخرجات التي تطرح في البيئة المحيطة او تستخدم كمدخلات جديدة للنظام نفسه، والتي تكون على نوعين حصراً في جميع انواع الانظمة وهما المادة فقط او المعلومات فقط او كليهما معاً، وترتبط هذه المخرجات على نحو مباشر باهداف النظام وهي تتمثل بالثمار وثاني أوكسيد الكاربون في النظام النباتي والسلع والخدمات والمعلومات في نظام الوحدة الاقتصادية والمعلومات في نظام المعلومات الادارية.

- التغذية العكسية Feedback : لأجل تحقيق الانتظام في فعاليات النظام والرقابة عليها لابد من وجود عنصر التغذية العكسية الذي يتولى مهمة المقارنة بين مخرجات النظام الفعلية وبين المخرجات المخططة والمحددة مسبقاً، إذ ان وجود اية اختلافات بينهما يحتم استخدام مدخلات جديدة أو إجراء تعديلات في عمليات المعالجة أو إعادة النظر في المخرجات المخططة للحصول على المخرجات المرغوبة. والشكل (١-١) يمثل الأنموذج الاساس العام لعناصرالنظام.

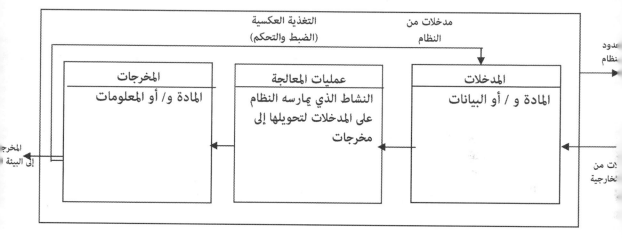

٣- المستلزمات الضرورية Necessary Requriments : هي المتطلبات الضرورية التي تمكن النظام من الحصول على المدخلات واجراء عمليات المعالجة عليها وتوفير المخرجات بشكل سليم، وتتباين هذه المستلزمات بتباين الانظمة من حيث نوعها وأهدافها وحجمها وطبيعة انشطتها وغيرها من العوامل .

٤- التكامل Integration : يسري التكامل أولا على الاركان الثلاثة الأولى معاً وهي الأجزاء والعناصر والمستلزمات اذ لا يمكن للنظام تحقيق هدفه بغياب أحد هذه الاركان الثلاثة، كما يسري على مكونات النظام وعلى عناصره وعلى مستلزماته، ففيما يتعلق بالتكامل بين الانظمة الفرعية المكونة للنظام فان التجزئة على وفق التصور أعلاه مشروطة بتحقيق التكامل فيما بين الأنظمة الفرعية

والأنظمة الثانوية ومع بيئتها بصورة دائمة في اطار ما يطلق عليه بالنظام المفتوح، إذ يعد هذا التكامل مسألة حتمية محققة ذلك لوجود الاعتمادية فيما بينها بحيث تبدو عند إنجازها لمهامها كمجموعة متكاملة وليست مجرد أنظمة مستقلة تعمل بمعزل عن بعضها البعض. ويمكن تحقيق هذا التكامل بطرق مختلفة تستند جميعها على علاقات المدخلات والمخرجات بين الانظمة الفرعية وتاثيرها على بعضها البعض، وإحدى هذه الطرق تتمثل بالتدفق الفعلي أو المحتمل للمدخلات فيما بينها، إذ يعد هذا التدفق مهماً جداً بخاصة عندما تكون المخرجات المتاحة من قبل نظام فرعي معين مطلوبة من قبل النظام الفرعي الثاني وعندما يتعذر توليد هذه المخرجات من قبل هذا النظام الفرعي الآخر أو أن توليدها يكلف كثيراً أو يتم بصورة بطيئة أو بصورة غير دقيقة بالمقارنة مع حالة استخدام المخرجات الجاهزة المقدم من قبل النظام الفرعي الأول، ومن طرق التكامل أيضاً الحالة التي يشترك فيها اكثر من نظام فرعي في توفير المخرجات التي تعد كمدخلات تلبي حاجة نظام فرعي آخر على نحو يتعذر إيجاد مثل هذه المخرجات أو يتعذر الاستفادة منها إلا في حالة تحقق المشاركة بين ذلك النظامين الفرعيين، كما يمكن تحقيق هذا التكامل عندما يشترك اكثر من نظام فرعي في الحصول على ذات المدخلات من نظام فرعي واحد(*) .

أما العناصر فان التكامل فيما بينها يمكن تصوره من خلال الاجابة على التساؤلات الاتية:

- ما الجدوى من عمليات المعالجة اذا لا توجد مدخلات ؟
- هل يمكن توقع الحصول على مخرجات في حالة عدم وجود المدخلات أو تعذر اجراء عمليات المعالجة ؟

(*) يمكن القول ان كلمتي المدخلات والمخرجات هي كلمات وصفية مؤقتة مرتبطة بالدورة الخاصة بها ، فما تعد مدخلات في دورة ما قد تكون مخرجات في دورة سابقة لها ، وما تعد مخرجات في دورة ما تكون مدخلات لدورة لاحقة لها. وهكذا ...

- هل تتحقق التغذية العكسية في حالة عدم وجود المخرجات ؟
- كيف يمكن تحقيق الرقابة الذاتية على المدخلات وعمليات المعالجة والمخرجات بدون التغذية العكسية .
أما التكامل بين المستلزمات فتتمثل في ضمان اتاحة جميع انواع المستلزمات الضرورية التي تمكن النظام من انجاز عمليات المعالجة على المدخلات لتحويلها الى مخرجات .
٥- الهدف. يسعى كل نظام الى تحقيق هدف أو مجموعة أهداف محددة بغض النظر عن نوع النظام وطبيعته وحجمه ودرجة تعقيده، وقد يكون هذا الهدف بسيطا جدا أو معقدا جدا ،كما قد تكون آثاره صغيرة أو تكون آثاره خطيرة وجسيمة ...ألخ.

المبحث الثاني
مفهوم نظام المعلومات الادارية وأركانه
MIS Concept & Dimensions

يتناول هذا المبحث توضيح مفهوم نظام المعلومات الإدارية وبيان الاركان الأساسية لـه في اطار مفهوم النظام.

أولاً: مفهوم نظام المعلومات الإدارية   MIS Concept

كما اختلف الكتاب والمتخصصون في تحديد مفهوم النظام بشكل عام فانهم اختلفوا أيضا في تحديد مفهوم نظام المعلومات الادارية، اذ يعكس تعدد وجهات النظر عن نظام المعلومات الادارية أن دراسته تمثل حقلا متعدد المعارف، فلا توجد نظرية واحدة أو وجهة نظر واحدة متحكمة تحدد هذا المفهوم ويوضح الشكل الاتي فروع المعرفة التي تسهم في المشاكل والموضوعات والحلول في دراسة نظام المعلومات.

الشكل (٢-١)
المداخل المعاصرة في دراسة نظام المعلومات الادارية

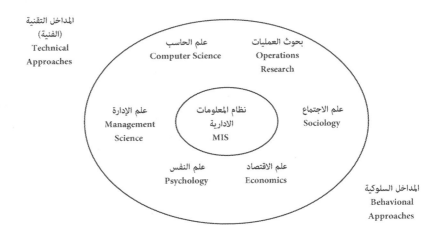

وبشكل عام فان هناك مدخلين رئيسيين في دراسة نظام المعلومات الادارية هي المدخل الفني Technical والمدخل السلوكي behavioral ونظام المعلومات هو نظام فني اجتماعي Sociotechnical . عليه فهو يشمل المكائن والمعدات والتكنولوجيا المادية ويستلزم استثمارات فكرية، تنظيمية، واجتماعية لكي يعمل بشكل سليم. وفيما يأتي فكرة موجزة عن هذين المدخلين تمهيداً للوصول إلى المدخل الثالث المعتمد في هذا الكتاب.

المدخل الأول: الفني Technical Approach

يركز هذا المدخل في دراسة نظام المعلومات الادارية على النماذج الرياضية Mathematical Models الى جانب التكنولوجيا المادية Physical Technology والقدرات الشكلية Formal Capability لهذه النظم، وأهم الحقول المعرفية التي تسهم في تشكيل هذا المدخل هي علم الحاسبات، علم الإدارة وبحوث العمليات. فعلم الحاسبات يهتم ببناء نظريات القابليات الحاسوبية Computability، طرق الاحتساب Methods of computation وطرق التخزين والوصول الكفء إلى البيانات Efficient data storage and access

أما علم الإدارة فانه يركز على تطوير نماذج صنع القرارات Decision making modesl والتطبيقات الادارية Mangement practices في حين تركز بحوث العمليات على الأساليب الرياضية Mathematical technigues لتعظيم المعلمات المختارة للمنظمات مثل النقل Transportation والرقابة على المخزون Inventory control وتكاليف المعاملات Transaction costs .

المدخل الثاني : السلوكي Behavioral Approach

الجزء المهم في نظام المعلومات هو الاهتمام بالجوانب السلوكية التي تبرز في بناء نظام المعلومات وصيانته خلال دورة حياة النظام. فالموضوعت مثل التكامل الاستراتيجي للاعمال، التصميم، التطبيق، الاستخدام والادارة يتعذر توضيحها بشكل مفيد مع النماذج المستخدمة في المداخل الفنية، اذ تسهم الحقول

المعرفية السلوكية الاخرى بمناهج وأساليب مهمة، على سبيل المثال فان عالم الاجتماع يدرس نظام المعلومات من خلال معرفة كيف تسهم الجماعات والمنظمات في بناء النظام، وكيف يؤثر النظام في الافراد والجماعات والمنظمات وعالم النفس يدرس نظام المعلومات من خلال بيان كيفية ادراك صانع القرارات للمعلومات وكيف يستخدمها في عملية صنع القرارات، والاقتصادي يدرس نظام المعلومات من خلال معرفة تكاليف النظام ومنافعه وتحديد قيمة المعلومات والاستثمار فيها.

المدخل الثالث: التركيز على الطبيعة الادارية والمنظماتية

يركز على الطبيعة الادارية والمنظماتية لنظام المعلومات الادارية، اذ يمثل نظام المعلومات الحل الاداري والمنظماتي إعتماداً على تكنولوجيا المعلومات لجميع التحديات البيئية التي تواجه المنظمة، فالفهم الكامل لنظام المعلومات الادارية يحتم على المدير فهم الابعاد المنظماتية والادارية وتكنولوجيا المعلومات الواسعة لنظام المعلومات وقدرته على توفير الحلول للتحديات والمشاكل البيئية كما يتضح في الشكل (١-٣).

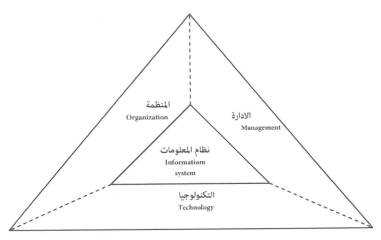

الشكل (١-٣)

الطبيعة الادارية والمنظماتية والتكنولوجيا لنظام المعلومات

ويصطلح على هذا الفهم الواسع لنظام المعلومات والذي يشتمل على فهم الابعاد الادارية والتنظيمية الى جانب التكنولوجيا للنظام "معرفة قراءة وكتابة نظام المعلومات" (Information System Literacy) وتتضمن معرفة قراءة وكتابة نظام المعلومات المدخل السلوكي الى جانب المدخل التقني في دراسة نظام المعلومات. بناء عليه فانه يمكن تعريف نظام المعلومات الادارية على أنه: "التكوين الهيكلي المتكامل من المستلزمات المادية والبرمجيات والمستلزمات البشرية والتنظيمية والذي يضمن جميع البيانات من مصادرها المختلفة ومعالجتها لتحويلها الى معلومات بالاوصاف المطلوبة وتوصيلها الى المستفيدين (صناع القرارات) على النحو الذي يسهل مهمتهم في صنع القرارات وتحقيق أهداف المنظمة".

ثانياً : أركان نظام المعلومات الادارية

في ضوء التعريف أعلاه واعتمادا على ما تم توضيحه في أركان النظام التي سبق الحديث عنها في المبحث الاول من هذا الفصل فانه يمكن تحديد أركان نظام المعلومات الادارية بشكل موجز في هذا المبحث- على أن يتم تناول هذه الاركان بالتفصيل في الفصول القادمة- على النحو الاتي :

١- الانظمة الفرعية لنظام المعلومات الادارية. يمكن تجزئة نظام المعلومات الادارية بوصفه نظام كلي الى مجموعة من الانظمة الفرعية وهذه الانظمة الفرعية الى عدد من الانظمة الثانوية وهكذا الى حدود معينة تبعا لاسس مختلفة وهذه الاسس هي :

- أساس وظائف المنظمة: تقسم بموجبه نظام المعلومات الادارية الى النظام الفرعي لمعلومات الانتاج والعمليات والنظام الفرعي لمعلومات التسويق والنظام الفرعي لمعلومات الافراد والموارد البشرية والنظام الفرعي للمعلومات المالية والمحاسبية والنظام الفرعي لمعلومات التخزين وادارة المواد والنظام الفرعي لمعلومات البحث والتطوير والنظام الفرعي لمعلومات العلاقات العامة والنظام الفرعي لمعلومات الجودة .

- أساس وظائف المدير . تقسم بموجبه نظام المعلومات الادارية الى النظام الفرعي لمعلومات التخطيط والنظام الفرعي لمعلومات التنظيم والنظام الفرعي لمعلومات التوجيه والنظام الفرعي لمعلومات الرقابة.

- أساس المستويات الادارية. تقسم بموجبه نظام المعلومات الادارية الى النظام الفرعي لمعلومات الادارة العليا (نظام المعلومات الاستراتيجية) والنظام الفرعي لمعلومات الادارة الوسطى (نظام المعلومات التكتيكية) والنظام الفرعي لمعلومات الادارة التنفيذية (نظام المعلومات التشغيلية) .

- أساس وظائف نظام المعلومات الادارية . تقسم بموجبه نظام المعلومات الادارية الى النظام الفرعي لقاعدة المعلومات والنظام الفرعي للاتصالات والنظام الفرعي لاسترجاع المعلومات.

- أساس القطاعات الاقتصادية . تقسم بموجبه نظام المعلومات الادارية الى النظام الفرعي للمعلومات الاقتصادية والنظام الفرعي للمعلومات الصناعية والنظام الفرعي للمعلومات الخدمية والنظام الفرعي للمعلومات السياسية والنظام الفرعي للمعلومات الاجتماعية والنظام الفرعي للمعلومات الطبية ...ألخ .

- أساس الرقعة الجغرافية. تقسم بموجبه نظام المعلومات الادارية الى النظام الفرعي للمعلومات الدولية والنظام الفرعي للمعلومات الاقليمية والنظام الفرعي للمعلومات الوطنية والنظام الفرعي للمعلومات المحلية .

٢- عناصر نظام المعلومات الادارية. يضم نظام المعلومات الادارية عناصر النظام الاساسية التي يشتمل عليها أي نظام آخر وهي :

- المدخلات . وتتمثل بالبيانات التي يتم تغذية النظام بها ويتم تجميعها عن البيئة الداخلية (نشاطات المنظمة) ومن خلال التغذية العكسية وعن البيئة الخارجية (العوامل السياسية ، الاقتصادية ، الاجتماعية ، الثقافية ... الخ).

- عمليات المعالجة. وتتمثل في تهيأة البيانات وادخالها الى النظام وتصفيتها وفهرستها (تصنيفها وترتيبها) واعداد التقارير بالمعلومات وتخزين المعلومات وتحديثها واسترجاعها .

- المخرجات . وتتمثل بالمعلومات التي يتم توليدها من قبل النظام بعد اجراء عمليات المعالجة على البيانات .

- التغذية العكسية. وتهدف الى المطابقة بين المخرجات المخططة والمخرجات الفعلية لكشف الانحرافات وتصحيحها .

٣- تكامل الانظمة الفرعية لنظام المعلومات وعناصره. يتمثل التكامل بين الانظمة الفرعية المكونة لنظام المعلومات الادارية بصيغ التفاعل المختلفة الحاصلة بين هذه الانظمة الفرعية، من هنا وعلى الرغم من تعذر تحديد الدرجة المناسبة من صيغ الفاعل بين هذه الانظمة الفرعية الا أن الشي الاكيد هو وجود الحد الادنى من هذا التفاعل في اطارالمدخلات والمخرجات التي يتم تبادلها بين هذه الانظمة الفرعية. على سبيل المثال فان نظام المعلومات المالية يستلم مخرجات نظام معلومات الانتاج والعمليات وبنفس الوقت يوفر المدخلات لنظام معلومات الافراد والموارد البشرية، ويوفر نظام المعلومات التسويقية المدخلات لنظام معلومات الانتاج والعمليات، كما يوفر نظام المعلومات المخزنية وادارة المواد المدخلات لنظام المعلومات التسويقية ولنظام معلومات الانتاج والعمليات وهكذا تنعكس التغييرات الحاصلة في كل نظام معلومات فرعي على الانظمة الفرعية الاخرى . أما التكامل بين عناصر نظام المعلومات الادارية فانه يتمثل في أن عمليات معالجة البيانات لا تتم الا بعد تجميع هذه البيانات وتغذيتها في النظام، كما أن طبيعة هذه البيانات تؤثر بشكل كبير على طبيعة وجودة المعلومات المتولدة، والمعلومات يتعذر توليدها الا بعد اجراء عمليات المعالجة المناسبة على البيانات، وأخيرا فان التغذية العكسية تكون غير ذات جدوى الا في ظل وجود المعلومات بالاوصاف المطلوبة من قبل المستفيدين لكي يمكن الحكم على مدى تحقق هدف نظام المعلومات وكشف الانحرافات الحاصلة في

تحقيق هذا الهدف. ويجسد الشكل (١-٤) صورة هذا التكامل في نظام معلومات احدى منظمات الأعمال
.

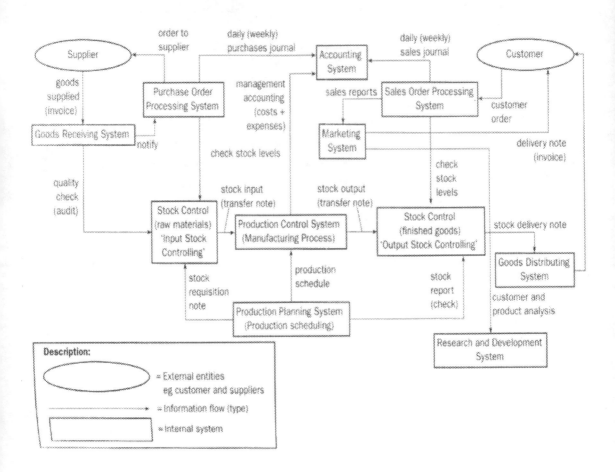

الشكل (١-٤)
صورة التكامل بين أجزاء نظام المعلومات الادارية وعناصره

٤- المستلزمات الضرورية لادارة وتشغيل نظام المعلومات. وهي المستلزمات البشرية والمستلزمات المادية والمستلزمات البرمجية والمستلزمات التنظيمية.

ومع ذلك وبشكل عام فان هذه المستلزمات تكون على أربعة أنواع هي:

- المستلزمات البشرية وتضم الافراد العاملين بمختلف فئاتهم وتخصصاتهم ومؤهلاتهم.
- المستلزمات المادية وتضم الاجهزة والمعدات والمواد الخام وغيرها من الجوانب المادية.
- المستلزمات البرمجية وتضم البرمجيات والنظم والاجراءات.
- المستلزمات التنظيمية وتضم الهيكل والصلاحيات والمسؤوليات وتقسيم العمل والمناخ والثقافة التنظيمية وغيرها.

٥- الهدف الاساسي للنظام .هو توفير المعلومات الضرورية التي تحتاجها الادارات المختلفة في صنع القرارات عند انجازها لوظائف التخطيط والتنظيم والتوجيه والرقابة بالوقت والموثوقية والتكلفة والكمية والنوع المناسب، على أن تعكس هذه المعلومات أحداث الماضي وصورة الحاضر وتوقعات المستقبل لنشاطات المنظمة.عليه فان المعيار الأساسي لتقرير فاعلية النظام هو مدى توفير المعلومات بهذه الاوصاف ومن ثم مدى انتفاع المدراء صانعي القرارات (المستفيدون) من المعلومات التي يوفرها النظام في تحقيق النجاح للمنظمة من خلال توظيف هذه المعلومات في صنع القرارات التي تسهم بهذا النجاح.

والشكل (١-٥) يوضح الانموذج الخاص بنظام المعلومات الادارية

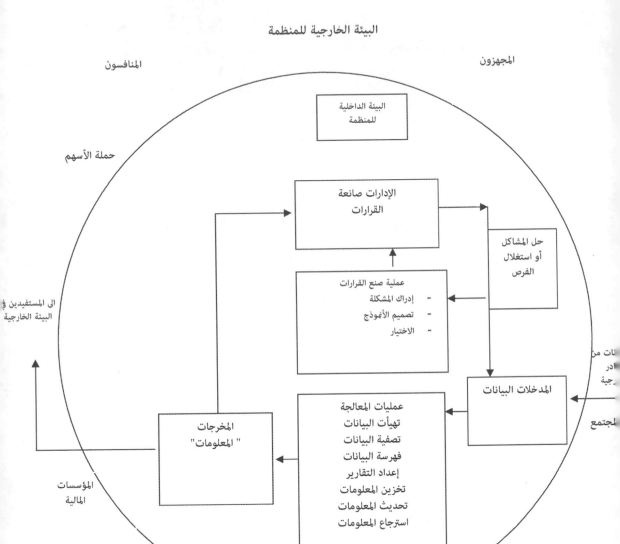

البيئة الخارجية للمنظمة

المجهزون

المنافسون

حملة الأسهم

البيئة الداخلية للمنظمة

الإدارات صانعة القرارات

حل المشاكل أو استغلال الفرص

عملية صنع القرارات
- إدراك المشكلة
- تصميم الأنموذج
- الاختيار

إلى المستفيدين في البيئة الخارجية

المدخلات البيانات

عمليات المعالجة
تهيأت البيانات
تصفية البيانات
فهرسة البيانات
إعداد التقارير
تخزين المعلومات
تحديث المعلومات
استرجاع المعلومات

المخرجات " المعلومات"

ات من ... در ... رجية

... لمجتمع

المؤسسات المالية

الزبائن

الجهات الحكومية

الشكل (١-٥)
الأنموذج الخاص بنظام المعلومات الإدارية

ثالثاً: الأنواع الستة الرئيسة لنظم المعلومات

مع اتساع الدور الذي تقوم به نظم المعلومات في المنظمات على مر السنين، فقد تغيرت الأدوار التي تنجزها هذه النظم بشكل جذري فبعد أن كان هذا الدور مقتصراً على معالجة البيانات وتوثيق السجلات والمحاسبة التقليدية وغيرها من تطبيقات المعالجة الالكترونية للبيانات (Electronic Data Processing)، تغير هذا الدور الى توفير صانعي القرارات بالتقارير الملائمة من خلال نظام المعلومات الادارية (Management Information System)، واتضح مع حلول السبعينات من القرن الماضي عدم كفاية التقارير لتلبية احتياجات المستفيدين وظهرت الحاجة إلى جانب توفير المعلومات تقديم المساندة لصانع القرارات وخاصة في القرارات شبه المبرمجة (Semi Programed) فكانت فكرة نظم مساندة القرارات، وفي الثمانينات من نفس القرن ظهرت الحاجة إلى النظم التي توفر طرق سهلة للتنفيذين للحصول على المعلومات المطلوبة في الوقت والنوع والأسلوب الملائم فكانت نظم معلومات المدراء التنفيذين (Executive Information Systems)، واستمرت التطورات في هذه النظم من خلال اعتماد تطبيقات الذكاء الاصطناعي (Artificial Intelligence) فظهرت فكرة النظم الخبيرة وغيرها من النظم القائمة على المعرفة (Knowledge based systems).

وفي منتصف الثمانينات وبداية التسعينات ظهر دور جديد لنظام المعلومات يتمثل في تحقيق الأهداف الاستراتيجية للمنظمة في اطار ما يطلق عليه الميزة التنافسية.

وتتوزع هذه الانظمة الستة على مستويات الهرم التنظيمي للمنظمة كما يتضح من الشكل (١-٦). اذ يتخصص كل نظام بدوره في خدمة كل مجال وظيفي رئيسي، فنظم المساندة التنفيذية ونظم المعلومات الاستراتيجية تعمل عند مستوى الادارة الاستراتيجية، بينما تعمل نظم المعلومات الادارية ونظم مساندة القرارات

عند المستوى الاداري وتعمل نظم المعمل المعرفية ونظم المكاتب عند المستوى المعرفي، ونظم معالجة البيانات عند المستوى التشغيلي.

الشكل (١-٦)

أنواع نظم المعلومات في المنظمة

TYPES OF SYSTEMS	Strategic - Level Systems				
Executive Support Systems (ESS)	٥-year Sales trend forecasting	٥-year Operating plan	٥-year Budget forecasting	Profit planning	Personnel planning

	Management - Level Systems				
Management Information Systems (MIS)	Sale manangement	Inventory control	Annual budegting	Capital investment analysis	Relocation analysis
Decision-Support Systems (DSS)	Sales region analysis	Production scheduling	Cost analysis	Pricing/ profitability analysis	Contract cost analysis

	Knowledge - Level Systems		
Knowledge Work Systems (KWS)	Engineering workstations	Graphics workstations	Managerial workstations
Office Systems	Word processing	Document imaging	Electronic calendars

	Operational - Level Systems				
		Machine control	Securities trading	Payroll	Compensation
Transaction Processing Systems (TPS)	Order tracking	Plant scheduling		Accounts payable	Training & development
	Order processing	Material movement control	Cash management	Accounts receivable	Employee record keeping

وتجدر الاشارة هنا أن هـذه الـنظم المختلفـة في المستويات الهرميـة المختلفـة لا تعمـل بشـكل مستقل وانما هي نظم متداخلة ومتكاملة مع بعضها البعض وأن هنـاك اعتمادية عاليـة فيما بينها كما يتضح ذلك في الشكل الآتي:

الشكل (١-٧)
التكامل بين نظم المعلومات المختلفة

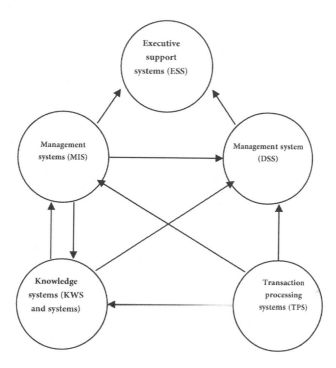

أسئلة نهاية الفصل

١. لا يوجد اتفاق بين الكتاب بخصوص تعريف النظام.لماذا؟

٢. ما هي أركان النظام في اطار الانموذج العام له ؟

٣. يتفق الباحثون على ان عناصر النظام تتمثل بالمـدخلات والمخرجـات وعمليـات المعالجـة والتغذيـة العكسية ، وضح ذلك؟

٤. كيف يتحقق التفاعل بين مكونات النظام وبين عناصره ؟

٥. يمكن دراسة نظام المعلومات الإدارية اعتماداً على المفهوم العام للنظام ، وضح ذلك؟

٦. هناك أكثر من اتجاه في تعريف نظام المعلومات الادارية ، ماهي هذه الاتجاهات؟

٧. ما هي أهم أركان نظام المعلومات الادارية ؟

٨. وضح عناصر نظام المعلومات الادارية ؟

٩. اعرض التطور التاريخي لانواع نظم المعلومات .

الفصل الثاني
الانظمة الفرعية لنظام المعلومات الادارية

تمهيد

انطلاقاً من مفهوم نظرية النظم بخصوص امكانية تجزئة النظام الى عـدد مـن الانظمـة الفرعيـة المتكاملة ولاجل استكمال توضيح مفهوم نظام المعلومات الادارية يسـعى هـذا الفصـل إلى توضـيح أجزاء نظام المعلومات الادارية من خلال تحديد الأنظمة الفرعية التي يتشكل منها نظام المعلومات الإدارية ككل متكامل على وفق مفهوم نظرية النظم، وتم في هذا الفصل اعتماد أساس وظائف النظام الذي بموجبـه تـم تحديد ثلاثة أنظمة فرعية لنظام المعلومات وهو نظام قاعدة المعلومات، نظام استرجاع المعلومات ونظام الاتصالات، على ان يتم في الفصل الخامس توضيح الاسس الاخرى.

وعلى وفق هذا الأساس يمكن عد نظام المعلومات الإدارية بالنسبة لبـاقي اجـزاء المنظمـة بمثابة نظام الدورة الدموية بالنسبة لباقي أجزاء جسد الإنسان ، نظراً لان البيانات والمعلومـات تتـدفق في جسد المنظمة بوساطة نظام الدورة الدموية، وحيث ان نظام الدورة الدموية يتكون من عدة أنظمة فرعية هـي نظام القلب الذي يقوم بتنقية الدم ومعالجته ، ونظام الشرايين والاوردة الذي يتولى مهمة نقل الـدم مـن نظام القلب الى جميع اجزاء جسد الانسان وبالاتجاه المعاكس ونظام التحكم الـذي يسـيطر عـلى كميات الدم الموزعة تبعاً لحاجة كل جزء في جسد الانسان ، فانه يمكننا وباسـلوب مشابه وانطلاقاً مـن مفهوم نظرية النظم تجزئة نظام المعلومات الإدارية إلى عدة أنظمة فرعية هي نظام قاعدة المعلومات الذي يعـد بمثابة نظام القلب ونظام الاتصالات الذي يقابل نظام الشرايين والاوردة ونظام الاسترجاع الذي يناظر نظام التحكم.

المبحث الأول
نظام قاعدة المعلومات

Information Base System

سبقت الاشارة الى ان المنظمات المعاصرة لها حاجات مستمرة لتجميع ومعالجة كميات هائلة من البيانات لاجل الحصول على المعلومات الضرورية لصنع القرارات الرشيدة عند انجاز النشاطات المختلفة في المنظمة ، إذ تقتضي ضرورات الحجم ، الوقت ، التكلفة ، الامان والسرية ، ومنع الازدواجية ... الخ قيام المنظمة بخزن المعلومات المتاحة لديها لاغراض الاستفادة اللاحقة منها من خلال استرجاعها ، الا ان هذا التخزين كان يتم على نحو تقليدي وغير منتظم ، إذ غالباً ما كانت المنظمة تحتفظ بمجموعتين أو اكثر من نفس الملفات المالية في اقسام مختلفة ، مثال ذلك الاحتفاظ بنفس مجموعة دفاتر الاستاذ في اقسام المحاسبة، والرقابة على المخزون والمخازن(*) ، من هنا تمثل عملية تسهيل مهمة المستفيدين في الوصول الى المعلومات المخزونة في الملفات من أهم التحديات التي تواجه نظام المعلومات الادارية ، ففي بيئة إدارة الأعمال المتميزة بالدينامية هناك العديد من الحاجات غير المتوقعة للمعلومات ، إذ تهمل هذه الحاجات بسبب تعذر الوصول الى المعلومات المخزونة في الملفات ، ولأجل الابتعاد عن هذا الأسلوب التقليدي واعتماد صيغة منتظمة في خزن المعلومات ظهرت الحاجة الى ضرورة بناء نظام قاعدة المعلومات "Information Base System" الذي يساعد على مواجهة هذا التحدي من خلال تكامل الملفات في صيغة تحقق العديد من المزايا الايجابية سنأتي على توضيحها لاحقاً.

(*) قد تحتفظ إدارة المنظمة بأكثر من نسخة واحدة من ذات الملف وبخاصة عند اعتماد تطبيقات الحاسوب لأغراض الحماية والتحوط من التلف والسرقة وتسمى هذه الملفات احياناً بالملفات المساندة التي تكون نسخاً لملفات جارية او النسخة الواحدة.

اولاً - مفهوم نظام قاعدة المعلومات

قبل التطرق الى المقصود بنظام قاعدة المعلومات تجدر الاشارة الى ان فكرة نظام قاعدة المعلومات سبقت ظهور الحاسبات الالكترونية من الجيل الثالث بفترة طويلة جداً رغم شيوع تطبيق هذا المفهوم مع ظهور هذه الحاسبات وقد يعود السبب في تأخر تطبيق هذا المفهوم إلى مشكلة التعقيد في تصميم البرامج والأنظمة الضرورية لتطبيق هذا المفهوم وأيضاً إلى صعوبة التعامل مع الحاجات المختلفة لمختلف المستفيدين واللتين تم تذليلهما وتجاوزهما من قبل مصممي واختصاصي الحاسبات الالكترونية من الجيل الثالث والتي ساهمت في شيوع هذا المفهوم بدرجة كبيرة.

وبخصوص مفهوم نظام قاعدة المعلومات نجد ان اغلب الكتاب والباحثين قد اعتادوا على تسميته (Data Base) كما درجت أغلب المصادر العربية على ترجمة هذه العبارة الانكليزية (Data Base) بانها قاعدة البيانات وهي من وجهة نظرنا تسمية غير سليمة والترجمة العربية لها ترجمة حرفية صرفة وذلك للمبررات الآتية :

- لانها تسمية لا تعبر عن مفهوم هذا النظام اساساً فضلاً عن أنها لا تنسجم مع الهدف الاساس والوظيفة الرئيسة للنظام الا وهي خزن المعلومات وليس خزن البيانات.

- نظراً للفرق الجوهري بين البيانات والمعلومات وانطلاقاً من وظيفة النظام المتمثلة بوضع المعلومات في صيغ منظمة تسهل الاستفادة منها لاحقاً.

- لانها تسمية تلغي دور عملية التحديث في الحيلولة دون تحول هذه المعلومات إلى بيانات مجدداً فكل مفردة من مفردات البيانات في نظام قاعدة المعلومات عبارة عن معلومات عن موضوع معين مثال ذلك مفردة البيانات (الفصل الدراسي) عبارة عن معلومات عن الطلبة مصنفة على اساس المواد التي يدرسها الطالب .

- كما أنها تشوه دور عملية الاسترجاع والتي يفترض أن يتم من خلالها استرجاع المعلومات الى المستفيدين وليست البيانات .
- اضافة الى العيوب العديدة التي تنتاب المفهوم التقليدي (نظام قاعدة البيانات) والمزايا المتعددة التي يتصف بها المفهوم الحديث(نظام قاعدة المعلومات).

من هنا نرى بضرورة تصحيح التسمية لكي تصبح قاعدة المعلومات Information Base والتي تعد الاساس الذي يرتكز عليه المستفيدون للحصول على المعلومات المخزونة فيها من خلال استرجاعها.عليه يمكن تعريف نظام قاعدة المعلومات على انه :

- مجموعة من الملفات التي تضم معلومات تم ترميزها وخزنها يدوياً أو آلياً أو الكترونياً والتي تستخدم بطريقة نظامية في عمليات نظام المعلومات الادارية الموجودة في المنظمة.
- مجموعة الملفات التي تحتوي على معلومات تربطها علاقات منطقية وتكون مخزونة في نظام المعلومات الادارية بطريقة تسهل اضافة المعلومات الجديدة اليها وتقلل من الاسهاب فيها.

وفي ضوء التعريفين السابقين يمكن التوصل الى تعريف جديد وهو "النظام الذي يوفر الوسائل الضرورية التي تساعد ادارة نظام المعلومات الادارية في اعداد الملفات وتنظيمها من خلال خزنها بصيغة نظامية في ضوء تحديد العلاقات المنطقية والمادية الموجودة بين هذه الملفات وعلى النحو الذي يمنع تكرار معلوماتها ويجعلها متاحة للتطبيقات المتنوعة لمختلف المستفيدين بسهولة ويسر وأيضاً يسهل تحديثها واسترجاعها عند الحاجة اليها .

ثانياً - أهمية نظام قاعدة المعلومات

ذكرنا في مقدمة هذا المبحث أن السبب الاساس في التوصل الى فكرة نظام قاعدة المعلومات هو توفير القدرة على تجميع كل المعلومات المرتبطة بعملية معينة من عدد من الملفات على النحو الذي يمكن من أداء عملية إعداد المعلومات مرة

واحدة فقط عند استرجاع المعلومات ، إذ تتكامل هـذه الملفـات في صيغة نظاميـة يطلـق عليهـا قاعـدة المعلومات على عكس المدخل التقليدي (قاعدة البيانات) الذي يتم فيه انجاز مجموعة من العمليات عن طريق عدد من البرامج يخصص كل برنامج منها لاداء جزء بسيط من إجمالي عملية إعداد المعلومات .

وتأكيداً على وجود هذه الإشكالية يؤكد أحد الكتاب على أن نظام قاعدة المعلومات تم ابتكاره أساساً لتصحيح حالة عدم التوافق بين طريقة تخزين المعلومات واسترجاعها باستخدام الحاسب من جهة وبين الطريقة التي يرغب المستفيدين من هذه المعلومات في استخدامها.

٢-١ عيوب الأسلوب التقليدي (نظام قاعدة البيانات)

وبناء عليه ولأجل توضيح حالة عـدم التوافـق نشـير إلى أن عمليـة معالجـة البيانـات في انظمـة المعلومات الأولى ـ قبل تطبيق فكرة قاعدة المعلومات ـ في مختلف المنظمات كانت تتكون من سلسلة من التطبيقات المختلفة ، وكان لكل تطبيـق الملـف الرئيسي- الخـاص بـه ، وأيضـاً مجموعـة ملفـات المعـاملات الخاصة به ، إذ تصمم هذه الملفات على نحو خاص لتلبية حاجات التطبيق المقصود مـع تجاهـل التكامـل والمشاركة الموجودة بين التطبيقات المختلفة، فالاسلوب التقليدي يركز عـلى الملـف (File-Oriented) بسـبب ان الملف الرئيس هو محور كل تطبيق. وفيما يأتي الشكل (٢-١) الذي يوضح الاسلوب التقليدي في التعامل مع الملفات.

الملف الرئيسي للبيانات من A إلى Z
Master file Data elements A - to - Z
الملفات ذات العلاقة بكل تطبيق
Derivative files
المستفيدين
التطبيقات
المحاسبة (Accounting)
المالية (Finance)
التسويق والمبيعات (Sales and Marketing)
التصنيع (Manufacturing)

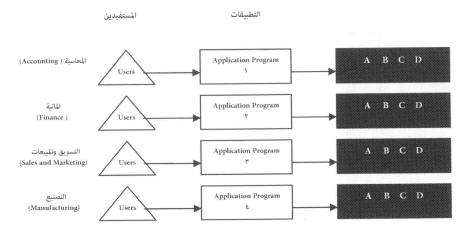

الشكل (٢-١)
الأسلوب التقليدي في بناء الملفات

وعلى الرغم من أن هذا الاسلوب كان ملائماً في البداية نظراً لانه كان يتيح امكانية معالجة البيانات الخاصة بكل تطبيق على حدة وبصورة مستقلة عن التطبيقات الاخرى، الا أنه وبمرور الزمن أثبت عجزه وقصوره وعدم اقتصاديته نظراً للعيوب العديدة التي يتصف بها والتي يمكن إجمالها في ازدواجية البيانات، اعتمادية البيانات/ البرنامج، ضعف المرونة، ضعف أمن المعلومات، ضعف القدرة على تقاسم البيانات بين التطبيقات المختلفة، وفيما يأتي فكرة موجزة على بعض هذه العيوب.

- تكرار المعلومات :

دفعت حاجة المنظمات الى كميات هائلة من المعلومات بادارات الاقسام والتشكيلات التنظيمية الاخرى فيها الى بذل الجهود في سبيل توفير أكبر كمية ممكنة من البيانات بهدف معالجتها وتلافي المشاكل التي قد تنجم عن نقص المعلومات الضرورية او عدم دقتها ، الامر الذي ترتب عليه الاحتفاظ بالعديد من الملفات التي تحتوي ذات المعلومات أو معلومات مشابهة، مثال ذلك المفردات الخاصة باسم الطالب ورقمه ورقم المادة العلمية واسم المادة العلمية واسم التدريسي والقاعة الدراسية ووقت المحاضرة في قاعدة بيانات الطلبة في اطار نظام معلومات التسجيل . والجدول الاتي يوضح هذا المثال.

الجدول (٢-١)

العيوب الملازمة لتكرار مفردات البيانات في نظام قاعدة البيانات

اسم الطالب	رقم الطالب	رقم المادة	اسم المادة	مدرس المادة	القاعة
عمر محمد	٢٠٠٣٣٣٣	٠٤٠٢٢٣١	نظم١	محمد الطائي	د١٣٠
عمر محمد	٢٠٠٣٣٣٣	٠٤٠٢٢٤١	محاسبة٢	محمود جلال	٥٣٠٦
رنين محمد	٢٠٠٤٥٥٥	٠٤٠٢٢٣١	نظم١	محمد الطائي	٥٣٠٦
رنين محمد	٢٠٠٤٥٥٥	٠٤٠٢٥٣١	بحوث١	رعد الطائي	٥٣٣٥
عماد محمد	٢٠٠٣٤٤٤	٠٤٠٢٥٣١	بحوث١	رعد الطائي	د١٠٦

يلاحظ من الجدول السابق وجود ثلاثة مشاكل هي :

- الأولى مشكلة الاضافة لمفردات بيانات مادة دراسية جديدة بسبب تعذر إضافة بيانات مادة جديدة لحين تسجيل طالب واحد على الاقل في هذه المادة .
- والثانية تتمثل بالغاء بيانات أحد الطلبة بعد تخرجه أوانتقاله الى جامعة أخرى ومن ثم ظهور الحاجة الى حذف بياناته ،وعند حذف بيانات الطالب سوف يتم

حذف جميع بيانات المادة العلمية واسم مدرس المادة وتختفي هذه البيانات من قاعدة البيانات.

- والمشكلة الثالثة هي تعديل هذه البيانات ، فلو أردنا مثلا تعديل اسم المادة العلمية من (نظم ١) الى (نظم٢) فانه يجب البحث عن كل مادة علمية بأسم (نظم١) وتعديله الى (نظم٢) نظرا لتكرار اسم المادة العلمية في أكثر من سجل واحد.

- ضعف تكامل المعلومات

قد توجد علاقات منطقية بين المعلومات المخزونة في الملفات المختلفة عندما يؤثر التغيير الحاصل في المعلومة الموجودة في الملف الأول على المعلومة الموجودة في الملف الثاني أو الثالث مثال ذلك في ملفات الأفراد وملفات الرواتب وملفات قطع الغيار ... الخ واعتماد مثل هذا الأسلوب التقليدي القائم على التفرد في التطبيق يؤدي الى صعوبة أو تعذر تكامل المعلومات المشتركة بين هذه الملفات المختلفة مثال ذلك ان الإدارة قد ترغب بتقرير يعرض   فيه اسم الطالب ، القسم العلمي، المعدل التراكمي ، المواد الدراسية ، والأسلوب التقليدي لا يتيح الآلية لـربط هـذه المفردات بطريقة منطقية تجعل هـذه المعلومات مفيدة لحاجة الإدارة.

- تبعية البرنامج / البيانات

يستند الاسلوب التقليدي على عد الملف الرئيسي ـ بكل تطبيق محوراً للتطبيق وعليه تعتمد البرمجيات على الملفات وبالمقابل تعتمد الملفات على البرمجيات، الامر الذي يعني أن أي تغيير في الشكل المادي للملفات مثل اضافة حقل جديد يحتم تغيير كل البرمجيات التي تصل الى الملف الرئيسي. ومن ثم جعل مهمة ادارة المعلومات مهمة كل المبرمجين حسب عائدية التطبيق. بتعبير آخر فان هيكل الملف الخاص ببرنامج معين كان يؤثر في البرمجيات الاخرى ، كما ان الاستفسار عن معلومات معينة (الاسترجاع) كان يؤدي الى اعادة التوليف ـ ايجاد العلاقات

المنطقية بين مفردات المعلومات ـ أو كان يؤدي في أسوء الأحوال إلى إعادة كتابة البرنامج على نحو كلي.

- ضعف المرونة

تكون قدرة استرجاع المعلومات في ظل الاسلوب التقليدي مرهونة ومقيدة بالطلبات المحددة مسبقاً للمعلومات من قبل المستفيدين ، عليه فان النظام يولد معلومات في صورة تقارير جدولية متفق عليها مسبقاً فإذا كانت الحاجة الى المعلومات غير متوقعة من قبل احد المستفيدين فانه يمكن تلبيتها فقط في حالة ما اذا كانت هذه المعلومات موجودة في الملف الرئيسي- في النظام وبخلافه تضطر ادارة النظام الى القيام بجهود برمجة مكثفة تستغرق وقتاً طويلاً قد تنتفي خلالها الحاجة الى هذه المعلومات.

٢-٢ مزايا الأسلوب الحديث (نظام قاعدة المعلومات)

في ظل هذه العيوب اصبحت تكاليف البرمجة تستحوذ على نسبة كبيرة من تكاليف نظام المعلومات الادارية في المنظمة وظهرت الحاجة إلى اعتماد وتطبيق فكرة نظام قاعدة المعلومات الذي يساعد في معالجة البيانات على نحو ملائم وخزن المعلومات وتحقيق المشاركة في حالة رغبة أكثر من مستفيد واحد في استخدام أو تغيير مفردات المعلومات في ذات الوقت ، أو تشغيل برمجيات مختلفة على نفس مفردة البيانات دون الحاجة الى تغيير هيكل الملف أو إعادة التوليف بالشكل الذي يسهم في تجاوز العيوب المذكورة في الاسلوب التقليدي وبالمقابل في تحقيق المزايا والشكل الاتي (٢-٢) يوضح الاسلوب الحديث :

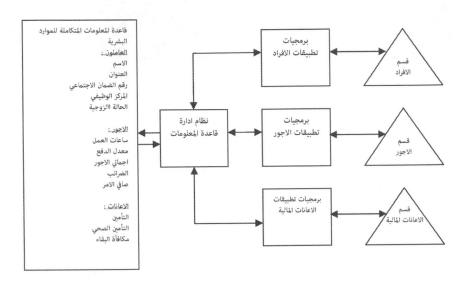

قاعدة المعلومات المتكاملة للموارد البشرية

<u>العاملون:</u>
الاسم
العنوان
رقم الضمان الاجتماعي
المركز الوظيفي
الحالة الزوجية

<u>الاجور:</u>
ساعات العمل
معدل الدفع
اجمالي الاجور
الضرائب
صافي الامر

<u>الاعانات:</u>
التأمين
التأمين الصحي
مكافأة البقاء

برمجيات تطبيقات الافراد

قسم الافراد

نظام ادارة قاعدة المعلومات

برمجيات تطبيقات الاجور

قسم الأجور

برمجيات تطبيقات الاعانات المالية

قسم الاعانات المالية

الشكل (٢-٢)
الاسلوب الحديث (نظام قاعدة المعلومات)

وفيما يأتي نوجز أهم هذا المزايا:

- **مرونة الاستخدام** : تتعلق بفكرة ان جميع مفردات البيانات المتكررة في الملفات المختلفة تسحب من كل ملف وتوضع في ملف واحد فيصبح أسم الطالب ورقمه البيانات المفتاحية لتنسيق وربط مفردات البيانات الخاصة بجميع عمليات الجامعة المتعلقة بالطالب، فجميع العمليات الخاصة بطالب محدد وأيضا الاستفسارات المتعلقة به يتم من خلال ملف الطلبة الذي يضم أسماء جميع طلبة الجامعة ، وكل قيد للطالب يحتوي على حقل خاص يؤشر أو يربط هذا القيد بمفردات البيانات

الاخرى المتعلقة بالمواد الدراسية والعلامات والمدرسين والقاعات الدراسية ورسوم التسجيل وما شابهها .

- **تعدد مسارات الوصول الى الملفات :** يساعد نظام قاعدة المعلومات المستفيدين في الوصول الى المعلومات المختزنة في الملفات من خلال إتاحة امكانية استخدام أنواع متعددة من مسارات الاسترجاع وبلغات استرجاع بسيطة والتي تسهم بدورها في الاسراع من وصول المستفيد الى المعلومات التي يحتاجها وبخاصة اذا ما تم استخدام اسلوب التشغيل المباشر On-line في عملية الاسترجاع.
- **منع الازدواجية :** من هنا ولاجل منع الازدواجية في الاحتفاظ بالمعلومات وما يترتب عليها من ضياع في الجهود والوقت وهدر الاموال فقد ظهرت الحاجة الى تطبيق فكرة نظام قاعدة المعلومات التي تتعامل مع العديد من الملفات لتكوين ملف موضوعي مفصل ووفقاً للحاجة يتم استخدامه في برنامج معين ، إذ يستلزم الامر في هذه الحالة تخزين مفردة المعلومات مرة واحدة لمقابلة الاحتياجات المتعددة المتجمعة لعدد من المستفيدين الامر الذي يؤدي الى توفير حيز التخرين ومن ثم تقليص تكاليف التخزين وتجنب الارباك الممكن حدوثه عند تخزين المعلومات في أكثر من ملف، وأيضاً تجنب عدم دقة المعلومات نتيجة استخدام عدد من الملفات التي تحتوي على نفس المعلومات فضلاً عن الاقتصاد في الوقت.
- **التحكم والرقابة :** تجتاز البيانات وخلال تدفقها عبر شبكات الاتصال انطلاقاً من مصادر توليدها ومروراً بتلك الشبكة وانتهاءاً كمعلومات جاهزة امام مراكز صنع القرارات العديد من المواقع الادارية ، لذا فان الحاجة الى الرقابة على هذا التدفق والتحكم به اصبحت ضرورة لا مناص منها الامر الذي استلزم وجود نقطة مركزية للرقابة لتحقيق ذلك الغرض فكان نظام قاعدة المعلومات هذه النقطة المركزية.

- **سهولة توسيع القاعدة :** يساعد تطبيق فكرة نظام قاعدة المعلومات على اضافة ملفات جديدة تظهر الحاجة اليها او التخلص من ملفات قديمة تنتفي الحاجة اليها دون أن يؤثر ذلك سلبا على النظام .
- **القدرة على تكامل المعلومات :** تكون المعلومات المخزونة في نظام قاعدة المعلومات مرتبة ضمن هيكل منطقي موحد في اطار العلاقات المنطقية الثابتة بين الكيانات المختلفة التي تمثلها هذه المعلومات مما يتيح القدرة على تكامل المعلومات المخزونة في ملفات مختلفة والتي تربطها علاقات منطقية ومن ثم تلبية احتياجات المستفيدين من المعلومات من خلال ربط المعلومات ذات العلاقة بحاجة مستفيد محدد من عدد من الملفات المختلفة،كما أن الوقت المطلوب لتوفير المعلومات يكون أقصر لان تحديث الملفات يتم بوقت متزامن.
- **استقلالية البرمجيات/ البيانات :** كما يتيح نظام قاعدة المعلومات المجال امام تغيير البرمجيات دون تغيير مفردات البيانات، بالمقابل يمكن تغيير مفردات البيانات دون تغيير البرمجيات ، فالبرمجيات تكون محددة فقط بالاسماء الرمزية المنطقية وليس التخزين المادي وهي الخاصية التي تحرر المبرمج من المهمة المعقدة والمتعلقة بمراعاة التخزين المادي أثناء عملية البرمجة.
- **تفاعل المستفيد/ النظام :** يوفر نظام قاعدة المعلومات القدرة على توفير واجهات تفاعلية للمستفيد مع هذه القاعدة على النحو الذي يمكن المستفيد من الوصول الى المعلومات المخزونة فيها والحصول عليها بسهولة ويسر من خلال اعتماد المسارات المتاحة.

ثالثاً : هرمية نظام قاعدة المعلومات Database System Hierarchy

اعتماداً على تعريف نظام قاعدة المعلومات السابق الذكر فان هذه القاعدة هي مجمع للملفات، والملف هو مجموعة من السجلات المترابطة منطقياً إذ يعطى لكل سجل مفتاح للتمييز بين السجلات المختلفة ، ويضم السجل الواحد مجموعة من الحقول او الفقرات، ويتكون حقل المعلومات من بايت واحد او اكثر ، إذ يخزن كل

بايت باستخدام عدة بتات في توليفات محددة على نحو هرمي متدرج ، والشكل (٢-٣) يوضح ذلك من خلال المثال الخاص بنظام المعلومات الجامعية .

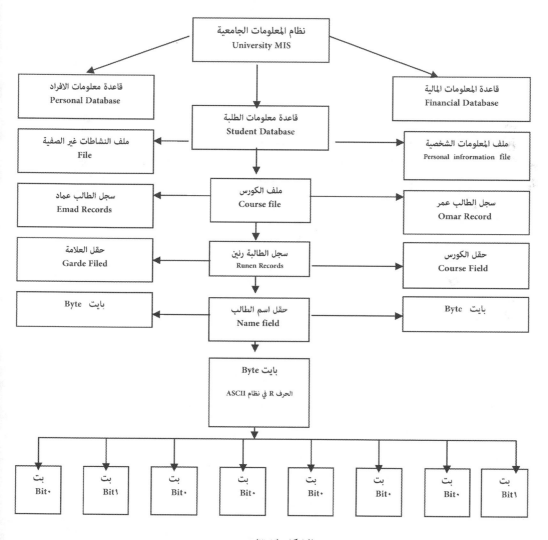

الشكل (٢-٣)
هرمية نظام قاعدة المعلومات

وفيما يأتي فكرة موجزة عن طبيعة العلاقة بين هذه الاجزاء في اطار هرمية نظام قاعدة المعلومات وبترتيب تنازلي.

- **الملف :** هو مجموعة السجلات المتصلة مع بعضها البعض ، إذ يتكون ملف الطلبة مثلاً من مجموعة سجلات الطلبة لجميع الطلبة المسجلين في الجامعة .
- **السجل (القيد):** هو مجموعة الحقول المرتبطة مع بعضها البعض والتي تعود الى كينونة محددة ، إذ يتضمن سجل الطالب حقول المعلومات المتصلة بطالب معين، والحقل الذي يميز السجل عن جميع السجلات الاخرى في الملف هو المفتاح الاساس. على سبيل المثال المفتاح الاساسي لسجل الطالب هو عادة رقم الطالب الذي يختلف كليا من طالب الى آخر .
- **الحقل او مفردة المعلومات :** هو أصغر كيان ذات معنى لحفظ مفردة البيانات في الملف ويتكون من بايت واحد أو اكثر يتضمن معلومات عن صفة أو كينونة في نظام المعلومات الادارية ، فالكينونة في نظام الطالب هي الطالب والصفة هي اسم الطالب، المواد المسجل فيها وما شابهها، وهذه الصفات تخزن في حقل او مفردة المعلومات. وعند تحديد الحقل يجب مراعاة جانبين هما النوع والمجال، ففيما يتعلق بنوع الحقل (Type) فانه يمثل حرفا أو رمزا أو رقما اذ يتم في الغالب تحديد نوع الحقل عند بناء الملف . ويكتسب تحديد نوع الحقل أهميته من خلال تحديد الحجم الملائم لكل حقل عند بناء أي ملف وايضا المساهمة في كشف الاخطاء التي قد تحصل عند ادخال مفردات البيانات من نوع مغاير في الحقل. أما مجال الحقل (Domain) فانه يشير الى تحديد القيم التي يمكن أن يقبلها الحقل حسب نوعها والتي يتم تحديدها من قبل مصمم نظام قاعدة المعلومات، مثال ذلك اذا كان الحقل مخصص لخزن عمر الطالب فان وحدة القياس هي السنوات والقيم التي تخزن فيها يفترض أن تتراوح بين (١٨-٣٠) سنة.
- **البايت Byte :** يطلق على رمز المعلومات في ظل اعتماد تطبيقات الحاسبة بايت، وتكون هذه الرموز على ثلاثة انواع هي العددية (الرقمية) والابجدية

(الحروف) والخاصة (مثل علامة الاستفهام) ، الفارزة ، الاقواس ... الخ) ويخزن بايت المعلومات من خلال استخدام عدة بتات في توافقيات محددة يطلق عليها انماط البت.

- **البت Bit** : ويمثل أصغر وحدة من مفردات البيانات في شكل اما (٠) أو (١) وهو الاختصار للرقم الثنائي المشتق من الكلمتين الانكليزيتين (Binary digit)، إذ يتوجب ان يمثل كل رمز من الرموز المستخدمة بمجموعة من الارقام الثنائية عند الخزن وهما واحد أو صفر ، فالمعلومات بغض النظر عن طبيعتها فانها تخزن اعتماداً على حالتي الثنائية المذكورة وكل جزء من اجزاء الحاسبة له القابلية على خزن حالة واحدة في لحظة معينة إما أن يكون في حالة (١) وجود اشارة كهربائية أو في حالة (٠) عدم وجود اشارة كهربائية، وهناك شفرات معروفة وموحدة لتمثيل الرموز المختلفة في انواع كثيرة من الحاسبات وفي مختلف انحاء العالم ومنها Binary Coded Decimal (BCD) ويمثل كل رمز بستة بتات ونظام الـ For Information Interchany American Standard code (ASCI) والتي تستخدم ثمانية بتات لتمثيل رمز واحد ، ونظام Extended Binary coded Decimal (EBCDIC) الذي طورته شركة (IBM) Intercheny code ويستخدم ايضاً ثمانية بتات وعربياً تم اعتماد نظام ٤٤٩ Arab Standards and Metrology Organization (ASMO ٤٤٩) .

رابعاً : تصميم نظام قاعدة المعلومات Database System Design

تعد عملية تصميم نظام قاعدة المعلومات في بيئة الاعمال مشروعاً معقداً ويستلزم عدة افراد، وتتمثل مهمة ادارة قاعدة المعلومات في بعض المنظمات بتصميم هذه القاعدة وتطبيقها وصيانتها وغيرها من الانشطة ذات العلاقة ، ويمكن تشبيه عملية تصميم هيكل نظام قاعدة المعلومات تماماً بعمل المهندس المعماري الذي ينجز تصميم المبنى من حيث الشكل الهندسي والقياسات والابعاد ونوع البناء وطبيعة الخدمات المنزلية من النواحي الفنية والعملية والاقتصادية على النحو الذي

يلائم حاجات واذواق ذوي العلاقة ، وباسلوب مشابه يفترض قيام مصممي نظام قاعدة المعلومات باختيار التصميم الذي يلائم حاجات الادارات المستفيدة في ظل ذات المعايير الفنية والعملية والاقتصادية ، بتعبير آخر تحاول ادارة نظام قاعدة المعلومات بالتعاون مع المستفيدين والمتخصصين الآخرين تحليل مستلزمات نظام قاعدة المعلومات المقترح في ضوء حاجات المستفيدين ومن ثم بناء المخطط الرئيسي "Schem" والمخططات الفرعية ، ويقصد بالمخطط هنا التصميم المنطقي او المفاهيمي الذي يوضح طبيعة العلاقة بين مفردات المعلومات في القاعدة إذ تشكل هذه المخططات التصميم المنطقي لنظام قاعدة المعلومات والذي يعكس وجهة نظر المستفيدين حول كيفية تنظيم المعلومات في هذه القاعدة ، ولاستكمال تصميم النظام يجب ان يلازم التصميم المادي التصميم المنطقي وذلك من خلال تحديد كيفية التخزين الفعلي للمعلومات في القاعدة وكيفية الوصول اليها ،اذ يجب تصميم نظام قاعدة المعلومات على النحو الذي يمكن من إنجاز عمليتين أو اكثر من عمليات المعالجة في آن واحد ومع حد أدنى من التكرارات لمفردات المعلومات وعمليات المعالجة، هذا يعني أن تصميم نظام قاعدة المعلومات يحتم مراعاة نوعين من العلاقات بين الملفات هما العلاقات المادية والعلاقات المنطقية. من هنا وعلى الرغم من أن الجوانب التفصيلية لكيفية تصميم نظام قاعدة المعلومات تقع خارج نطاق هذا الكتاب الا أننا نوضح فيما يأتي الفرق بين هذين النوعين :

١- الفرق بين التصميم المادي والتصميم المنطقي : يسهم تنظيم البيانات في تحقيق غرضين مهمين هما: الأول الوصف المنطقي للاشياء (Objects) المستخدمة في ادارة وتشغيل المنظمة، والثاني للتعبير عن كيفية تخزين البيانات ماديا. ان التباين بين النوعين المنطقي والمادي جوهري، وليس بالضرورة وجود علاقة مباشرة بينهما، وفيما يأتي الشكل (٢-٤) الذي يوضح هذا التباين.

الشكل (٢-٤)

الفرق بين التصميم المادي والتصميم المنطقي للملفات

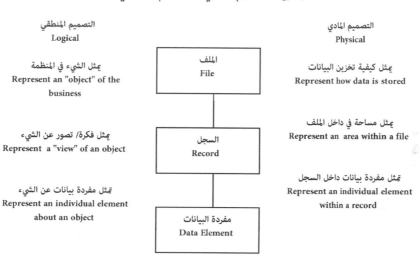

التصميم المادي
Physical

يمثل كيفية تخزين البيانات
Represent how data is stored

يمثل مساحة في داخل الملف
Represent an area within a file

تمثل مفردة بيانات داخل السجل
Represent an individual element within a record

التصميم المنطقي
Logical

يمثل الشيء في المنظمة
Represent an "object" of the business

يمثل فكرة/ تصور عن الشيء
Represent a "view" of an object

تمثل مفردة بيانات عن الشيء
Represent an individual element about an object

اذن ليست بالضرورة أن توجد علاقة واحدة - الى - واحدة One - to - one بين النوعين، فالملفات المادية قد تختلف جوهريا عن الملفات المنطقية، فالملف المادي يمثل اسلوباً خاصاً في التخزين المادي للبيانات، اذ يمكن تخزين البيانات مادياً في ملفات مختلفة. بخلاف الملف المنطقي الذي ينظم اعتماداً على محدد بيانات فريد Unique data Identifier (Primeary basic grouping) فان الملف المادي لا يستلزم أي تنظيم خاص ويمكن أن يستخدم أي مفتاح وصول أو ترميز مرغوب، وفي الاساس يعتمد على اسلوب ادارة الملف أو الاداة المستخدمة في ادارة الملف.

التصور المنطقي للبيانات هو الأساس لكل تصميم مادي لقاعدة المعلومات بغض النظر عن اسلوب ادارة الملف او الاداة المعتمدة. والملفات المادية يجب أن تنجز في الجوهر المقاصد للملفات المنطقية في اطار تحديد ماهية البيانات التي يجب أن تخزن والاعتمادية بين البيانات والحجم. وفي الحقيقة فان جميع حزم نظام ادارة

قاعدة البيانات يمكنها أن تطبق هذا التصور المنطقي بغض النظر عن التطبيق المعتمد (الهرمية، الشبكية، الجدولية، والموجهة نحو الشيء (Object oriented))

ومن جديد نؤكد وجود اختلافات جوهرية بين الملفات المنطقية والملفات المادية وبالطبع فان أكثر هذه الاختلافات وضوحاً هو أن الملفات المنطقية تكون ثابتة نسبياً بينما الملفات المادية تتغير بشكل ديناميكي اعتماداً على التطور التكنولوجي، وأحد أهم الأسباب التي تدفع الى تحديد موارد البيانات منطقيا هو البحث في استقلالية البيانات عن البينة المادية بالشكل الذي يسمح بأي تطبيقات مادية دون ارباك النظم والشكل الآتي (٢-٥) يوضح ذلك

الشكل (٢-٥)

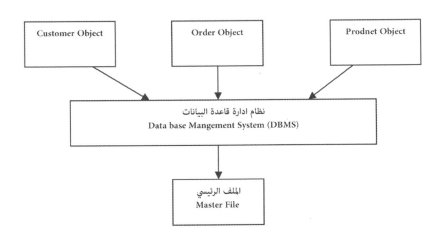

الملفات المنطقية
Logical Files
الملف الرئيسي
الملف المادي
Physical File

٢- التصميم المادي Physical Design. تشابه التصميم المادي وأنظمة الملفات التقليدية كونها تتعامل مع المواقع الفعلية للبتات والبايتات على وسائط التخزين، وتحتاج ادارة قاعدة المعلومات هذا التصميم لاجل تحقيق الاستخدام الكفء للمساحات الخزنية المتاحة لانها تحدد اسلوب تخزين الملفات، السجلات ووسائط الخزن المستخدمة، وبالطبع فان هذا التصميم لا يكون ذات فائدة كبيرة لمبرمج التطبيقات الذي يهتم فقط باستخدام المعلومات بغض النظر عن طريقة تخزينها، ويتم تصميم نظام قاعدة المعلومات باعتماد التصميم المادي من خلال استخدام المفاتيح والمؤشرات المطمورة .

المفتاح key : ويعرف بانه الحقل أو مجموعة الحقول الذي يستخدم للوصول الى سجل معين، ويجب أن يكون حقل المفتاح متفردا (Unique) أو مجموعة من السجلات في الملفات المخزونة في نظام قاعدة المعلومات وهناك نوعان من المفاتيح هما:

- المفتاح الأساس (الأولى) primary key . وهو الحقل الذي يعين سجل واحد فقط من بين سجلات الملف إذا يمكن عد مثلا رمز المادة في حالة عدم تشابه رموز المواد المستخدمة في شركة معينة مفتاحاً ، وفي حالة عدم وجود حقل واحد يؤدي هذه الوظيفة فيمكن استخدام مجموعة من الحقول لتعمل كمفتاح رئيسي- وأحياناً يتوجب استخدام كل حقول الملف ومن الممكن وجود أكثر من حقل يمكن أن يؤدي دور المفتاح الرئيسي وفي هذه الحالة بتم اختيار الأنسب من بين تلك الحقول تبعاً لمواصفات النظام المطلوب.

- المفتاح الثانوي secondary key. وهو الحقل الذي لا يحدد سجلا واحد فقط بل مجموعة من السجلات التي تشترك بالصفة الذي يمثلها ذلك المفتاح.

ويسهم استخدام هذين المفتاحين في توظيف " واجهة المستفيد " user Interface وهي البرامج التي تمثل وسيلة الاتصال بين المستفيدين ونظام إدارة قواعد المعلومات للوصول عن طريقها إلى المعلومات المخزونة ، وهذه البرامج توفر شاشات يستخدمها المستفيدون في تغذية الملفات أو تعديلها أو عرضها كما توفر أيضا التقارير المطلوبة المطبوعة والمرئية التي تظهر المعلومات بالشكل الذي يخدم المستفيدين من النظام.

المؤشرات المطمورة (Pointers) هي حقل في السجل يتضمن عنواناً مادياً أو ذو الصلة لسجل يتصل في جزء آخر من قاعدة المعلومات وهذا السجل بدوره يتضمن على مؤشر مطمور يشير إلى السجل الثالث وهكذا ، وسلسلة السجلات المرتبطة مع بعضها البعض بوساطة المؤشرات المطمورة يطلق عليها "القائمة المتصلة" (Linked List) التي تعرف على أنها قائمة المعلومات/ السجلات المرتبطة مع بعضها البعض بوساطة المؤشرات ، إذ يتكون كل ملف/ سجل في هذه القائمة من ثلاثة حقول هي حقل المفتاح (Key field) وحقل المعلومات (Information Field) وحقل المؤشر (Pointer Field) كما موضح في الشكل (٢-٦) الآتي:

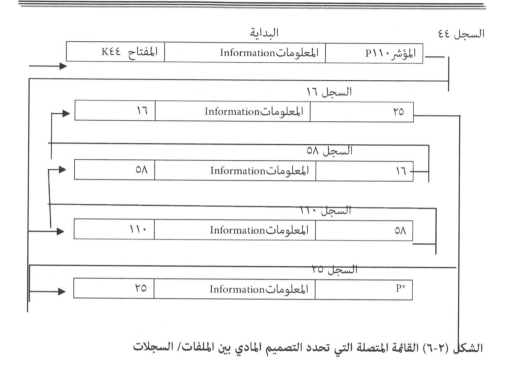

الشكل (٦-٢) القائمة المتصلة التي تحدد التصميم المادي بين الملفات/ السجلات

ويمكن تجسيد صورة التصميم المادي لنظام قاعدة المعلومات والمؤشرة في الشكل أعلاه من خلال الجدول(٢-٢) .

بداية البحث عن المعلومات

فهرس أنواع المواد المخزنية

نوع المادة المخزنية	المفتاح
مسامير	٢٠٠
ورق جدران	٢٠١
خشب زان	٢٠٥
ورق مقوى	٢٠٣

السجلات

مفتاح السجل	رقم المادة المخزنية	نوع المادة المخزنية	نوع المؤشر
٢٠٠	٦٨٢٠	مسامير	٢٠٤
٢٠١	٦٩١١	ورق جدران	٢٠٣
٢٠٥	٦٧٠٠	خشب زان	*
٢٠٣	٦٧٨٨	ورق مقوى	٢٠٥

الجدول(٢-٢) صورة التصميم المادي لنظام قاعدة المعلومات

٣- التصميم المنطقي Logical Design . يتم من خلال مجموعة الروابط المنطقية التي تربط الملفات أو السجلات والحقول مع بعضها البعض في اطار ما يسمى بعلاقة " السبب/ النتيجة " على النحو الذي يترتب عليه أن أي تغيير يحصل في محتويات الملف/ السجل/ الحقل الاول ينعكس بتغيير موازي في الملف/ السجل/ الحقل/ الاخر الذي يرتبط مع الاول بعلاقة منطقية ، وذلك من خلال تمثيل مفردات المعلومات في صيغة يمكن أن تكون مفيدة للمستفيد ولمبرمج التطبيقات وينصب

التركيز هنا كما أشرنا على حقول أو سجلات وملفات المعلومات المترابطة مع بعضها البعض . ولتوضيح ذلك نستعين بالشكل (٢-٧) الآتي:

ملفات المواد الخام

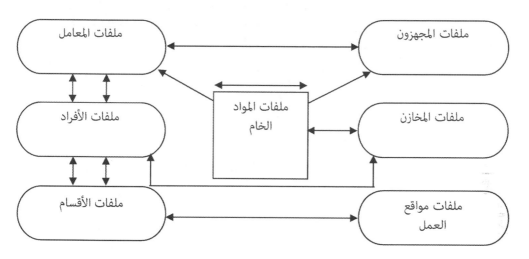

الشكل (٢-٧) العلاقات المنطقية بين الملفات

يلاحظ من الشكل اعلاه وجود علاقات منطقية تربط الملفات الاساسية معاً، وهذه ممثلة من خلال الاسهم ، إذ توجد علاقة منطقية بين ملف المجهزين وملف المواد الخام عندما يقوم كل مجهز بتجهيز مواد معينة . وبالمقابل كل مادة تجهز من قبل مجهز معين ، وبذات الاسلوب هناك علاقة بين ملف المواد وملف المعامل فالمواد الخام تستخدم في المعامل والمعامل تستخدم هذه المواد الخام وتكون هذه المواد مخزونة في المخازن التي تقوم بتخزينها ، وعلى الرغم من ان العلاقات ثنائية الاتجاه الا ان ذلك لا يعني عدم وجود علاقة بين ثلاثة ملفات مثال ذلك العلاقة المنطقية التي تربط بين ملفات المجهزين والمواد الخام والمعامل التي تعني ان مجهزاً معيناً يجهز مواد خام لمعمل معين وهذا يختلف تماماً عن العلاقتين

المنفصلتين بين ملف المجهزين مع ملف المواد وملف المواد مع ملف المعامل، وبعامة يمكن القول بأن ذات الملفات قد ترتبط بأي عدد من العلاقات وهذا يتوقف على الأسلوب أو الهيكل المستخدم في تنظيم هذه الملفات اذ يستلزم التصميم السليم لنظام قاعدة المعلومات تحديد مواصفات النظام ابتداءً، فمن الضروري الحصول على التفاصيل الملائمة لهذا المواصفات وتفادي سوء الفهم والغموض الذي قد يؤدي في المستقبل إلى إعادة تصميم أجزاء كبيرة من النظام. والشكل (٢-٨) يوضح الكينونات والصفات اذ يصف السجل الكينونة (الطلبية) وصفاتها والقيم الخاصة برقم الطلبية، تاريخ الطلبية، رقم الوحدة، النوعية، وكمية هذه الطلبية تمثل حقول هذا السجل. ورقم الطلبية هو حقل المفتاح بسبب ان كل طلبية لها رقم تحديد (تعريف) فريد.

الشكل (٢-٨)

الكينونات والصفات (Entities & Attributes)

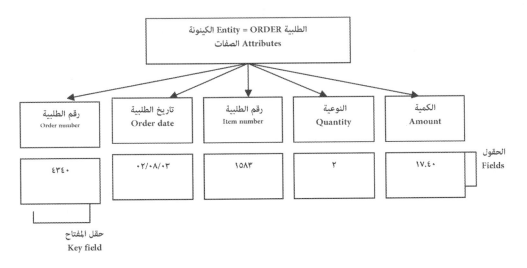

عليه تقتضي الضرورة تحديد الكيانات المكونة للمنظمة والذي يتم تصميم نظام قاعدة المعلومـات لأجلهـا وتأشير العلاقات المنطقية القائمة بين هذه الكيانات من خلال تمثيلها بأسـهم تحـدد اتجـاه ونـوع العلاقـة. وهذه العلاقات تتحدد بين الصفات أولاً وبين التواجدات ثانيا ،وفيما يأتي توضيحاً لها.

٣-١ أنواع العلاقات بين الصفات: وتكون على ثلاثة أنواع هي:
- **العلاقة الأحادية** one- to- one

وهي العلاقة التي تربط فيها قيمة بيانية واحدة فقط في مجال بياني معين لصفة بيانية واحدة مع قيمة واحدة فقط لصفة بيانية أخرى لمجال بياني أخر ،مثال ذلك العلاقة التي تربط بـين رقم السـيارة ورقم المحرك.

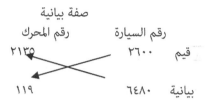

صفة بيانية

- **العلاقة التعددية** One-to- Many.

وهي العلاقة التي تربط فيها قيمة بيانية واحدة لمجال بياني معين لصفة بيانية معينة مع واحدة أو أكثر من قيمة بيانية لصفة بيانية أخرى ، مثال ذلك ارتباط أرقام حوادث السيارات مع أرقام السيارات.

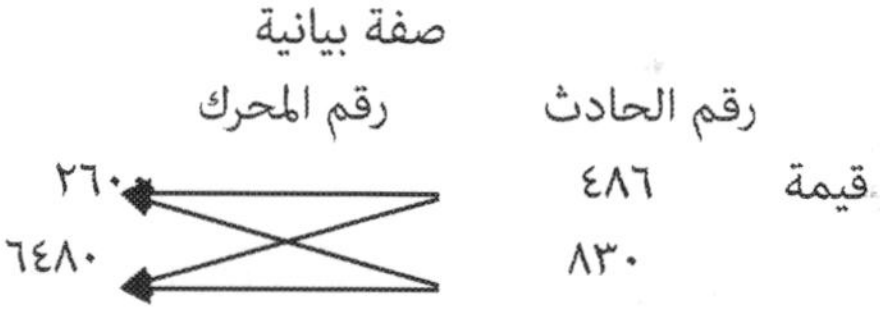

صفة بيانية

رقم المحرك   رقم الحادث

٢٦٠   ٤٨٦   قيمة

٦٤٨٠   ٨٣٠

- **العلاقة المركبة Many- to -Many .**

وترتبط من خلالها أكثر من قيمة بيانية لصفة بيانية معينة مع أكثر من قيمة بيانية لصفة بيانية أخرى ،مثال ذلك العلاقة بين أنواع السيارات وألوانها.

صفة بيانية

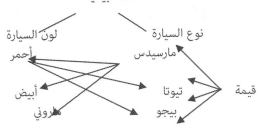

٣-٢ أنواع العلاقات بين التواجدات:

يمكن أن تكون العلاقات بين التواجدات على أنواع ثلاثة أيضاً هـي الأحاديـة، التعدديـة، المركبـة. وعند تمثيل هذه العلاقات ينبغي مراعاة نوعية العضوية بين هذه التواجدات إذ يمكن أن تكـون العضـوية على نوعين هما:

- عضوية إجبارية إذ يجب أن يكون لكل عنصر ما يقابله في التواجد الأخر.
- عضوية اختيارية هناك بعض العناصر التي لا يقابلها عنصر في التواجد الأخر

ولتجسيد هذه العلاقات يكن اعتماد أسلوبين رئيسين هما:

- أسلوب التكرار ER- occurrence diagram
- أسلوب النقش ER- Type diagram

وفيما يأتي أمثلة توضيحية على أنواع العلاقات على وفق الأساليب المذكورة ونوعية العضوية.

الاسلوب الاول: عند تحديد العلاقة بين التدريسين والمقررات الدراسية يمكن اعتماد هـذا الاسـلوب في اطار العلاقة الاحادية والمتعددة والمركبة كما في الامثلة الاتية :

مثال ١: العلاقة أحادية ونوعية العضوية هي إجبارية في F واختيارية في C.

المفردات C. Courses التدريسيون F. Faculty

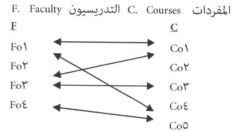

مثال ٢: اختيارية في F وإجبارية في C.

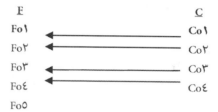

مثال ٣: اختيارية في كل التواجدين.   مثال ٤: إجبارية في كل التواجدين

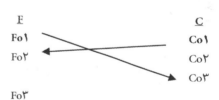

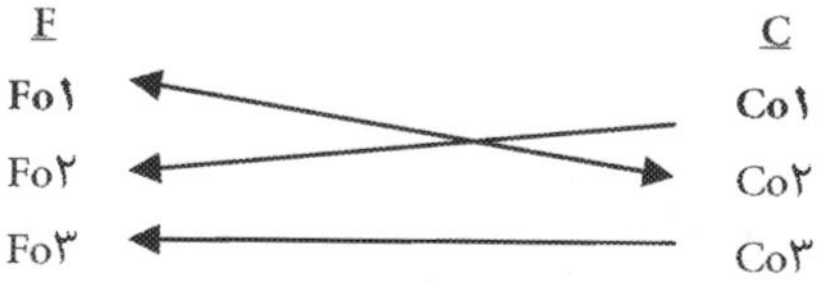

العلاقة المركبة   العلاقة التعددية

مثال ٥: إجبارية في كل التواجدين.   مثال ٦: إجبارية في كل التواجدين

F		C
Fo١		Co١
Fo٢		Co٢
Fo٥		Co٤

F		C
Fo١		Co١
Fo٢		Co٣

مثال ٧ : اختيارية في كلا التواجدين   مثال ٨: اختيارية في كلا التواجدين

مثال ٩ : إجبارية في F واختيارية في C   مثال ١٠ : اجبارية في C واختيارية في F

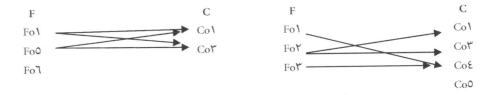

مثال ١١ : إجبارية في C واختيارية في F   مثال ١٢: إجبارية في F واختيارية في C

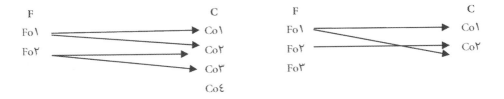

الأسلوب الثاني. بموجبه يتم تنفيذ التواجد بالمستطيل ويكتب في داخله أسم التواجد كما يكتب مفتاحه البياني أسفل المستطيل ويمثل شكل "المعين" العلاقة بين التواجدين وتكتب نوع العلاقة على الذراعيين وتمثل درجة العضوية في نقطة داخل مقطع من المستطيل ، كما في المثال الآتي:

مثال ١٣ : أسلوب النقش في تمثيل العلاقات المنطقية عند تصميم نظام قاعدة المعلومات

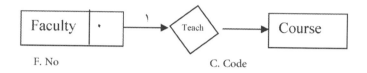

F. No
C. Code

١

Teach-dBt	
F-NO	c.code
Fo١	C٢٠
Fo٣	C٣٠
Fo٤	C٢١

Course-dBt		
C.Code	c.Name	wight
C٢١	MIS	٣
C٤٠	تنمية بشري	٢
C٣٠	انتاج وعمليات	٣

Feculty-dBt		
F.NO	F.Name	F.Birt
Fo١	محمد	١٩٥٧
Fo٣	عمر	١٩٩٣
Fo٤	عماد	١٩٩٥

٣-٣ النماذج البيانية للعلاقات المنطقية

هناك نماذج بيانية عديدة يمكن اعتمادها في تجسيد الهياكل المنطقية في تصميم نظام قاعدة المعلومات هي الهياكل الهرمية (الشجيرية)، الهياكل الشبكية، الهياكل العلاقاتية (الجدولية) الهياكل العلاقاتية/ التواجدية (Object- Relational Model) ، الهياكل الموجهة للتواجدات (Object- Oriented Model) ، النماذج شبه المهيكلة (Semi- Structured Model) ، نماذج المحتوى (Context Model) وانموذج (Entity- Attribute- Value (EAV)) وانموذج الترافق (الترابط) (Associative Model) ، مع الاشارة الى ان هذه العلاقات عادة ما تكون معقدة وان الهيكل الفعلي المستخدم يتم تحديده من خلال التطبيق في الواقع، ويتيح بعض انظمة قواعد المعلومات للمستفيد نمذجة تنظيم المعلومات على اساس شجيري، شبكي، او علاقاتي واخرى تسمح فقط بنوع واحد من هذه الهياكل وقد تكون هذه القاعدة أحياناً مزيجاً من الأنواع المذكورة في اعلاه والشكل (٢-٩) يجسد ذلك، وفيما يأتي توضيحاً لبعض هذه النماذج :

الشكل (٢-٩)
النماذج البيانية للعلاقات المنطقية

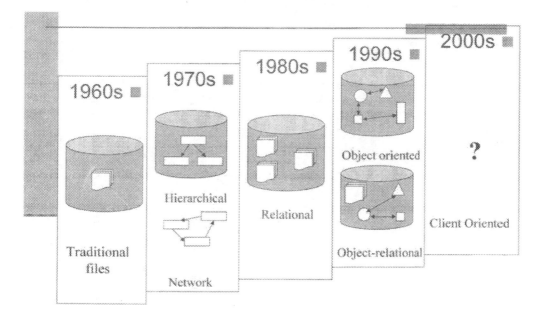

- الهيكل الهرمي (الشيجري) Hierariecal or Tree.

يتكون من مجموعة من العقد (Nodes) تترتب في مستويات متدرجة يمثل كل مستطيل (عقده) حالة تواجد بياني يرتبط بتواجد بياني أخر في مستوى أدنى منه يسمى التواجد (العقدة) المستوى الأول بالجذر (Root) وتسمى العقدة في المستوى الأول منها بالعقدة التابعة وتسمى العقدة بالمستوى الأعلى بالعقدة المالكة (Owner) وتسمى العقدة التابعة التي ليس لها أبناء بالعقدة (Leave node). يسمح هذا الأنموذج للعلاقتين الأحادية والمتعددة ولا يسمح بوجود العلاقة المركبة، إذ يمكن تصميم نظام قاعدة المعلومات بأسلوب مشابه تماماً للمخطط التنظيمي للمنظمة ، فالرئيس له عدد من النواب او المساعدين الذين بدورهم لديهم عدد من المرؤوسين وهكذا نزولاً الى قاعدة الهرم التنظيمي، ويمكن لأحدنا تصور شجرة العائلة من الأعلى الى الأسفل، إذ نجد في القمة الاصل او الجذر ثم نجد بعده الاولاد ومن ثم الاحفاد وهكذا فكل اب يمكن ان يكون له عدة من الاطفال وكل طفل بدوره يصبح أباً وهكذا، كما يتضح في الشكل (٢-١٠) الآتي:

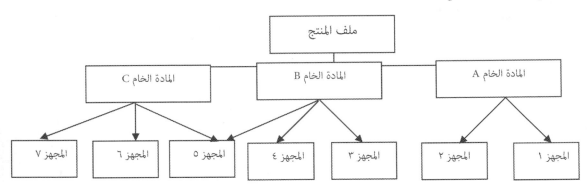

الشكل (٢-١٠)
الهيكل الهرمي (الشجيري) في ربط الملفات بعلاقات منطقية

إذ يمثل الشكل ملف المنتج ويوضح المقطع السفلي ملفات المعلومات الخاصة بالمجهزين للمواد الخام التي تستخدم في تصنيع هذا المنتج من خلال استخدام عدة مواد خام وان المادة الخام الواحدة يمكن ان يشترك اكثر من مجهز في توفيرها ، ونظراً لان العلاقات بين مفردات المعلومات تتبع مسارات محددة فان الوصول الى المعلومات يحصل بسرعة وعليه فان اية علاقة بين هذه المفردات يجب تحديدها بدقة عند الشروع بتصميم نظام قاعدة المعلومات.

والنقطة المهمة التي يجب التأكيد عليها هنا هي ان التخزين المادي للمعلومات في المخطط المذكور يختلف تماماً عن الموضح في هذا المخطط والذي يجسد التخزين المنطقي لمفردات المعلومات فمن الناحية المادية قد تخزن الملفات الواحد بعد الاخر (تتابعياً) في القاعدة والملفات المتصلة تربط مع بعضها بوساطة العناوين او الاشارات المطمورة في داخل كل ملف كما سبقت الاشارة الى ذلك ، وبناء عليه فانه مع الهيكل الشجيري يجب ان يكون لكل ملف كحد ادنى حقلين للمؤشرات المطمورة الاول يتضمن عنوان الطفل الاول للملف والثاني يحمل عنوان الملف الثاني.

- **الهيكل الشبكي Network Model:**

يشبه الهيكل الهرمي ألا أنه يختلف عنه في نقطتين هما أنه يسمح بكافة أنواع العلاقات بين الملفات بما في ذلك العلاقة المركبة وتعطى للعلاقات بين التواجدات أسماء محددة وتعد هذه الصفة من المزايا التي يتصف بها هذا الأنموذج. وبناء عليه يعد هذا الانموذج اكثر تعقيداً في طبيعته وايضاً اكثر مرونة في الوصول الى الملفات المخزونة ، وبأسلوب مشابه للهيكل الهرمي فان لكل اصل (اب ، ام) اكثر من طفل واحد ولكن ما يتميز به الهيكل الشبكي هو انه يمكن ان يكون لكل طفل اكثر من اصل واحد ، كما في الشكل (٢-١١) الآتي:

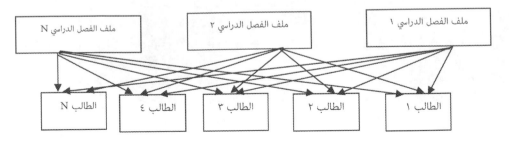

الشكل (٢-١١)
الهيكل الشبكي في ربط الملفات في قاعدة المعلومات

لذا يمكن اعتماد اكثر من مسار واحد للوصول إلى المعلومات المطلوبة والهيكل الشبكي اكثر مرونة ومتعدد الاستعمالات في الوصول الى المعلومات مقارنة مع الهيكل الهرمي بسبب ان المسار الى المعلومات ليس بالضرورة ان يكون باتجاه الاسفل فقد يكون من أي اتجاه، ومجدداً وكما هو الحال بالنسبة للهيكل الهرمي فان الوصول الى المعلومات سريع بسبب ان العلاقات تتبع مسارات محددة مسبقاً وهذه العلاقات يجب تحديدها مسبقاً خلال عملية تصميم القاعدة ، ويستلزم التخزين المادي وكذلك المنطقي للمعلومات في الهيكل الشبكي مؤشرات مطمورة في كل ملف كما هو الحال بالنسبة للهيكل الشجيري، وهناك عدة مخططات باستخدام المؤشرات المطمورة مع الهياكل الشبكية وأحد هذه المخططات مشابهة لما هو مستخدم مع الهياكل الشجيرية عندما يتضمن كل ملف فصل دراسي (على سبيل المثال) الفصل الاول عنوان الطالب الاول في الفصل ومن ذلك ملف الطالب الاول، ومن ثم يتضمن عنوان الطالب الثاني في الفصل وهكذا على النحو الذي يشكل القائمة المتصلة كما في المخطط السابق.

وتجدر الاشارة هنا الى ان مفردات المعلومات التي تم تمثيلها بالهيكل الشبكي يمكن ايضاً تمثيلها بوساطة الهيكل الشجيري من خلال ادخال الاسهاب (Redundancy) كما هو موضح في الشكل (٢-١٢) الآتي:

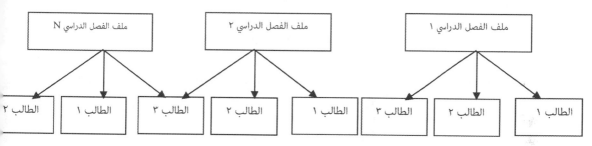

الشكل (٢-١٢)
التمثيل الشجيري لمفردات المعلومات الشبكية الموضحة في الشكل (٢-١١)

يلاحظ من الشكل ان الهيكل الشجيري يتطلب تخزين المعلومات مرتين او اكثر اعتماداً على عدد الصفوف التي سجل فيها الطالب ويكون الهيكل الشجيري غير كفوء اذا كان هناك اسهاب حقيقي لان تجنب الاسهاب يعد احد اهم مزايا الهياكل الشبكية عندما توجد علاقات عدة الى عدة من المعلومات ، فالملاحظ انه مع الهيكل الشبكي يتم تخزين ملفات الفصل الدراسي الاول لوحده فقط بخلاف الهيكل الشجيري الذي يحتم تخزين ملف الفصل لكل طالب حتى ولو كان مسجلاً بالفصل الدراسي لوحده.

- **الهيكل العلاقاتي / الجدولي Table / Retational**

بخلاف الانموذجين السابقين (الشبكي، الشجيري) لا يعتمد هذا الانموذج على علاقة الاصل والابن وبدلاً من ذلك يجعل كل مفردات المعلومات في مجموعات بصيغة جداول يطلق عليها "العلاقات" Relations ويسمى هيكل المعلومات بالانموذج العلاقي نظراً لانه يعتمد على النظرية الرياضية في بناء العلاقات والتي يمكن من خلالها بناء العلاقات المنطقية بين مفردات المعلومات، ويتكون الجدول من حقول واعمدة وكل صف يحدد السجل بينما يمثل كل عمود مفردة من المعلومات المحددة ، ويمثل الجدول بالكامل ملفاً معيناً ، يمثل السطر الأول من الجدول أسماء الصفات البيانية التي يتكون منها الملف أما بقية الأسطر فتمثل القيم البيانية لتلك الصفات (المجال البياني) ومن الممكن دمج هذه الملفات بملف واحد كبير أو تجزئتها إلى ملفات مسطحة عدة تصنف هذه الجداول حسب مفتاحها البياني. فهناك جداول المستوى الأول والتي يتكون مفتاحها البياني من صفة بيانية واحدة فقط، وجداول المستوى الثاني ويتكون مفتاحها من صفتين بيانيتين وجداول المستوى الثالث ويتكون مفتاحها من ثلاث صفات بيانية، وهكذا بالنسبة لجداول المستوى الرابع والخامس. وتسمى جداول المستوى الأول توجدات (ملفات مستقلة) بينما تعد بقية الجداول في المستويات الأخرى علاقات تعتمد على جداول المستوى الاول.

وبخلاف النماذج السابقة فان العلاقات بين مفردات المعلومات لا يتم تحديدها أثناء بناء وتصميم القاعدة وبالمقابل فانه كلما احتاج المدير الى طريقة جديدة في تحليل المعلومات فان بإمكانه بسهولة اعادة هيكلة القاعدة لتوفير المعلومات المطلوبة ، ونظراً لعدم التحديد المسبق للعلاقات بين مفردات المعلومات فان وقت الوصول الى المعلومات يكون بطيئاً نسبياً مقارنة مع النموذجين السابقين . والشكل (٢-١٣) الاتي يوضح هذا الهيكل

Columes (Fields)

Order Number	Order Data	Delivery Date	Part Number	Part Amount	Order Total	
١٦٣٤	٠٢/٠٢/٠٣	٠٢/٢٢/٠٣	١٥٢	٢	١٤٤.٥٠	Row
١٦٣٥	٠٢/١٢/٠٣	٠٢/٢٨/٠٣	١٣٧	٣	٧٩.٧٠	(Records,
١٦٣٦	٠٢/١٣/٠٣	٠٣/٠١/٠٣	١٤٥	١	٢٤.٣٠	Tuples)

Part Number	Part Description	Unit Price	Supplier Number
١٨٧	Door latch	٢٢.٥٠	٤٠٥٨
١٤٥	Door handle	٢٦.٢٥	٢٠٣٨
١٥٠	Door seal	٦.٠٠	٤٠٥٨
١٥٢	Compressor	٧٠.٠٠	١١٢٥

Supplier Number	Supplier Name	Supplier Address
٤٠٥٨	CBM Inc.	٤٤ Window, Gary, IN ٤٤٩٥٠
٢٠٣٨	Ace Inc.	Rte ١٠١, Essex, NI ٠٧٧٦٣
١١٢٥	Bryant Corp.	٥١ Elm, Rechester, NY ١١٣٤٩

الشكل (٢-١٣)

الهيكل العلاقاتي / الجدولي في ربط الملفات منطقياً

واهم مزايا هذا الانموذج هي بساطتها وتنوع تطبيقاتها، ويمكن استخدامه في انواع عدة من التطبيقات تتراوح من قائمة التسوق الاسبوعي للفرد او العائلة الى التقرير السنوي لأكبر الشركات في العالم. وفيما يأتي الجدول (٢-٣) الذي يمثل مقارنة بين النماذج الثلاثة الأولى من حيث المزايا والمساوى.

الجدول (٢-٣)

مقارنة بين النماذج الثلاثة الأولى للعلاقات المنطقية

الأنموذج العلاقاتي	
المزايا	**المساوئ**
١- البساطة عند التعامل مع المعلومات في القاعدة مباشرة.	١- التكرار في بعض الأحيان.
٢- الاسترجاع المباشر للمعلومات لا يحتاج إلى جهد برمجي كبير	٢- ضعف الاتساقية.
٣- استقلالية البرمجيات التطبيقية عن المعلومات في القاعدة.	٣- كبرحجم الملفات.
٤- يعتمد على الأساس النظري في وصف البيانات من خلال تنفيذ الصيغ الطبيعية الثلاث.	

الأنموذج الهرمي	
المزايا	**المساوئ**
١- معظم أنظمة الحاسبات تتبنى هذا الأنموذج.	١- لا يسمح بتمثيل العلاقة المركبة.
٢- سهولة استرجاع المعلومات.	٢- يتطلب البحث عن معلومات معينة الدخول من العقدة الجذر إلى عقدة تابعة وهكذا حتى الوصول إلى التواجد المطلوب.
٣- التنظيمات الداخلية صورة مطابقة للتنظيمات الخاصة.	٣- قد يؤدي حذف معلومة معينة إلى حذف بيانات مهمة جداً.

الأنموذج الشبكي	
المزايا	المساوئ
١- يسمح باستخدام العلاقة المركبة.	١- يعد أنموذج معقداً بعض الشيء.
٢- يعد الأنموذج العالمي القياسي المعترف به من قبل مصنعي الحاسبات ونظم قواعد المعلومات.	٢- صعوبة إعادة تنظيم القاعدة لسد الفراغات الناتجة عن عملية الحذف.
٣- وجود العديد من أنظمة قواعد المعلومات التي تستخدم هذا الأنموذج وهو كفؤ وفاعل جداً.	

خامساً : تنظيم الملفات

تتم عملية تخزين الملفات في نظام قاعدة المعلومات على وفق العلاقات المنطقية والمادية التي سبق الكلام عنها في اطار تصميم نظام قاعدة المعلومات باعتماد ثلاثة اساليب رئيسة هي: التنظيم التتابعي والتتابعي المفهرس، والتنظيم المباشر، وفيما يأتي توضيحاً لها:

٥-١ التنظيم التتابعي Sequential Organization.

تنظم بموجبه الملفات في نظام قاعدة المعلومات تتابعياً إذ يتبع بعضها البعض الآخر مادياً بطريقة متسلسلة تحدد عادة باستخدام حقل المفتاح في كل ملف كأن يكون رقم الطالب بالنسبة لملفات الطلبة او الرقم المدني بالنسبة للافراد العاملين في المنظمة ، ويعد هذا الاسلوب من اكثر اساليب تنظيم الملفات شيوعاً واستعمالاً في معظم عمليات معالجة البيانات وبخاصة عندما يكون حجم المعاملات كبيراً ، وعند اعتماد اسلوب الدفعة في هذه المعالجة Batch ، ولكن يعاب على هذا الاسلوب كونه غير عملي في حالة قراءة كل الملفات الموجودة قبل الملف المراد

التعامل معه ، وايضاً تعذر قراءة الملفات واعادة تخزينها في المواقع ذاتها ، إذ قد يتطلب الامر استحداث ملف تتابعي اخر.

٥-٢ التنظيم التتابعي المفهرس Indexed Sequential

يقتضي هذا الاسلوب ترتيب الملفات منطقياً باعتماد حقل مفتاحي مع وجود فهرس يتم اعداده عند استحداث الملف ، إذ يتكون هذا الفهرس من عدد من المستويات التي يمكن من خلالها الوصول الى الملف وهي الفهرس الرئيس Master الذي يحدد الاسطوانة التي يقع عليها الملف وفهرس الاسطوانة Cylinder الذي يحدد الممر الذي يقع عليه الملف وفهرس المسار Track الذي يحدد موقع الملف على الممر، ويحقق هذا الاسلوب مزية اساس وهي إمكانية خزن الملفات على وفق الاسلوبين التتابعي والمباشر ، ولكن يعاب عليه التاخير والبطء في عمليات التخزين والاسترجاع، إذ يتطلب الامر قراءات الفهارس المذكورة لتحديد مكان الملف المطلوب التعامل معه.

٥-٣ التنظيم المباشر / العشوائي Direct / Random

ويشير الى عملية خزن الملفات عن طريق إجراء عملية حسابية على مفتاح البحث (حقل المفتاح) وتكون القيمة الناتجة من العملية الحسابية موقع خزن الملف الامر الذي يعني إيجاد العلاقة بين المفتاح والعنوان لقيد الملف ، وتسمى هذه العملية لتحديد العنوان Address Generation Technique ، ويتميز هذا الأسلوب بعدم التقيد بترتيب معين لتنظيم الملفات والوصول الفوري المباشر الى موقع الملف دون الحاجة الى قراءة الملفات السابقة لموقع الملف المطلوب التعامل معه (تجاوز عيوب التنظيم التتابعي) كما لا يتطلب قراءة الفهرس لتحديد موقع الملف المطلوب (تجاوز عيوب التنظيم التتابعي المفهرس) فضلاً عن ان الوقت المستغرق في اجراء العملية الحسابية لتحديد موقع الملف قليل جداً مقارنة مع الوقت المستغرق في البحث في فهرس الملف ، وعلى الرغم من كل هذه المزايا يعاب على هذا الاسلوب كون ان استخدام العملية الحسابية يحدث في بعض الحالات تجميعاً للملفات او

تكثيفها في بعض المواقع مما يخلق المشكلة التي يطلق عليها Over flow للملفات بينما هناك مواقع خالية مما يتطلب ضرورة اعادة تنظيم الملفات بين فترة زمنية واخرى.

العوامل المؤثرة في اختيار طريقة تنظيم الملفات

يفترض عند القيام باختيار افضل طريقة لتنظيم الملفات لاغراض تطبيقات محددة مراعاة عدة من العوامل مع التذكير بان كلمة افضل مفهوم نسبي وان الاختيار النهائي يعتمد على التطبيقات الفردية ، يمكن اجمالها في الآتي: نشاط الملف، تطايرية الملف، حجم الملف، سهولة التطبيق والاحتفاظ بتنظيم محدد للملفات، تكلفتها، وما اذا كانت البرمجيات متاحة لتطبيق تنظيم الملف. وفيما يأتي توضيحاً لبعض هذه العوامل :

- نشاط الملف File Activity

ويشير الى نسبة عدد سجلات الملف المستخدمة او التي يتم الوصول اليها فعلياً عند كل عملية معالجة ، فقد يكون النشاط ضعيفاً مثال ذلك حجوزات الخطوط الجوية عندما تعالج كل معاملة مباشرة ويتم فيها فقط ادخال ملف واحد ، واذا كان الملف نادراً مايعالج تتابعياً فانه يعتمد أسلوب الوصول المباشر ، او قد يكون النشاط متوسطاً كما هو الحال بالتطبيقات الخاصة بالتدقيق في البنوك عندما يجب الوصول الى الملف عشوائياً وتتابعياً، وينظم هذا الملف على نحو جيد من خلال استخدام احد اساليب الفهرسة، واخيراً قد يكون النشاط كبيراً للملف وافضل مثال على ذلك ملف استاذ الاجور والرواتب عندما يتم الوصول الى كل سجل من سجلاته عند معالجة الروانب اسبوعياً وعليه يعد التنظيم التتابعي للملف اكثر كفاءة من غيره.

- تطاريرية / تقلب الملف File Volatility

تشير الى عدد الاضافات والحذف الحاصل في الملف خلال فترة زمنية محددة، فعندما تتغير باستمرار قوائم الاسماء في ملف الاجور الخاص بشركة

التشييد والبناء فان هذا الملف يعد عالي التطاير عليه يكون اختيار طريقة التنظيم التتابعي المفهرس غير موفق في هذه الحالة طالما ان عدد حالات الاضافة والحذف يستلزم تغييراً مستمراً في الفهارس ، وقد يكون التنظيم التتابعي مناسباً فيما اذا لم تكن هناك متطلبات خاصة للاسترجاع (طلب الملف).

- طلب الملف

يشير الى استرجاع المعلومات المخزونة في الملف، فأذا كان الوصول الى سجلات فردية سريعاً لدعم عملية آنية Real-time مثل حجوزات الخطوط الجوية، فان نوعاً معيناً من التنظيم المباشر يكون ضرورياً ، من جهة ثانية اذا كان بالامكان تاخير الطلب على المعلومات فانه يمكن جعل جميع طلبات المعلومات الفردية لعدد من المستفيدين على صيغة دفعات وترتيبها في حالات فردية مع تنظيم تتابعي للملفات.

- حجم الملف

في حالة الملفات الكبيرة التي تتطلب وصولاً منفرداً الى السجلات ولمرات عديدة باستجابة فورية ينبغي تنظيمها على وفق احد اساليب الوصول المباشر اما الملفات الصغيرة فان البحث في الملف بأكمله على نحو تتابعي لإيجاد سجل معين قد يكون اكثر فاعلية وكفاءة من إعداد فهارس معقدة او مخططات الوصول المباشر.

سادساً: ربط قاعدة المعلومات الداخلية بالويب

Linking Internet Databases to the Web

تم ابتكار برمجيات محددة لمساعدة المستفيدين من الوصول الى ملفات المنظمات من خلال الويب، على سبيل المثال الزبون متصفح الويب قد يرغب في البحث المباشر On-Line عن معلومات التس‏‏‏‏‏‏‏‏‏‏‏‏‏‏‏‏‏‏‏‏‏‏‏‏‏‏‏عير في قاع‏‏‏‏‏‏‏‏‏‏‏‏‏‏‏‏‏‏‏‏‏‏‏دة المعلوم‏‏‏‏‏‏‏‏‏‏‏‏‏‏‏‏‏‏‏‏‏‏‏‏‏‏‏‏‏‏‏‏‏‏‏‏ات والش‏‏‏‏‏‏‏‏‏‏‏‏‏‏‏‏‏‏‏‏‏‏‏‏‏‏‏‏‏‏‏‏كل (٢-١٤) يوضح كيفية تمكن الزبون الوصول الى قاعدة معلومات الداخلية عبر الويب.

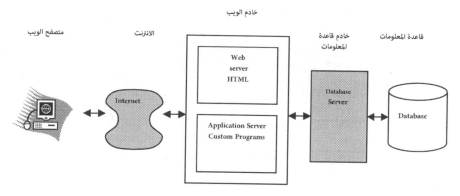

خادم الويب
متصفح الويب
الانترنت
خادم قاعدة المعلومات
قاعدة المعلومات

الشكل (٢-١٤)
ربط قاعدة المعلومات الداخلية للمنظمة "بالويب"

فالمستخدم يمكنه الوصول إلى الموقع الالكتروني Web site لمتاجر التجزئة من خلال الانترنيت باستخدام برمجية متصفح الويب Web browser Software باستخدام حاسوبه الشخصي، فالاتصال المخصص لموقع الويب يزود الزبائن بمعلومات متخصصة. ويمكن لبرامج توظيف البيانات المخزونة أن تساعد في تحميل هذه المعلومات على صفحة ويب شخصية مثل عروض المنتجات أو البيانات المنشورة حديثاً والتي قد تجذب اهتمام الزبون، كما يمكن أيضا استخدام نوع البرنامج الذي يعتمد في إعداد التنبؤات كآلية بحث يبدأ الزبون في تشغيله. على سبيل المثال فان معظم الروابط التي تقول "final other similar products" هي في جوهرها أدوات توظيف بيانات تقوم بالبحث داخل قواعد بيانات المنشأة أو الانترنيت بما في ذلك ما تستخدمه "Ama Zon.com" ان الهدف الجوهري من توفير المعلومات مباشرة إلى الزبون هو نفس هدف تزويد المدراء صانعي القرارات في المنشأة. أي تقديم المساعدة في صنع قرارات أفضل ومن ثم زيادة حجم المبيعات، وتوفير برامج توظيف البيانات إمكانية البحث عن معلومات سابقة عن الزبون.

المبحث الثاني
نظام استرجاع المعلومات (Retrieval System)

ذكرنا سابقاً بان البيانات - بعد معالجتها - تتحـول الى معلومـات يـتم إرسـالها إلى المسـتفيدين مباشرة أو تخزن في نظام قاعدة المعلومات بهدف استرجاعها لاحقاً عند ظهور الحاجة إليها ، هذا يعني أن من بين أهم أهداف نظام قاعدة المعلومات هو تحديد الطريقة الملائمة للاستفادة من محتوياته وذلك من خلال تصميم نظام الاسترجاع المناسب الذي يتولى هذه المهمة. وينصب هذا المبحـث عـلى توضـيح مفهوم هذا النظام وأركانه وبيان أهمية نظام استرجاع المعلومات كأحد الانظمة الفرعية لنظام المعلومات الادارية وأهم الأسس التي يجب مراعاتها عند تصميم هذا النظام وخطوات اسـترجاع المعلومـات والآليـة الملائمـة لقياس فاعلية نظام استرجاع المعلومات وأخيرا محددات نظام استرجاع المعلومات.

أولاً: مفهوم نظام استرجاع المعلومات وأركانه.

تعني عملية الاسترجاع " التصفح والكشف الشامل للوصول الى معلومـات معينة، كـما تعـني تحديد مواقع الملفات وتهيئة الاجابـة لطلـب معلومـات معينة ، مـن هنـا يمكـن تعريـف نظـام اسـترجاع المعلومات على انه " النظام الذي يوفرالاسلوب الملائم في العثور على معلومات (ملفات ، اجزاء منها) مـن خلال استخدام رمز البحث (رمز السؤال) الذي يجب ان يتطابق مع رمز المحتوى المركزي (رمـز الملفـات او المعلومات في نظام قاعدة المعلومات) من بين مجموعة المعلومات/ الملفات الموجـودة والمخزونـة في نظـام قاعدة المعلومات بهدف ارجاعها الى المستفيد الملائم.

في ضوء هذا التعريف يمكن تحديد أهم أركان نظام استرجاع المعلومات بالآتي :

١ - الهدف الاساسي من نظام استرجاع المعلومات هو البحث عن المعلومات/ الملفات واسترجاعها على النحو الذي يلبي حاجة المستفيدين من بين مجموعة المعلومات/ الملفات المخزونة في نظام قاعدة المعلومات .

٢ - وعند تحقيق هذا الهدف فان النظام سوف لا يخبر المستفيدين عن نوع وطبيعة المعلومات التي تلبي حاجته وانما يقوم بالبحث عنها واعلامه عن وجودها/ عدم وجودها وموقع وجودها ، الامر الذي يعني قيام المستفيد اساساً وابتداءاً بتحديد نوع ومجال المعلومات التي يمكن ان تلبي حاجته من خلال تقديم الطلب (في صيغة سؤال/ استفسار كما سيتم توضيحه لاحقاً) عن طريق درج رمز السؤال / البحث عن المعلومات / الملفات .

٣ - يجب ان يتطابق مع رمز المحتوى المركزي ، كما يشترط ايضاً وجود العلاقة المنطقية بين مصطلحات رمز البحث / السؤال عند مقارنتها مع تخصيص البحث والا فان النظام قد يفشل في استرجاع المعلومات المطلوبة او قد يسترجع معلومات غير مطلوبة اساساً.

٤ - وبناء عليه يجب تجنب التشويش في نظام استرجاع المعلومات ، ويعرف التشويش في مجال نظام استرجاع المعلومات على أنه تلك المعلومات التي تقدم لأحد المستفيدين زيادة عن المعلومات التي تدخل في مجال اهتمامه فعلاً، والتشويش بهذا المعنى يمكن أن يحصل نتيجة لعدة عوامل هي:

- عدم توفر الدقة الكافية في تحليل الملفات المخزونة ، إذ يقدم التحليل معلومات غير قابلة للاسترجاع قليلة أو عديمة الاهمية بالنسبة للمستفيدين في حين يتجاهل المعلومات ذات الاهمية الفعلية.
- صياغة السؤال أو تحليله بطريقة تجعل المعلومات المسترجعة قليلة أو عديمة الاهمية بالنسبة للمستفيد.
- إنتهاء عملية التشغيل الصحيحة لنظام الاسترجاع الى اختيار المعلومات غير المطلوبة .

٥- مما سبق لا يشترط ان يلبي نظام الاسترجاع جميع طلبات المستفيدين من المعلومات لأسباب تتعلق إما بعدم وجود هذه المعلومات في نظام قاعدة المعلومات اساساً وهو ما يطلق عليه بالاسترجاع المستحيل و/أو لعدم تطابق رمز البحث مع رمز المحتوى المركزي و/أو لحدوث التشويش في الاسترجاع.

ثانياً: أهمية نظام استرجاع المعلومات .

لا يقتصر الاهتمام في عصرنا الحاضر بموضوع استرجاع المعلومات على الهيئات الحكومية ، وانما يتعداه الى المنظمات وحتى الافراد وخاصة بعد التطورات الكبيرة التي حصلت في موضوع تكنولوجيا الاسترجاع ويعزى هذا الاهتمام الى تضافر أربعة عوامل تجسد بذات الوقت أهمية نظام استرجاع المعلومات وهي:

- تناقص الفترة الزمنية المتاحة لتوفير المعلومات الضرورية في اتخاذ القرارات بشكل سليم ، ويتزامن هذا التناقص بمؤشرات الزيادة التي طرأت على معدلات النشاط التنافسي بين المنشآت والتغيرات الحاصلة في البيئة المحيطة.

- ضخامة كمية المعلومات المتاحة بحيث إستحال على الفرد قراءة واستيعاب وتذكر النتاج الفكري الذي يتوقع ان ينتفع منه فيما بعد، كما عجزت ايضاً الهيئات المحلية الرسمية وغير الرسمية عن تنظيم هذا النتاج وخزنه لاسترجاعه لاحقاً، يضاف الى ذلك ان الوسائل المكتبية التقليدية فشلت أيضاً في تلبية الاحتياجات المتعددة والمتشعبة للأفراد من المعلومات الضرورية لايجاد حلول بخصوص مشكلات معينة.

- تغير طبيعة الحاجة الى المعلومات بسبب التعقيد المتزايد لمشاكل المتجمع والذي أدى بدوره الى ظهور الحاجة للمعلومات المتعلقة بعدد لا حصر له من المجالات.

- تغير أهمية مصادر البيانات ، فقد ازداد حجم وأهمية البيانات التي ترد عن كثير من المصادر والمجالات التي لم تكن على جانب من الاهمية وحتى فترة قريبة

من الزمن ، وقد ترتبت على هذا التغيير زيادة الحاجة الى توصيل البيانات بسرعة أكبر مما هي عليه في الفترة السابقة.

ثالثاً: الاسس الواجب مراعاتها عند استرجاع المعلومات.

إن تحقيق هدف نظام الاسترجاع المتمثل بالبحث عن المعلومات التي تلبي حاجة المستفيدين واسترجاعها يجب أن يكون على أساس مجال ونوع محدد، وضمن اطار سرعة وتكلفة ملائمتين بعد أن يتم تحديد المستفيد المطلوب توفير المعلومات له وفيما يأتي توضيحاً لهذه الاسس:

١. **المجال والنوع :** أي تحديد المجال الذي تتوفر فيه المعلومات ونوع هذه المعلومات على النحو الذي يلبي حاجة المستفيدين من خلال حصر مجالات الاهتمامات الحالية والمستقبلية للمستفيدين، والتي تكتسب أهمية معينة لديه وتثير اهتمامه باتجاه الحصول عليها ... وتكمن أهمية هذا التحديد في دقة الخدمة المقدمة الى المستفيدين، إذ أن تحديد المجال والنوع يسهم في تلبية هذا المطلب كماً ونوعاً، كما تكمن هذه الاهمية في إمكانية متابعة التغييرات الحاصلة في اهتمامات المستفيدين إذ يمكن ان تتعرض الاهتمامات الحالية للمستفيدين للتغيير التدريجي أو المفاجئ على النحو الذي يستلزم تغيير نظام الاسترجاع .. ويمكن ان يكون هذا التغيير طبيعياً نتيجة لتغير الاهتمامات الشخصية أو الوظيفية للمستفيد أو نتيجة للتغيير في تكوين المستفيدين انفسهم عندما يضاف اليهم أعضاء جدد لهم اهتماماتهم المختلفة أو عندما يحصل تغيير في أهوائهم، عليه يفترض التنبؤ بمثل هذه التغييرات ومراعاتها عند تصميم نظام الاسترجاع من خلال تحديد المجال والنوع الذي تتاح فيهما المعلومات لتلبية حاجات المستفيدين.

٢. **السرعة الملائمة :** انطلاقاً من أهمية التوقيت الملائم في توفير المعلومات الضرورية يفترض مراعاة السرعة في استرجاع المعلومات الى المستفيدين، وتتراوح هذه السرعة ما بين الحاجة الى توفير المعلومات بسرعة كبيرة جداً قد تكون ثوان أو دقائق مثال ذلك المعلومات المتعلقة باسعار العملات في الاسواق

المالية ، أو بعد فترة من الزمن كان تكون يوم/ أسبوع ، مثال ذلك المعلومات المتعلقة بالإجازات الاعتيادية لموظف معين خلال الشهر المنصرم ، وتتحدد هذه السرعة في ضوء ثلاثة أنواع من الوقت التي تندرج في اطار وقت الانتظار الحرج وهي:

- الوقت المطلوب لصياغة السؤال وتحليله واختيار مسار البحث وهو الوقت الحرج الذي يعقب توجيه السؤال من قبل أحد المستفيدين ويمثل اللحظة التي يبدأ فيها اهتمام المستفيد بسرعة النظام .
- الوقت الذي يستغرقه إجراء البحث ويعد ايضاً جزءاً من الوقت الحرج الذي يلي توجيه السؤال ولابد من مراعاة سرعة وسيلة البحث وكفاءتها في اختصار هذا الوقت.
- الوقت الذي يستغرقه توصيل نتائج البحث الى المستفيدين كرد على أحد الاسئلة وهو يدخل ايضاً ضمن وقت الانتظار الحرج.

٣- التكاليف : تعد التكلفة احد المعايير الجوهرية عند تصميم نظام الاسترجاع الى حد أنه يمكن أن يكون هدفاً متمماً، إذ يفترض التفكير بالاقتصاد في التكاليف عند التخطيط لمختلف العمليات التي ينطوي عليها النظام ، بخاصة انه من السهولة بمكان تقدير تكاليف كل عملية من العمليات ، وتكون هذه التكاليف على ثلاثة أنواع هي:

- تكاليف بناء النظام واقتناء أجهزة ومعدات الاسترجاع وغيرها من التسهيلات الضرورية .
- تكاليف التشغيل وتشمل تحليل الاسئلة وتشغيل جهاز البحث وتوصيل نتائج البحث الى المستفيدين وهي تكاليف تنطوي على المجهود البشري ووقت الآلة.
- تكاليف عدم تقديم الخدمة الى المستفيدين والمتمثلة بقيمة الوقت الذي يتم استنفاده دون تقديم الخدمة الملائمة الى المستفيدين ، وعلى الرغم من صعوبة تحديد هذا النوع من التكاليف إلا أنه يفترض بذل الجهود لتحديده ذلك لان الاقتصاد في

التكاليف المشار اليه في أعلاه قد يكون احياناً اقتصاداً وهمياً أو خادعاً ، إذ يقدم للمستفيد في النهاية الخدمة الملائمة التي كان من الممكن تحقيقها ، عليه فان الضرورة تقتضي- مراعاة الموازنة بين الانواع الثلاثة من التكاليف. وتجدر الاشارة هنا الى ان معدلات هذه التكاليف تعتمد على عوامل كثيرة منها أهمية المعلومات المطلوبة من قبل المستفيدين ، السرعة التي يطلب فيها المعلومات، المجال ، نوع المعلومات ، وعوامل اخرى.

٤- **تحديد المستفيدين :** يستلزم استرجاع المعلومات على وفق الاسس اعلاه تحديد المستفيدين الحاليين والمحتملين من خدمات النظام ، وبهذا الخصوص قد يكون المستفيدون معروفين ومحددين على نحو دقيق نسبياً كما هو الحال بالنسبة للمستفيدين في أغلب المنظمات الانتاجية والخدمية ، إذ تمثل الادارات في مختلف المستويات التنظيمية فئات المستفيدين الذين يمكن معرفة إهتماماتهم وحاجاتهم من المعلومات ومن ثم تحديد مجال ونوع ووقت وتكلفة الاسترجاع، بالمقابل قد يتعذر تحديد هؤلاء المستفيدين في منظمات أخرى مثل المكتبات العامة والجمعيات المهنية ، إذ يصعب التنبؤ بانواع واعداد هؤلاء المستفيدين ومن ثم اهتماماتهم وحاجاتهم من المعلومات ، وتكمن مبررات التحديد الدقيق للمستفيدين في دقة الخدمات الى جانب سهولة متابعة التغييرات في اهتماماتهم (سبق الحديث عنهما في المجال والنوع) فضلاً عن مراعاة قيود السرية في الوصول الى المعلومات من خلال حصر المستفيدين المخولين بالحصول على معلومات معينة دون سواهم الى جانب العوامل الخاصة بالمستفيدين أنفسهم.

رابعاً: خطوات استرجاع الملفات / المعلومات

قبل الحديث عن هذه الخطوات ولاجل تأشير حالة التكامل بين نظامي قاعدة المعلومات ونظام الاسترجاع تجدر الاشارة هنا الى وجود نوعين رئيسيين من أنواع الوصول الى المعلومات المخزونة في نظام قاعدة المعلومات تبعاً لاسلوب تنظيم الملفات في هذه القاعدة وهي الوصول التتابعي والوصول المباشر.

فبموجب النوع الاول يتم قراءة السجلات بنفس الطريقة التي كتبت بها عند تخزينها في وسائط التخزين، فالحاسبة تبدأ بالبحث عن السجل بوساطة فحص السجل الاول في الملف ومن ثم تفحص تتابعياً السجلات التالية لحين العثور على السجل المطلوب ، ومن جهة ثانية فان الوصول المباشر On-line يسمح بالوصول الفوري والمباشر الى السجل المحدد في الملف.   وسواء تم اعتماد النوع الاول أو الثاني فان عملية الاسترجاع تتم من خلال عدة مراحل تتمثل في الآتي :

١- **صياغة السؤال :** تتمثل المرحلة الاولى في الاسترجاع بتحديد السؤال وتسجيله كاساس للبحث ، إذ يقوم مختلف المستفيدين من خدمات نظام المعلومات بتقديم أسئلتهم واستفساراتهم بخصوص ملفات / معلومات معينة مختزنة في نظام قاعدة المعلومات ، ولصياغة سؤال ما ليكون موضوعاً للبحث والاسترجاع في مجموعة من الملفات المخزونة، فأنه لابد من التعبير اللفظي عن موضوع البحث أو تسجيله بطريقة ما لتوصيله الى المسؤول عن نظام الاسترجاع، ويمكن تحقيق ذلك بسهولة فيما اذا كان المستفيد على اطلاع بالجوانب الآتية:

- المحتوى المركزي للملفات التي يتم البحث عنها.
- الاسلوب المعتمد في تحليل هذا المحتوى المركزي.
- أدلة الرموز المعتمدة في البحث عن المعلومات.

إذ يفترض ان يكون المستفيد على المام كافٍ بهذه الجوانب الثلاثة.

٢- **اختيار المداخل التحليلية في تخطيط مسارات البحث** ، بعد الانتهاء من صياغة السؤال لابد من القيام باختيار مداخل السؤال ، إذ يتم تصميم اغلب انظمة الاسترجاع الآلية ـ بخلاف الانظمة التقليدية التي تكون احادية المدخل بطبيعتها ـ على النحو الذي يسمح باستخدام مداخل متعددة في الاسترجاع ، الامر الذي يعني أن مثل هذا التصميم يصف الملفات المخزونة في نظام قاعدة المعلومات مـن اكثـر من وجهة نظر واحدة ، ومن ثم استرجاعها بتحديد أكثـر مـن مـدخل واحـد ، والسؤال الـذي يطرح نفسه هو : كيف يمكن اختيار المداخل

المناسبة التي تستخدم كأساس في الاسترجاع ؟ والاجابة تتوقف على أسلوب التحليل المعتمد في تنظيم الملفات داخل قاعدة المعلومات ، ففي حالة استخدام المدخل التكشيفي فانه ينبغي على المستفيد ان يقدم مداخل على اساس الافكار التي يحتمل انه تم تكشيفها ، أما في حالة استخدام المدخل التصنيفي فانه يتحتم على المستفيد تحديد الاساس المستخدم في تصنيف الملفات التي يهتم بها وتلبي حاجته ، وهكذا ... ومن أهم الادوات التي تسهل مهمة المستفيد في اختيار المداخل المناسبة هي معجم المصطلحات Thesaurus والمعجم عبارة عن قائمة المصطلحات التي يمكن استخدامها في مجال معين، فعند تحديد المصطلحات المستخدمة في مسارات البحث بين مجموعة المصطلحات المتاحة من الضروري تحديد العلاقة بين المصطلح والسؤال والطريقة المعتمدة هي تحديد الكلمات في مسار البحث (Question triggered terms QTT) وذلك بهدف مساعدة المسؤول عن نظام الاسترجاع أو المستفيد أو كليهما في تقديم وسيلة لتحديد نوع وحجم المعلومات التي يمكن استرجاعها باستعمال مسار معين إلى جانب كونه دليلاً للمعلومات المناسبة فعلاً لحاجة المستفيد المتاحة في نظام المعلومات ، وينبغي للمعجم أن يعين العلاقات القائمة بين الكلمات التي يشتمل عليها ، وهذه العلاقات تكون على أربعة أنواع هي:

- علاقة ترادف تبين المصطلحات التي يمكن أن تستخدم على نحو مترادف (تبادلياً) للتعبير والدلالة على نفس الفكرة.

- علاقة الخاص بالعام تبين المصطلحات التي تعد جزءاً من قسم اكبر.

- علاقة العام بالخاص تبين المصطلحات التي تتضمن مصطلحات اخرى تنتمي لها وتكون جزءاً او فرعاً منها.

- علاقة عامة غير محددة تبين المصطلحات المترابطة بمصطلحات اخرى ليس على اساس الترادف أو علاقات العام بالخاص.

٣- تحويل المداخل التحليلية الى مسارات للبحث(*)

بعد الانتهاء من اختيار المداخل التحليلية تبدأ مرحلة تحويل هذه المداخل الى مسارات للبحث، إذ تختلف وتتنوع هذه المسارات تبعاً لنظام الاسترجاع المعتمد، ولأجل تصوير الوظيفة التي يقوم بها كل مسار من مسارات البحث على أساس أهداف نظام استرجاع المعلومات والمتمثلة بالتحقق من المعلومات الملائمة واستبعاد غير الملائمة لحاجات مستفيد معين عند البحث عن المعلومات يوضح الشكل (٢-١٥) عملية الاسترجاع .

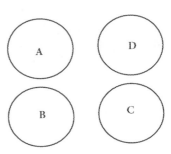

B
C

الشكل (٢-١٥)
عملية الاسترجاع

إذ يمثل المستطيل جميع المعلومات المتاحة في نظام قاعدة المعلومات ككل اما الدوائر فانها تمثل تلك المعلومات الموجودة في النظام والملائمة للموضوع أو المدخل الذي يتم التعبير عنه رمزياً بالحروف A ، B ، C ، D ، ويوضح الشكل (٢-١٦) ان الموضوع A في الحالة الاولى يشكل حجماً كبيراً من مجموع

(*) يطلق على هذه المسارات ايضاً مواصفات البحث Searaprescription التي يدرك المسؤول عن الاسترجاع انها يمكن ان تستغل محتويات ملفات معينة على النحو الذي يمكن معه تلبية احتياجات مستفيد معين من المعلومات.

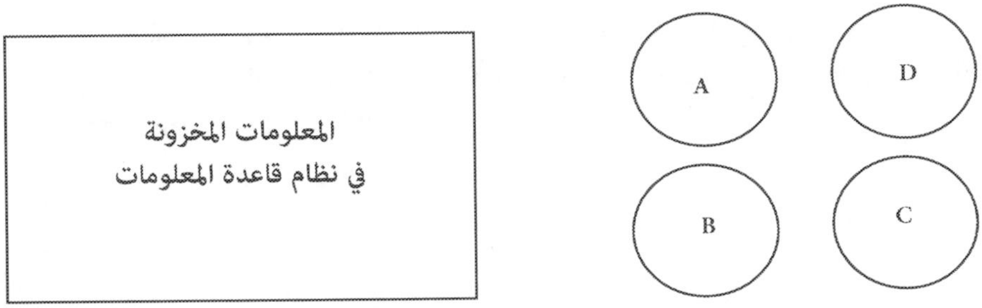

المعلومات المتاحة في النظام بينما تعني الحالة الثانية أن الموضوع (A) يشكل حجماً صغيراً من إجمالي المعلومات المتاحة.

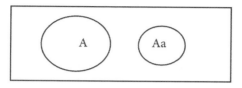

الشكل (٢-٩) حجم المعلومات المسترجعة

وفيما يأتي توضيحاً لهذه المسارات

١- مسار البحث عن موضوع واحد (مدخل واحد)

Single Aspect (Single Clue) Search

يتم بموجبه التحقق من جميع المعلومات الموجودة في ملفات معينة والتي يجمعها موضوع (مدخل) واحد مشترك، مثال ذلك المطلوب جميع المعلومات الموجودة في نظام قاعدة المعلومات والخاصة بقطع الغيار المستخدمة في صيانة المكائن والمعدات المستخدمة في خطوط الإنتاج ، فالمدخل الوحيد هنا هو قطع الغيار والمعبر عنه بالرمز A كما يتضح في الشكل (٢-١٧) إذ يتبين ان المعلومات المطلوبة والملائمة لحاجة مستفيد معين والتي يجب التحقق منها هي فقط تلك التي تقع في مساحة الدائرة (A).

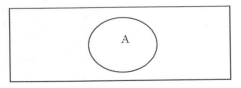

الشكل (٢-١٧)
مسار البحث عن موضوع واحد

ويفضل اعتماد مسار البحث عن الموضوع الواحد في ظل واحد او مجموع الحالات الآتية:

١- اذا كان مجموع المعلومات المختارة أو المجموع الكلي للمعلومات التي تم التحقق منها لا يزيد عن تلك المعلومات التي يريد المستفيد من المعلومات اختيارها.

٢- اذا كان الموضوع المتاح للبحث يتفق تمام الاتفاق في التعميم أو التخصيص مع موضوع الاهتمام للمستفيد وبناء عليه:

أ- يتعذر التعرف على قدر كبير جداً من المعلومات ذات الاهمية القليلة (الهامشية).

ب- يتعذر التحقق من جميع المعلومات ذات الاهمية للمستفيد والمتاحة في النظام.

٣- اذا كان الموضوع المتاح للبحث استخدم بدرجة كافية من الدقة والتوحيد ومن ثم لا يوجد هناك شكوك على النحو الذي يمكن البحث عن موضوعات بديلة بالاضافة اليه (اي استخدام مسار الجمع المنطقي).

٢- مسار الجمع المنطقي Logical Sum

يتم بموجبه تحديد موضوعين أو اكثر كمراحل للبحث عن معلومات معينة، كما يتم التحقق أيضاً من جميع الملفات الموجودة في مجموعة ما والتي يتوقع ان

تكون لها علاقة بين الموضوعات ويمكن التعبير عن هذا المسار بطريقة رمزية على النحو الآتي كما يتضح في الشكل أدناه .

A+B+C

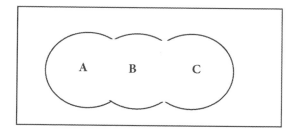

يعني ذلك ان المستفيد يحتاج المعلومات اذا كانت تتصل بالموضوع A والموضوع B والموضوع C معاً أو بواحد أو اكثر منها فقط. ويتضح من الشكل أن هناك ثلاثة موضوعات بديلة هي (A , B,C) يمكن أن تقدم إجابات ملائمة لطلب مستفيد معين من المعلومات ، بتعبير آخر يمثل الخط المتصل في المخطط مجموع المعلومات التي يفترض ان تكون ذات أهمية للمستفيد ويمكن عد هذا المسار مماثلاً تماماً لمسار الموضوع الواحد الا انه في حالة عدم التأكد من:

- ما هي المعلومات المطلوبة فعلاً أو الطريقة التي يحتمل ان يكون قد اتبعها المسؤولون في نظام قاعدة المعلومات في تخزين المعلومات وعندئذٍ يتم التعبير عن هذه البدائل منطقياً بالجمع المنطقي مثال ذلك المطلوب توفير المعلومات عن المجهزين محمد عبد حسين او محمد علي حسين او محمد عمرو حسين والمداخل الثلاثة في هذا السؤال عبارة عن الاشكال البديلة لاسماء المجهزين في حالة عدم التاكد من الاسم الاوسط لهم ، وتجدر الاشارة هنا انه عند اعتماد هذا المسار وكجزء من مسار أكثر تعقيداً يمكن وزن اهتمامات المستفيدين على نحو متسلسل

من الاكثر اهمية الى الاقل فالاقل وترتيبها على اساس درجاتها في التقييم ، ومن ثم يتم استرجاعها على وفق التقدير المعطى لكل موضوع.

٣- مسار الناتج المنطقي Logical Product

يتم بموجبها التحقق من جميع المعلومات الموجودة في مجموعة معينة والتي يجمعها مدخلان أو اكثر على أن يكون المدخل الثاني أو الثالث شرطيا وبخلافه تتعذر الاستفادة من المعلومات المسترجعة، مثال ذلك المطلوب جمع المعلومات الخاصة بالتدريسيين الذيم تم توظيفهم عام (٢٠٠٣) في قسم إدارة الاعمال ، فهذا السؤال ينطوي على ثلاثة مداخل هي أسماء التدريسيين والسنة وقسم ادارة الاعمال ، هذا يعني أن تلك المعلومات التي تشترك في ثلاثة موضوعات (A , B , C) هي التي يتم التحقق منها لعدها صالحة (المساحة المحاطة بخطوط متصلة) كما في الشكل (٢-١٩) ويمكن التعبير رمزياً عن هذا المسار على النحو الآتي :

A.B.C

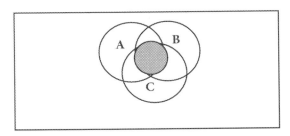

مسار الناتج المنطقي

والذي يعني أن المعلومات تكون مطلوبة فقط إذا كانت تشتمل كلا من المواضيع A , B , C.

٤- مسار الاختلاف المنطقي Logical Difference

يتم التحقق من جميع المعلومات الموجودة في ملفات معينة والتي تتميز بوجود واحد أو اكثر من الجوانب ، وغياب واحد أو اكثر من الجوانب المخصصة، أي ان المدخل الثاني يكون مدخلا استثنائيا. مثال ذلك المطلوب المعلومات الخاصة بالتدريسيين في الكلية المعبر عنها بالرمز (A) باستثناء التدريسيين في قسم ادارة الاعمال والمعبر عنهم بالرمز B ، ويمكن التعبير عن هذا المسار على النحو الآتي: A-B

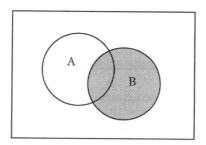

الشكل (٢-٣٠)
مسار الاختلاف المنطقي

٥- مسار التسلسل Sequence[*]

يتم التحقق من نوعين أو اكثر من المعلومات الموجودة في الملفات في تسلسل معين، بشرط توفير هذين النوعين على أن يأتي النوع الاول متقدماً وسابقاً على النوع الثاني، مثال ذلك البحث عن المعلومات الخاصة بالحالة الاجتماعية للفرد ومن ثم المعلومات الخاصة بعدد الاولاد ، ويمكن التعبير عن هذه الحالة رمزياً على النحو الآتي : < B . A > .

(*) تمثل مسارات التسلسل والأكبر من والأقل من مجرد حالات خاصة من مسار الناتج المنطقي عليه لم يتم تصويرها عملياً.

٦- مسار الاكبر من والاقل من (بين الحدين) greater than and less than

يتم بموجبه التحقق من المعلومات التي تنطوي على مؤشرات رقمية على الاغلب تقع ضمن حدود مخصصة . مثال ذلك المعلومات عن الافراد الذين تم تعيينهم بين عامي ٢٠٠٠-٢٠٠٤ ، ويمكن لهذا المسار ان ينطوي على البحث بصيغة الاكبر من ٢٠٠٠ والاقل من عام ٢٠٠٤ أو < ٢٠٠٠ > ٢٠٠٤ ، اي ان المعلومات المطلوبة والتي يجب التحقق منها تنحصر بين اكبر من عام ٢٠٠٠ واقل من عام ٢٠٠٤.

٤- صياغة المداخل التحليلية ومسارات البحث بلغة نظام الاسترجاع

أي تحويل المداخل والمسارات إلى لغة النظام المعتمدة في تنظيم الملفات داخل نظام قاعدة المعلومات، ويعتمد هذا التحويل على نحو جوهري على المواصفات الخاصة بنظام الاسترجاع وعلى نظام التكشيف المستخدم مثل:

- التكشيف على اساس مصطلحات عنوان الملف.
- التكشيف على اساس الاسماء داخل الملف.
- التكشيف على اساس الفترات الزمنية التي يغطيها الملف.
- التكشيف على اساس المصطلحات الوصفية المستخدمة.

إذ يعد هذا التكشيف الاداة التي تستخدم للدلالة على الملف أو الاشارة الى موقع وجوده في نظام قاعدة المعلومات وذلك من خلال اختيار الكلمات الدالة (Key Word) أو المصطلحات الوصفية (Descriptive-Terms) أو عناوين الموضوعات (Subject-Headings) من الملفات على النحو الذي يتيح كشف وفرز المعلومات التي توفر الإجابة لاسئلة واستفسارات المستفيدين.

٥- تنفيذ الأيعاز والقيام بعملية الاسترجاع .

بعد الانتهاء من جميع المراحل السابقة يصبح ممكناً اجراء البحث عن المعلومات المطلوبة واسترجاعها إذ يبدأ تشغيل نظام الاسترجاع للقيام بعملية البحث

والاسترجاع وتوفير الاجابة لاسئلة واستفسارات المستفيدين على وفق الخطوات الآتية:

- فحص الأيعاز من حيث التركيب أو اللفظ (Semantic or Syntax).

- تدقيق الأيعاز من حيث التسمية والنوع والطول في الملفات المخزونة في القاعدة.

- تحديد مواقع تخزين المعلومات المطلوبة واصدار الامر الى نظام التشغيل لقراءة القيود المطلوبة بعد تعريف عناوينها التخزينية .

- البحث عن القيود المطلوبة وقراءتها ونقلها الى المنطقة التخزينية الوسطى (System Work Area) وهي جزء الذاكرة المخصص لتنفيذ كافة العمليات التي تخص الايعازات المرسلة من قبل المستفيد.

- نقل المعلومات من منطقة التخزين الوسطى الى منطقة عمل المستفيد (User Work Area) وهي الجزء المخصص من الذاكرة لاستقبال أوامر المستفيد واصدار اشارة الى المستفيد (صوت أو ضوء) ليتعرف به بالاستجابة لطلبه .

- تهيأة المعلومات للمستفيد بالشكل الذي يتلائم مع حاجاته والتي قد تكون على شكل مقتبسات أو مستخلصات أوالملفات الاصلية (صورة طبق الاصل) أو الملفات الاصلية بعد اجراء بعض التعديل على محتوياتها.

خامساً : فاعلية نظام الاسترجاع

تتوقف فاعلية أي نظام على قدرته على انجاز المهام المنوطة به وتحقيق الاهداف المرسومة له والتي يمكن قياسها من خلال استخدام بعض المعايير التي تختلف باختلاف هذه الانظمة وباختلاف أهدافها، من هنا ولما كان الهدف الاساس لنظام استرجاع المعلومات هو البحث عن المعلومات المطلوبة من قبل المستفيدين والمخزونة في نظام قاعدة المعلومات واسترجاعها تلبية لحاجة هؤلاء المستفيدين، عليه فان فاعلية نظام الاسترجاع تتحدد في اطار تحقيق هذا الهدف، وقبل الحديث عن معايير الاداء التي تقرر هذه الفاعلية نجد من المفيد الاشارة الى طبيعة عملية

الاسترجاع ، فإذا افترضنا ان مساحة المستطيل (انظر الشكل ٢-٢١) تمثل جميع الملفات المخزونة في نظام قاعدة المعلومات والتي يمكن للمستفيدين من استرجاعها من خلال نظام استرجاع المعلومات، بينما تمثل الدائرة الداخلية تلك الملفات التي استرجعها النظام بناءاً على طلب المستفيدين، عليه فان تشغيل نظام كامل (فاعلية كاملة) يمكن أن يتطلب ان تكون جميع المعلومات المسترجعة ذات أهمية للمستفيدين، وإن أياً من المعلومات غير المسترجعة (القطاع المظلل في الشكل) لم يكن ذات اهمية للمستفيد ، من هنا ونظراً لتعذر تصور وجود نظام يعمل على نحو كامل تماماً فاننا نتوقع ان تكون الحالات غير الكاملة على النحو الآتي:

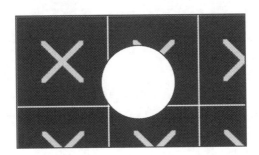

الشكل (٢-٢١)
طبيعة عمل نظام استرجاع المعلومات

الحالة الاولى (تدني الفاعلية) : تمثل الدائرة (١) المعلومات التي استرجعها النظام واتضح من خلال التدقيق انها ليست ذات اهمية للمستفيدين ، وبالمقابل تبين من خلال المعلومات التي لم يسترجعها النظام وجود مجموعة اخرى من المعلومات (الدائرة ٢) كانت مهمة ، وهذه الحالة تمثل اسوأ مستويات الفاعلية إذ توجد المعلومات الملائمة ولكن النظام فشل في استرجاعها.

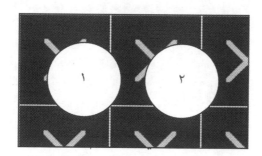

الحالة الثانية (حالة النقيضين): تمثل مساحة المستطيل جميع المعلومات الموجودة في نظام قاعدة المعلومات بينما تمثل الدائرة (١) تلك المعلومات التي استرجعها وتبين من خلال التدقيق أن جزءاً فقط من هذه المعلومات على قدر مناسب من الاهمية (الدائرة٢) كما ان النظام لم يعجز عن استرجاع اية معلومات مناسبة.

وهذه الحالة تنطوي على النقيضين للمستفيد فيمكن ان يقتنع المستفيد بان النظام لم يفلت منه شيء أو يحس بالإحباط وعدم الرضا اذا ما تبين له ان جزءاً صغيراً فقط من ذلك الكم الكبير من المعلومات التي تم استرجاعها مهم وملائم لحاجته.

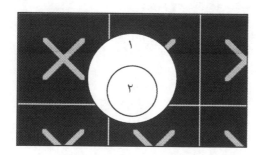

الشكل (٢٣-٢)
الحالة الثانية (حالة النقيضين)

الحالة الثالثة (تعزيز الفاعلية) : تمثل المساحة (١) المعلومات غير المهمة للمستفيد/ المساحة (٢) المعلومات التي وجدت انها ذات اهمية ، الهلال (٣) تمثل المعلومات ذات الاهمية التي لم يسترجعها النظام والمساحة المضللة (٤) تمثل المعلومات ذات الاهمية التي استرجعها النظام من بين حجم المعلومات المسترجعة والهلال (٥) تلك المعلومات التي استرجعت ولكنها ليست ذات اهمية ، والمشكلة هنا تكمن في تقليص حجم الهدف (٥) قدر الامكان وذلك من خلال تحريك الخط الفاصل من النقطة A١, A٢ الى النقطة B١, B٢ بحيث يكون مماساً للدائرة (٣) كما هي موضحة في الشكل (٢-٢٤) وتجدر الاشارة هنا إلى أن طبيعة حاجات المستفيدين هي التي تحدد الاسبقيات الخاصة بمعايير الفاعلية التي تقوم على ما يطلق عليه بالصلة الوثيقة (Retrevance)، والتي تعرف على انها القدرة على ترتيب المداخل الكشفية في نسق يمثل الرابطة المناسبة بين رمز البحث كما تم تسجيله من قبل المستفيد وبين تخصيص البحث المثبت في المادة الاصلية المخزونة في نظام قاعدة المعلومات، ويمكن تحديد هذه الصلة الوثيقة من خلال جملة من المعايير هي :

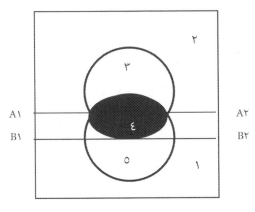

الشكل (٢-٢٤)
الحالة الثالثة (تعزيز الفاعلية)

- قابلية النظام على الاسترجاع . وتقاس من خلال نسبة عدد المعلومات ذات الصلة بحاجات المستفيدين والتي تم استرجاعها الى المجموع الكلي للمعلومات الموجودة في نظام قاعدة المعلومات.

- الدقة في الاسترجاع . وتقاس من خلال نسبة عدد المعلومات ذات الصلة بحاجات المستفيدين الى مجموع المعلومات ذات الصلة بهذه الحاجات والتي استرجعها النظام بعد استبعاد المعلومات غير المناسبة.

- الجهد المبذول في الاسترجاع . وتقاس من خلال مقدار الجهد المبذول من قبل المسؤولين عن عملية الاسترجاع مابين تقديم الطلب للحصول على ملف معين ومابين الحصول عليه.

- وقت الاسترجاع : وتقاس من خلال الوقت الذي يستغرقه نظام الاسترجاع مابين تقديم الطلب من قبل مستفيد معين ولحين الحصول على الاجابة المطلوبة.

- شكل الاسترجاع : أي الصيغة التي يتم بها استرجاع الملفات بناءاً على طلب مستفيد معين والتي سبقت الاشارة اليها في الفقرة (٢-٥).

وتجدر الاشارة هنا الى انه ما لم تتوفر المقاييس التي يمكن تطبيقها عند تحديد الفاعلية باستخدام الاساليب الكمية فان المعايير اعلاه قد تكون غير مجدية ولاجل ذلك فقد تم ايجاد بعض المقاييس التي لها علاقة بالمعايير اعلاه وهي: الاتفاق Resolution ، العزل Elimination ، الملائمة Pertinency ، الضوضاء Noise ، الاسترجاع Recall ، والحذف Omission .

سادساً: محددات نظام الاسترجاع:

قد لا يتسم نظام الاسترجاع بالفاعلية المطلوبة بسبب وجود بعض المحددات التي تحول دون ذلك وتنعكس هذه المحددات في صورة خلل تكمن في تحديد احتياجات المستفيدين أو في اختيار المداخل التحليلية ، أو في اختيار مسار البحث أو في عملية التكشيف.

والجدول (٢-٤) يوضح نماذج لهذه المحددات الخاصة بمعياري القابلية على الاسترجاع والدقة في الاسترجاع قدر تعلق الامر بالعناصر الاربعة الاساسية وهي طلبات المستفيدين ، المداخل التحليلية ، مسار البحث ، عملية التكشيف.

جدول (٢-٤)

نماذج لبعض محددات نظام استرجاع المعلومات

الدقة في الاسترجاع	القابلية على الاسترجاع	العناصر
- العمومية المفرطة في تحديد طلبات المستفيدين من المعلومات. - الاسترجاع المستحيل.	- تحديد طلبات المستفيدين من المعلومات بشكل يفوق كثيراً الحاجة الحقيقية لهم.	المستفيدون
- قصور في استخدام المدخل التصنيفي المناسب.	- قصور في تحديد المصطلحات (معجم المصطلحات)	المداخل التحليلية
- الفشل في اختيار المسار الملائم. - الصياغة الشاملة غير الكفؤة للمسار. - الصياغة المحددة غير الكفؤة للمسار	- الفشل في استخدام كافة المسارات المتاحة في الاسترجاع - الصياغة الشاملة جداً للاسئلة - الصياغة المحددة جداً للاسئلة	مسار البحث
- التكشيف الشامل - قصور في استخدام الكلمات الدالة او المصطلحات الوصفية او رؤوس الموضوعات	- عيوب في استخدام نظام التكشيف المعتمد - عدم مراعاة القواعد التنظيمية المعتمدة	عملية التكشيف

المبحث الثالث

نظام الاتصالات Communications System

يمكن تشبيه المنظمة في هيكلها وشكلها بدون نظام الاتصالات بالجسد الذي يفتقر إلى قدرة الحياة ، ذلك لان الاتصالات هي التي تضفي الديناميكية للمنظمة، فالمنظمة تسير من خلال مجموعة من عمليات التغيير ، فالتفكير عبارة عن تغيير والقرار عبارة عن تغيير ، والنشاط عبارة عن تغير والخطة عبارة عن مخطط للتغيير، والرقابة والتقييم عبارة عن العملية الترشيدية التي بواسطتها يتم البحث عن الحقائق لتغييرها باتجاه الهدف المرسوم ، كما أن البيئة المحيطة بالمنظمة عبارة عن بانوراما متحركة وكذا البيئة الداخلية للمنظمة التي تكون في حالة تعديلات دائبة ومستمرة ، الفكرة بكل ابعادها عبارة عن عملية حركة للانتقال من حالة الى اخرى ، وهكذا لا يمكن أن نجد أي نشاط بدون ادراك ولا ادراك بدون معرفة ولا معرفة بدون معلومات ولا معلومات بدون الاتصالات التي تتم من خلال التحدث والاستماع، الكتابة، والقراءة حيث تم التوصل الى ان المدراء يستنفذون ما بين ٦٠-٧٠% من الوقت الكلي المتاح لهم في المنظمة في انجاز العمليات الاربعة اعلاه(*) ، الامر الذي يؤكد على اهمية الاتصالات في ادارة المنظمة. اذ يعيش العالم الآن في أواسط ثورة الاتصالات التي تتميز بخاصتين مهمتين هما:

- التغيرات السريعة والمتلاحقة في تكنولوجيا الاتصالات.
- التغيرات الموازية المهمة في امتلاك خدمات الاتصالات في التحكم بها وتسويقها.

عليه فان مدراء اليوم بحاجة الى فهم قدرات، تكاليف ومنافع تكنولوجيا الاتصالات المختلفة لاجل تعظيم المنافع المتأتية منها.

(*) الكتابة والتحدث يفيدان ضمناً المرسل والعملية المعاكسة أي الاسترجاع والقراءة يفيدان ضمناً المستلم "المؤلف".

أولاً: مفهوم نظام الاتصالات وأركانه.

ابتداءاً يجب القول بأنه مهما كان محتوى أو شكل البيانات فانها غالباً ما تنقل من مصادر توليدها الى نظام المعلومات الادارية لمعالجتها وتحويلها الى معلومات ومن ثم تنقل هذه المعلومات المتولدة الى الجهات المستفيدة والتي تظهر حاجتها الى هذه المعلومات إذ يتم النقل في كلتا الحالتين عبر نظام الاتصالات.

هذا يعني ان دور نظام الاتصال بوصفه نظاماً فرعياً من نظام المعلومات يتمثل بنقل البيانات من مصادر توليدها الى نظام المعلومات لأغراض معالجتها، ونقل المعلومات من نظام المعلومات الى الجهات المستفيدة داخل المنظمة أو خارجها.

بناءاً عليه يمكن تعريف نظام الاتصالات على أنه "مجموعة الاجهزة والبرمجيات التي تعمل معاً لتسهيل تدفق البيانات والمعلومات من حاسبة إلى آخر (موقع إلى آخر)" من خلال هذا التعريف يمكن أن نحدد أركان هذا المفهوم على النحو الآتي:

- الأجهزة Hardware وتضم كل أنواع الحاسبات ومعالجات الاتصالات (Communication Processors) .
- وسائط الاتصالات Communications Media الوسائط المادية التي تنقل من خلالها الاشارات الالكترونية Electronic Signals بما في ذلك الوسائط اللاسلكية.
- شبكات الاتصالات Communications Networks تشير إلى الروابط بين الحاسبات وأدوات الاتصالات.
- برمجيات الاتصالات Communications Software هي البرمجيات التي تتحكم بنظام الاتصالات وعمليات تدفق البيانات والمعلومات ككل.
- بروتوكولات الاتصالات Communications Protocols هي القواعد التي تنظم عملية تدفق البيانات والمعلومات عبر شبكات الاتصالات .

وفيما يأتي الشكل (٢-٢٥) الذي يوضح هذه الأركان

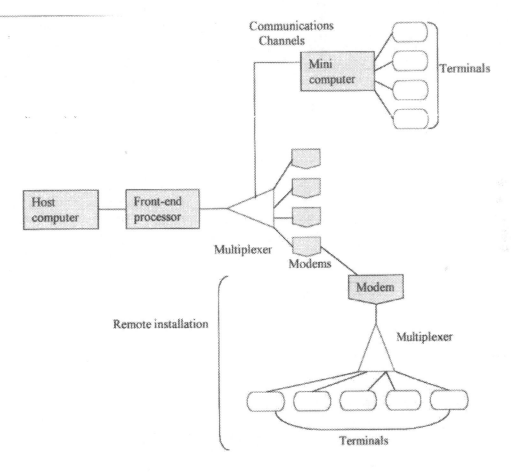

ثانياً: المداخل الأساسية لدراسة نظام الاتصالات:

اعتمد الكتاب مداخل مختلفة في دراسة نظام الاتصالات قدر تعلق الامر بنظام المعلومات الادارية ، فمنهم من ركز على الجوانب الرياضية وآخرون اعتمدوا العوامل السلوكية وفريق ثالث تناوله من وجهة النظر التنظيمية وفيما يلي شرحاً مختصراً لهذه المداخل الثلاث:

١- مدخل نظرية المعلومات (Information Theory Approach)

يركز المدخل على تطبيق القوانين الرياضية في التحكم بمعالجة البيانات وتوصيل المعلومات واستخدام المقاييس الكمية في تحديد سعة انظمة الارسال والتخزين وايضاً في اختيار الوسائل لإيجاد أفضل الطرق لاستخدام انظمة الاتصالات واساليب فصل الاشارات عن الضوضاء وتحديد الحد الاقصى ـ لاستيعابية كل قناة ، ويعد شانون (Shannon) رائد هذا المدخل وهو الذي وضع عام ١٩٤٨ اسس نظريته الرياضية في الاتصال معتمداً على تقنية الاتصال من بعد (Tele -Communication) والتي اشتهرت فيما بعد بـ " نظرية المعلومات ".

٢- مدخل الاتصالات الانسانية او الشخصية (Human or Individual))

يتميز هذا المدخل عن سابقه بكونه يركز على العلوم السلوكية إذ يستمد هذا المدخل أسسه من النظريات التي تعتمد الدوافع والاحاسيس والانفعالات في توضيح الاتصالات الشخصية، أي تفسير العلاقة القائمة بين شخصين أو اكثر من خلال العمل واسلوب التفكير وطبيعة المشاعر التي تطبع سلوك المرسل والمستقبل مع محاولة اثبات اثر تجاهل هذه الجوانب السلوكية في فشل عملية الاتصال وعدم كفاءة وفاعلية نظام الاتصال وهو ذات الانتقاد الذي يوجهه انصار هذا المدخل الى مدخل نظرية المعلومات الذي اغفل تماماً مثل هذه الجوانب السلوكية.

٣- مدخل الاتصالات التنظيمية (Organizational Communication)

ويعد مدخلاً وسطاً بين المدخلين السابقين أعلاه ، إذ يركز على تدفق البيانات والمعلومات بين اجزاء المنظمة المختلفة على اساس الهيكل التنظيمي القائم[*]، أي ان شبكة الاتصالات وفقاً لهذا المدخل تتكون من الاتصالات النازلة والصاعدة والجانبية التي تربط بين اقسام ونشاطات المنظمة المختلفة، وقد عد

---

[*] نظراً لوجود نوعين من التنظيم الرسمي واللارسمي داخل كل منظمة لذا توجد شبكة اتصالات رسمية تتطابق مع خطوط السلطة الرسمية في الخريطة التنظيمية وشبكة اتصالات غير رسمية تتطابق مع خطوط السلطة غير الرسمية.

الكاتب " جيتزكو Guetzkow" الاتصالات التنظيمية بمثابة الشبكة التي تربط اجزاء المنظمة المختلفة والتي تسهم كاداة جيدة تمكن المنظمة من التفاعل مع بيئتها اولاً وبين اجزائها ثانياً.

ثالثاً: طبيعة الاتصالات في المنظمة:

يمكن تقسيم الاتصالات (تدفق البيانات والمعلومات) في المنظمة تبعاً لاسس مختلفة هي الاتجاه، أسلوب الاتصال، القناة، الوسيلة، وفيما يأتي توضيح لهذه الاسس:

١- اساس اتجاه الاتصالات : تصنف الاتصالات بموجبه كما يتضح في الشكل (٢-٢٦) الى:

١-١- الاتصال باتجاه واحد (البسيط Simplex) : يتم نقل البيانات والمعلومات باتجاه واحد فقط ، إما لارسال البيانات والمعلومات فقط مثال ذلك جهاز المايكروف الصوتي، أو لاستقبالها فقط مثال ذلك جهاز التلفاز.

١-٢- الاتصال نصف المزدوج (Half-Duplex): يتم نقل البيانات والمعلومات باتجاهين ولكن ليس بنفس الوقت أي ارسال البيانات والمعلومات ثم بعد ذلك استقبال بيانات ومعلومات، بحيث يبقى الطرف المستلم بالانتظار لحين انتهاء المرسل بعدها يبدأ الطرف المستلم بالارسال.

١-٣- الاتصال كامل الازدواجية (Full-Duplex) : يتم نقل البيانات والمعلومات بكلا الاتجاهين في آن واحد ، أي ارسال البيانات والمعلومات واستقبالها بذات الوقت، اذ يمكن لطرفي الاتصال الارسال والاستلام بذات الوقت، كما هو الحال بالنسبة لانظمة الاتصال الهاتفي أو عملية الاتصال بين حاسبين عرف عليهما كرت اتصال مزدوج.

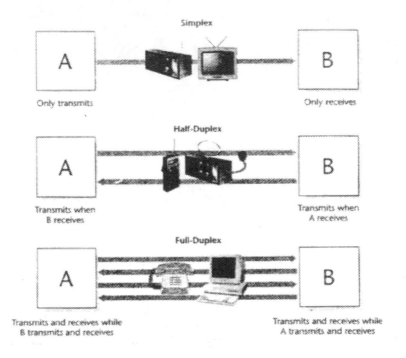

الشكل (٢-٢٦)
انواع الاتصالات على أساس الاتجاه

٢- **اساس أسلوب الاتصالات**:تصنف الاتصالات تبعا لهذا الاساس الى نوعين هما:

٢-١- **الاتصالات المتسلسلة** (Serial transmition).يتم نقل البيانات والمعلومات بشكل رموز ثنائية الواحدة تلو الاخرى بشكل تسلسلي عبر خط نقل واحد، إذ يفضل استخدام هذا الاسلوب في الاتصالات بعيدة المسافة والتي يتعذر فيها بناء عدد كبير من الكابلات بين طرفي الاتصال والشكل التالي يوضح هذا النوع من الاتصالات والشكل (٢-٢٧) يوضح ذلك .

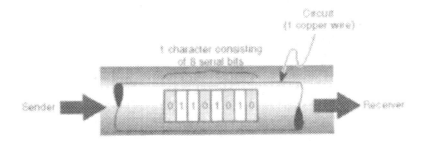

الشكل (٢-٢٧)
الاتصالات المتسلسلة

٢-٢- **الاتصالات المتوازية (Parallel Communication)**.يتم نقـل البيانـات والمعلومـات عـلى شـكل بايـت واحد في كل مرة من خلال استخدام قناة نقل واحدة لكل رمز ثنائي على النحـو الـذي يسرـع مـن عملية النقل بالمقارنة مع الاتصال المتسلسل والشكل الاتي يوضح هذا النوع من الاتصالات.

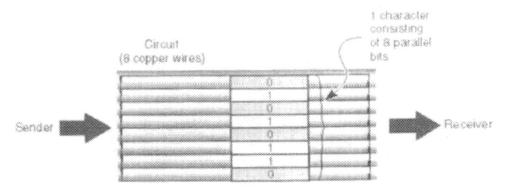

الشكل (٢-٢٨)
الاتصالات المتوازية

٣- اساس قناة الاتصالات : تصنف الاتصالات اعتماداً على قنوات الاتصال الى نوعين هما الاتصالات الرسمية ، الاتصالات غير الرسمية.

- الاتصالات الرسمية : وهي الاتصالات التي تتطابق مع خطوط السلطة الرسمية في الخريطة التنظيمية وتكون على نوعين ايضاً هما الاتصالات داخل المنظمة والاتصالات مع البيئة الخارجية المحيطة بالمنظمة.

١- الاتصالات الداخلية : أي تدفق البيانات والمعلومات والناجمة عن التفاعلات بين اقسام ونشاطات المنظمة ويكون على ثلاثة انواع هي:

١-١ الاتصالات النازلة From up down ward

أي تدفق البيانات والمعلومات من المستويات الاعلى الى المستويات الأقل (من الرؤساء الى المرؤوسين) وتأخذ شكل التوجيهات، التوضيحات، الاشارات، وهي العملية التي من خلالها تنقل السياسات والقرارات الى المستويات الادنى.

١-٢ الاتصالات الصاعدة From down up ward

أي تدفق البيانات والمعلومات من المستويات الأقل الى المستويات الاعلى (من المرؤوسين الى الرؤساء) اما في ضوء تغذية عكسية كرد فعل للاتصالات الاولى او في صورة مقترحات وتوصيات يرفعها المرؤوسين الى المستويات الاعلى.

١-٣ الاتصالات الجانبية / الافقية Horizontal

أي تدفق البيانات والمعلومات بين الادارات او الاقسام عند نفس المستوى التنظيمي مثال ذلك تبادل وجهات النظر بين مدير قسم الانتاج ومدير قسم التسويق.

٢- الاتصالات مع البيئة الخارجية : أي تدفق البيانات والمعلومات الناجمة عن التفاعلات بين المنظمة وبين بيئتها الخارجية ويكون على نوعين:

٢-١ الاتصالات الداخلة : أي تدفق البيانات والمعلومات من البيئة الخارجية الى المنظمة مثال ذلك التشريعات الحكومية، بيانات عن حالة المنافسين، بيانات عن المجهزين والعملاء ... الخ.

٢-٢ الاتصالات الخارجة : أي تدفق المعلومات من المنظمة الى البيئة الخارجية مثال ذلك تقارير الاداء المرسلة الى الجهات الاعلى التي تتبعها المنظمة ادارياً، او الى الدوائر الحكومية التي تطلب مثل هذه التقارير ، والشكل (٢-٢٩) يوضح انواع الاتصالات حسب قناة الاتصال.

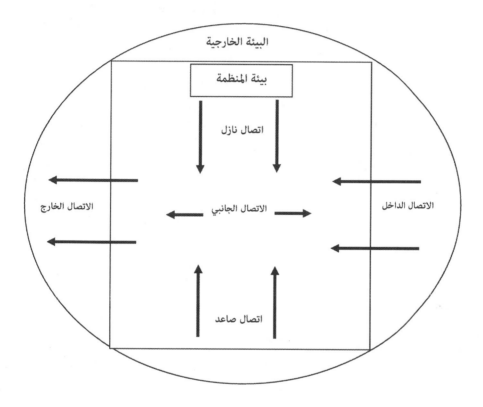

البيئة الخارجية
بيئة المنظمة
اتصال نازل
الاتصال الخارج
الاتصال الجانبي
الاتصال الداخل
اتصال صاعد

الشكل (٢-٢٩)
أنواع الاتصالات الرسمية

- **الاتصالات غير الرسمية**

وهي الاتصالات التي تتجاوز قيود وحدود القنوات الرسمية وذلك نتيجة التفاعلات الشخصية الحاصلة بين الافراد العاملين في المنظمة وخاصة افراد الجماعات الغير رسمية (التنظيم غير الرسمي) وتتميز هذه الاتصالات بالمرونة والاطلاق والسرعة كما انها تتلقى القبول في الاصفاء لذا فان لها تاثيراً كبيراً والمشكلة الاساسية هي ان هذه الاتصالات اكثر عرضة للتحريف وتعوزه حسن المسؤولية وتكون مصدر للازعاج والعبث ومصدر للاشاعات لان الافكار تنقل عبرها سواء كانت نتيجة عن معرفة بالشيء او جهل به.

مما سبق وبما ان هذه الاتصالات تعد مسألة حتمية ويتعذر منعها فان على الادارة الحكيمة تسخير هذه الاتصالات من خلال تحويلها الى القنوات المرغوبة باتجاه خدمة اهداف المنظمة ويمكن تحقيق ذلك من خلال:

- جعل افراد التنظيم غير الرسمي (الجماعات الصغيرة) على اطلاع بشؤون المنظمة باسلوب نظامي.
- تشجيع هذه الجماعات على نشر المعلومات بين افرادها وازالة القيود التي قد تكبت محاولاتهم بهذا الاتجاه.

٤- اساس الوسيلة : يمكن تصنيف الاتصالات بموجبه الى نوعين:

- **الاتصالات التعبيرية** Experess وتكون على نوعين ايضاً :

١- الاتصالات المكتوبة: وتأخذ شكل الرسائل، الملاحظات، التلكس، التلغراف، الاشعارات، المذكرات، القواعد والاجراءات، الكتيبات، وتتميز هذه الاتصالات بانها تكون رسمية على الاغلب وتتصف بالوضوح والثبات ولكن يعاب عليها كونها تتصف بالبطء وعدم المرونة ولا تسمح باجراء التعديلات التي تحقق تحسيناً في مستوى الفهم والقبول لها واذا ما تم اجراء التعديلات عليها فانها قد تفقد الثقة والقبول الامر الذي يؤدي الى رفضها احياناً، يضاف الى ذلك انه في حالة تعذر

صياغتها بوضوح فانها قد تثير مشاكل التفسيرات المتعددة الامر الذي يخلق التناقض ، واخيراً فان قراءتها وفهمها بشكل صحيح لا يعد ضمانة دائماً.

٢- الاتصالات الشفهية: وتحدث على الاغلب في اللقاءات التي تحصل على طاولة المفاوضات او المكالمات التلفونية او المقابلات الشخصية وتتميز هذه الاتصالات بالسرعة والمرونة الكبيرتين وتكون غير رسمية على الاغلب كما وتتمتع بقبول جيد من قبل الافراد ، وبالمقابل فانها عرضة للتجاهل والاهمال ، فضلاً عن امكانية التعرض للتحريف والتشويه.

- الاتصالات الضمنية او الصامتة Implied or Silent

يسهم هذا النوع من الاتصالات دوراً مهماً في ترشيد سلوكية الادارات، فقد لا تأخذ الاتصالات صيغة الكتابة او التحدث او الاستماع او القراءة انما يمكن ان تاخذ الشكل الضمني او الصامت، فالايماءة ، نمط الحديث ، لغة العيون، الجو السائد في الكلام، والصمت المتعمد بين جملتين، كلها تشكل امام الطرف الآخر ايحاءات معينة عن المسائل التي لم يتم التعبير عنها بلغة الكلام ،عليه فان المدير الذي يجيد عملية الاتصالات لا يمكنه تجاهل بلاغة الصمت والايماءة في تطبيق فن الاتصالات.

٥- أساس المجال الجغرافي Geographic Area

يمكن تصنيف الاتصالات على أساس المساحة الجغرافية التي تغطيها على سبيل المثال تجسر- شبكة الاتصالات المحلية Local Area Networks (LANs) الحاسبات والنهايات الطرفية في مساحة جغرافية محدودة، بينما تجتاز شبكات الاتصالات الواسعة Wide Area Network (WAN) المدن والولايات أو حتى عبر العالم. ويعد الانترنيت شبكة الاتصالات الواسعة العامة الكبيرة للعالم (World's Largest Public WAN) ولاسباب تاريخية فان صناعة شبكات الاتصالات تشير إلى كل نوع من أنواع شبكات الاتصالات على أنها شبكة مساحة Area Network وأهم الأصناف التي تندرج ضمن اطار هذا الأساس هي:

- Local Area Newtwork (LAN)
- Wide Area Newtwork (WAN)
- Metropolitan Area Network (MAN)
- Storage Area Network (SAN)
- System Area Network (SAN)
- Server Area Network (SAN)
- Small Area Network (SAN)
- Personal Area Network (DAN)
- Desk Area Network (DAN)
- Controller Area Network (CAN)
- Cluster Area Network (CAN)

رابعاً: شبكات الاتصالات Communications Networkes

تمهيد :

يحصل تدفق البيانات والمعلومات في اطار ما يطلق عليه "شبكات الاتصالات" إذ يتم ربط المستفيدين بانظمة المعلومات الادارية في اطار هـذه الشبكات بـاعتماد الحاسب والاجهـزة الملحقـة بـه وبخاصة مايتعلق بعدد كبير من المحطات الطرفية وقد تكون المسـافة بـين الحاسب والمستفيدين قصيرة جداً كما هو الحال بالنسبة للحاسبات المايكروية وبذلك يمكن للمستفيد الاتصال من خلال خطوط الهاتف بالحاسب الموجود في المنظمة التي يعمل فيها او تكون المسافة بعيدة الامر الذي يتطلب استخدام الاقـمار الصناعية او خطوط الاتصالات السلكية واللاسلكية وشبكات الانترنيت ، وتعتمد فكرة اقامة علاقات مباشرة بين الحاسب والمستفيدين عن طريـق تقسـيم وقـت الحاسب بـين عـدة مستفيدين، وتستحوذ شبكات الاتصالات باعتماد الحاسب في المواقع المختلفة على اهتمام كبير بوصفها الوسيلة التي تمكن المستفيدين من انشاء الاتصالات التي يستخدمها نظام التشغيل في الحاسب. فغالباً مايقع نظام المعلومات في موقع معين وينتشر المستفيدون في مواقع اخرى مختلفة وتحتاج ادارات الكثير مـن المنظمات وبخاصـة البنوك ومكاتب الخطوط الجوية والبورصات والنقل وماشابهها الى تدفق البيانات والمعلومات من موقع الى آخر

على النحو الذي يزيد من فاعلية ادائها ، فالاتصال عبر الهاتف او التلكس يكون غير مجدي بينما يكون الاتصال بين الحاسب والمحطات الفرعية المنتشرة في المواقع البعيدة أفضل اقتصادياً وعملياتياً . وتكون هذه الشبكات على أنواع مختلفة كما يتم اعتماد نماذج مختلفة في بناءها.

٤-١ مفهوم شبكات الاتصالات

يمكن تعريف شبكات الاتصالات ببساطة على أنها الربطبين حاسبتين معاً إما ماديا من خلال الاسلاك أو أدوات الربط اللاسلكي اذ يتيح هذا الربط للحاسبتين إمكانية اقتسام الملفات (المشاركة في الملفات) الطابعات وحتى التواصل من خلال الانترنيت.

وفي اطار المنظمات الصغيرة نجد أن أكثر نوعين شائعين من شبكات الاتصالات هي شبكات النظير – للنظير (Peer-to-Peer) ، وشبكات الزبون/ الخادم (Client/Server) .

فبالنسبة لشبكات Peer-to-peer تعد شبكات بسيطة وقليلة التكلفة والاكثر ملائمة للمنظمات التي تستخدم أقل من خمس حاسبات، وتسمح هذه الشبكة للمنظمة المشاركة في الملفات/ الطابعات وحتى المتغيرات Modems واتصالات الانترنيت. وبشكل عام فان هذه الشبكات لا يوجد فيها خادم مركزي (Central Server) وتتكون من حاسبتين أو اكثر مرتبطتين مع بعض من خلال اداة تسمى المجمّع (Hub). وهذا المجمّع يسمح لعدة حاسبات وأدوات الاتصال مع سلك الشبكة. وبينما تعد الشبكة الابسط والاقل تكلفة فانها بالمقابل لا توفر العديد من المزايا التي تحققها شبكة الخادم/ الزبون. وكلما كبر حجم المنظمة وايضا حجم الشبكة فان ادارة شبكات (Peer-to-peer) تصبح أكثر صعوبة وتكلفة.

أما شبكات الخادم/ الزبون فهي تربط الحاسبات الشخصية التـي تعـرف بالزبـائن (Clients) ويطلـق عـلى حاسبة مركزية أو أكثر "الخوادم" (Servers) وهناك عدة أنواع من الخوادم والأكثر شيوعاً هـو خـادم الملـف File Server . ففي هذه الشبكة يعمل خادم الملف كمورد مشـترك (Shared Resource) مسـتودعاً للملفـات مثل الوثائق، الجداول الالكترونية، قواعد البيانات.. الخ. فبدلاً من تخزين هذه الملفات في كـل جهـاز، فـان خادم الملف يسمح بتخزينه في حاسبة مركزية واحدة. يضاف الى ما ذكر من مزايا سابقة والخاصة بتقليص امكانية التكرار المضاعف للملف الواحد فانه يسمح للمنظمة لامتلاك نقطة مركزية واحدة يتم من خلالها استرجاع الملفات.

٢-٤ مكونات شبكات الاتصالات

تتضمن شبكات الاتصالات على نحو إنموذجي أربعة مكونات إلى جانب الحاسبات بحد ذاتها:

- البروتوكولات (Protocols) : هي مجموعة قواعد الاتصالات التي تضمن وحدة اللغة المستخدمة.

- الاسلاك (Cables) : الوساطة المستخدمة في ربط جميع الحاسبات بعضها بالبعض الآخر، مع الاشارة الى أن الشبكات اللاسلكية لا تستخدم الاسلاك.

- بطاقات التفاعل الشبكي Network Interface Cards (NICs)

وهي التي تتيح للحاسبات فرصة ارسال واستلام الرسائل الى/ ومن الحاسبات الاخرى. علما أنه في الشبكات الصغيرة التي تستخدم أسلوب المتوازي/ المتسلسـل Parallal/ Serial Ports لـيس بالضرـورة اسـتخدام هـذه البطاقات.

- المجمّع Hub وهو جهاز يستخدم للتحكم بالاشارات المنقولة عبر الشبكة، ويمكن اعتماد انواع اخـرى مـن الاجهزة للتحكم مثل: Switch, Repeater وذلك اعتماداً على نوع الشبكة والغرض منها.

٤-٣ أنواع شبكات الاتصالات

يؤكد احد الكتاب على أنه وبشكل مشابه لرقائق الثلج فانه يتعذر وجود شبكتين متشابهتين، اذ تتنوع هذه الشبكات في ظل استخدام الاجهزة والمعدات التي تتيحها التطورات التكنولوجية الى جانب الحجم ودرجة السرية.. الخ من الخصائص. من هنا ولاغراض المناقشة فانه يمكن اعتماد بعض الخصائص العامة عند تصنيفها، وهذه الخصائص هي:

- حجم الشبكة (Size) ويشير الى الحجم الجغرافي للشبكة وتبعاً لذلك تصنف الشبكات بشكل عام الى نوعين هما الشبكات المحلية Local Area Network (LAN) وهي الشبكات التي تغطي مساحة جغرافية قطرها لا تزيد عن ٢٠٠٠م والشبكات الواسعة Wide Area Network (WAN) وهي التي تغطي مساحات واسعة.
- السرية والامن والوصول (Security Access) وتصنف على أساس مستويات السرية والأمن المتوفرة في الشبكة وامكانية الوصول الى الشبكة وكيفية التحكم بالأمن والوصول .
- البروتوكول (Protocols) يصنف الشبكات الى أنواع تبعاً للبروتوكولات أي قواعد الاتصالات المستخدمة في الشبكة مثال ذلك Apple Talk, TCPITP , Not Beull
- الاجهزة والمعدات (Hardware) كما تصنف أيضا تبعاً للاجهزة والمعدات المستخدمة للربط المادي للشبكة.

ويوضح الجدول الآتي تصنيفاً آخراً لأنواع شبكات الاتصالات في اطار نظام المعلومات على أساس طريقة الاتصالات.

الجدول (٢-٥)

أنواع شبكات الاتصالات في اطار نظام المعلومات الادارية

طريقة الاتصال	نوع الشبكة
جهاز المودم ، خدمةISDN	**Dial-up**
Ethernet,Token Ring ,Cable modem,DSL,FDDI,IP over ATM,Wireless TI,Frame Relay	**Local area Network (LAN)**
L٢TP NPNs over PPTP or	**Private Network Virtual**
Serial Cabling, Infrared link,Direct Parallel Cabel	**Direct**
or direc connections,Dial-up, VPN	**Incoming Connection**

وفيما يأتي فكرة موجزة عن هذه الشبكات:

- Dial up . تقوم على فكرة الاتصال بشبكة عادية أو شبكات الانترنيت من خلال جهاز المودم أو بطاقةISDN التي تتدفق بوساطته البيانات والمعلومات باستخدام خطوط الهاتف . والمزية الاساس لهذا النوع من الشبكات هي امكانية انشاء عدة شبكات اتصالات من هذا النوع تبعا لتنوع اشتراكات مزودي خدمة الانترنيت.

- الشبكات المحلية (LAN). تكون محصورة في مساحات جغرافية محدودة نسبيا بالشكل الذي يجعل المسافات الفاصلة بين الحاسبات المطلوب ربطها في الشبكة قصيرة، وهذا النوع من الشبكات يتم اشاؤها تلقائيا بمجرد تركيب سلك الشبكة في الجهاز ومن تم تفعيل شبكة الاتصال.

- الشبكة الافتراضية الخاصة (VPN) تقوم على فكرة استخدام الشبكات الخاصة أو العامة لانشاء شبكة اتصال من خلال اعتماد البروتوكول PPTP أو L٢TP للوصول الى الموارد المتاحة على الشبكة بوساطة جهاز خادم .

- الاتصال المباشر . تقوم على فكرة الاتصال المباشر مع أي جهاز آخربشكل دائمي من خلال استخدام الكيبل التسلسلي Serial Cable أو الكيبل المتوازي Parallel Cable بوساطة جهاز المودم أو جهاز ISDN ، أو الربط المؤقت بالشبكة بوساطة جهاز Palm .

- الاتصال الوارد . تقوم على فكرة تعزيز قدرة الحاسب على استلام الطلبات الواردة من الجهات الاخرى المرتبطة في اطار شبكة الاتصالات بشكل يجعل من الجهاز يعمل كخادم Server ،والمزية الاساس لهذا النوع من شبكات الاتصال هي امكانية تعديل خيارات الشبكة لاستقبال الانواع الاخرى من الاتصالات المذكورة في أعلاه .

٤-٤ هيكلية شبكات الاتصالات Communication Network Topology. هيكلية الشبكات هي انموذج الربط التي تصل العقد (Nodes) في الشبكة فالعقدة لها ربط واحد أو اكثر مع غيرها وهذا الربط يمكن اظهاره في اشكال مختلفة. عليه يمكن اعتماد نماذج مختلفة عند التفكير بتصميم هيكلية (بنية) شبكات الاتصالات والشكل الاتي يجسد شجرة عائلة شبكات الاتصالات. ويشير المتخصصون هنا الى أربعة نماذج شائعة الاستخدام هي :

الشكل (٢-٣٠)

شجرة عائلة شبكات الاتصالات

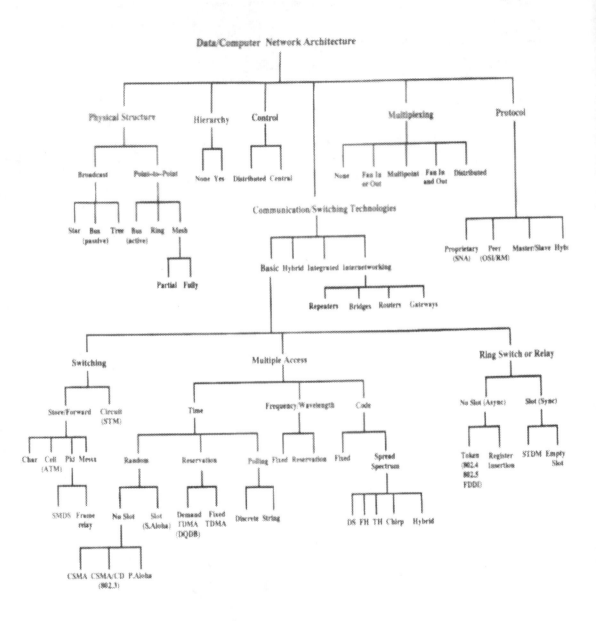

- **إنموذج المسار الواحد Bus Topology**

يقوم على فكرة وجود مسار وحيد يربط جميع الحاسبات في الشبكة على شكل سلسلة متصلة الحلقات (وهي الحاسبات) بوساطة كيبل رئيس يطلق عليه العمود الفقري (Backbone)، أذ يتم اغلاق نهايتي الكيبل باستخدام ما يسمى الموانع (Terminater) كما يتضح في الشكل (٢-٣١) . ويتميز هذا الانموذج بالبساطة والموثوقية وانخفاض التكلفة وسهولة التوسيع ولكن يعاب عليه في أن أي عطل يصيب هذا المسار ينجم عنه توقف جميع الحاسبات الواقعة على المسار بعد نقطة العطل وبطأ الاتصال عند زيادة عدد الاجهزة وتعذر حل مشاكل الشبكة.

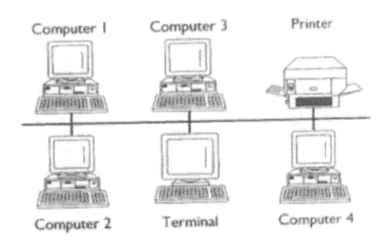

الشكل (٢-٣١)
أنموذج المسار الواحد في تصميم هيكلية شبكات الاتصالات

- انموذج النجمة Star Topology .

يقوم على فكرة وجود حاسب مركزي ومجموعة من الحاسبات الفردية (المحطات الطرفية) التي ترتبط مع الحاسب المركزي من خلال خط اتصالات، وتتم عملية نقل البيانت والمعلومات بين الحاسبات الفردية من خلال المحور (Hub) بوساطة كيبل مستقل لكل حاسب. يمتاز هذا الانموذج بسهولة الادارة والتحكم من خلال الحاسب المركزي مع سهولة اضافة أي جهاز جديد أو حذف جهاز قديم كما أن أي عطل في احد الحاسبات الفرعية لا يؤثر على الحاسبات الاخرى في الشبكة ولكن يعاب عليه في أن عطل الحاسب المركزي يقود الى توقف الشبكة بالكامل عن العمل والشكل (٢-٣٢) يوضح هذا الانموذج . كما أن تكاليف الصيانة قد تكون عالية في الأمد الطويل، ووجود فايروس واحد في الشبكة قد يؤثر على جميع أجزاء الشبكة.

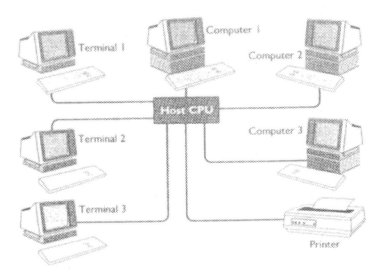

الشكل (٢-٣٢)
أنموذج النجمة في تصميم هيكلية شبكات الاتصالات

- إنموذج الحلقة (نقطة الى نقطة) Ring or Point to Point .

يرتكز على فكرة ربط الحاسبات بعضها مع البعض الاخر بخطوط اتصالات بحيث يـرتبط كـل حاسب مع حاسبين آخرين مجاورين له في الشبكة (أي بالذي يليه والذي يسبقه) كما يتضح في الشكل (٢- ٣٣) . من هنا جاءت تسمية هذا الانموذج (نقطة الى نقطة) لانه يسهل مهمة تدفق البيانات والمعلومات من نقطة (حاسب في أحد نظم المعلومات) الى نقاط اخرى (الحاسبات في نظم المعلومات الاخرى). ويمتاز هذا الانموذج في أن كل الحاسبات تمتلك نفس فرص الوصول الى الشبكة ، كـما لا يوجد تصادمات بـين الاشارات المنقولة عبر الشبكة . وفي ذات الوقت يعاب عليه في أن عطل أحدى الحاسبات سيؤدي الى عرقلة تدفق البيانات والمعلومات بين نظم المعلومات المتباعدة بعضها مع البعض، ذلك لان تحقـق هـذا التـدفق يجب أن يتم من خلال المرور بالعديـد مـن الحاسبات الاخرى في الشبكة، اضافة الى أن ازالـة أو اضافة حاسبة الى ومن الشبكة يؤدي الى التوقف المؤقت للشبكة. وفي العادة تعد الانموذج الاعلى كلفة.

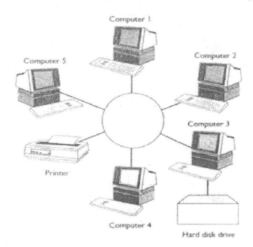

الشكل (٢-٣٣)
أنموذج الحلقة في تصميم هيكلية شبكات الاتصالات

- انموذج المجمع Hub Topology .

يقوم على فكرة المزاوجة بين انموذجي المسار الواحد والنجمة من خلال ربط بعض الحاسبات في سلسلة متصلة لتشكل انموذج المسار الواحد ومن ثم ربط هذه السلسلة مع مجموعة اخرى من الحاسبات من خلال "المجمع" لتشكيل انموذج النجمة كما يتضح في الشكل(٢-٣٤) . اذ يتم نقل البيانات والمعلومات بين الحاسبات الواقعة في مسار واحد على وفق انموذج المسار والحاسبات الواقعة على مسارين متجاورين بوساطة "المجمع "، وبين الحاسبات المتباعدة من خلال المرور باكثر من "مجمع". ويمتاز هذا الانموذج في أن عطل أحدى الحاسبات لن يؤثر على أداء هذه الشبكة ولكن يعاب عليه في أن عطل أحد المجمعات سيؤدي الى عزل جميع الحاسبات المرتبطة به عن الشبكة.

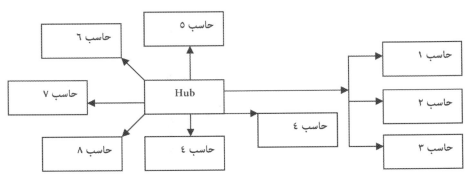

الشكل (٢-٣٤)

أنموذج "المجمع" في تصميم هيكلية شبكات الاتصالات

٤-٥ Open System Interconnection (OSI)

يصف هذا الانموذج كيفية تدفق البيانات والمعلومات من تطبيقات برمجية معينة في احدى الحاسبات عبر شبكة الاتصالات إلى تطبيقات برمجية في حاسبة أخرى، ويعد هذا الانموذج "انموذجا فكرياً" "Conceptual Model" يتكون من سبعة طبقات "Layers" ، اذ تنجز كل طبقة وظيفة محددة في الشبكة، وقد تم تطوير هذا الانموذج من قبل المنظمة الدولية للتقييس عام ١٩٨٤ (International Organization for Standardization) أصبح في وقتنا الحاضر إلى الانموذج المعياري الأساس للاتصالات بين الحاسبات.

يرتكز الانموذج على فكرة جوهرية هي تجزئة المهام الملازمة لتدفق البيانات والمعلومات بين الحاسبات المرتبطة بشبكة اتصالات الى سبعة مهام صغيرة أي مجموعات من المهام التي يمكن ادارتها بشكل أفضل (More Manageable Tasks) ، اذ يسند لكل طبقة من الطبقات السبعة مهمة واحدة فقط في اطار استقلال ذاتي معقول يمكنها من أداء المهمة المخصصة لها باستقلالية ملائمة بالشكل الذي يسمح لتحديث الحلول المقدمة من قبل احدى الطبقات دون التأثير على الطبقات الأخرى والشكل الآتي يوضح هذه الطبقات السبعة .

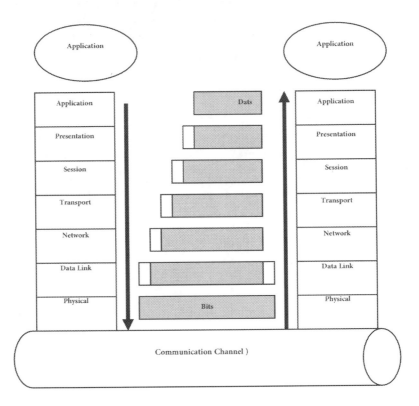

الشكل (٢-٣٥)

الطبقات السبعة لانموذج OSI

ان الطريقة السهلة لتذكر مسميات هذه الطبقات السبعة هي باستخدام العبارة الانكليزية "All People Seem to need data Processing" إذ يشير الحرف الأول الذي نبدأ به كل كلمة من الكلمات المذكورة في العبارة أعلاه الى الطبقة ذات العلاقة وكما يتضح في الجدول الآتي:

الجدول (٢-٦)

كيفية تذكر مسميات الطبقات السبعة في إنموذج "OSI"

الكلمة	اسم الطبقة
All	Application Layer
People	Presentation Layer
Seem	Session Layer
To	Transport Layer
Need	Network Layer
Data	Data Link Layer
Processing	Physical Layer

والخاصية الأساسية لهذه الطبقات هي امكانية تجزئتها الى صنفين رئيسين هما:

- الطبقات العليا Upper Layers وهي التي تتعامل مع الموضوعات التطبيقية وتعتمد بشكل عام في البرمجيات وهي أقرب ما تكون الى المستخدم "User" ، اذ يتعامل كلا من المستخدمين وكذلك عمليات المعالجة لطبقة التطبيقات مع التطبيقات البرمجية التي تشتمل على مكونات الاتصالات "Communication Components".
- الطبقات الدنيا Lower Layers وهي التي تتعامل مع موضوعات نقل وتحويل البيانات والمعلومات، وتستخدم الطبقة المادية Physical Layer وطبقة توصيل البيانات Data Link Layer في الأجهزة وفي البرمجيات تكون قريبة جداً إلى وسائط الشبكة المادية (على سبيل المثال ربط أسلاك الشبكة) وتكون مسؤولة عن الموقع الفعلي للمعلومات على وساطة الاتصال.

وتجدر الاشارة هنا إلى أن انموذج "OSI" يتيح إطاراً فكرياً للاتصالات بين الحاسبات ولكن الانموذج بحد ذاته لا يمثل طريقة في الاتصالات، فالاتصال الفعلي يصبح ممكننا من خلال استخدام بروتوكولات الاتصالات، وفي اطار شبكات

الاتصالات فان البروتوكول - كما هو معلوم، هو مجموعة اساسية من القواعد والمواثيق التي تتحكم بكيفية تبادل الحاسبات للمعلومات عبر شبكات الاتصالات، اذ ينجز البروتوكول الوظائف في واحدة أو اكثر من طبقات "OSI" ، وهناك عدد متنوع من البروتوكولات الشبكة وبروتوكولات التوجيه، فبروتوكولات WAN وبروتوكولات الشبكة وبروتوكولات التوجيه، فبروتوكولات LAN تعمل عند طبقتي "المادية Physical وربط البيانات Data Link من انموذج " OSI " وتحدد الاتصالات عبر أدوات LAN المختلفة، بينما تعمل بروتوكولات WAN عند الطبقات الثلاثة الأولى من انموذج OSI وتحدد الاتصالات عبر أدوات WAN المختلفة، أما بروتوكولات التوجيه routing فهي بروتوكولات طبقة الشبكة Network Layer والتي تتولى مسؤولية تبادل المعلومات بين الموجهات routers عليه تتمكن الموجهات من اختيار المسار المناسب في حركة سير الشبكة.

- دور انموذج "OSI" في الاتصال بين النظم

OSI Model and Communication between systems

يجب أن تمر البيانات والمعلومات المطلوب نقلها من تطبيقات برمجية في نظام الحاسبة الأولى الى تطبيقات برمجية في الحاسبة الثانية خلال الطبقات السبعة لانموذج "OSI" على سبيل المثال، اذا كانت هناك معلومات يجب نقلها من التطبيق البرمجي في النظام A إلى تطبيقات برمجية في النظام B فان التطبيقات البرمجية في النظام A ستمرر معلوماتها الى طبقة التطبيقات (الطبقة السابعة) الخاص بالنظام "A" وتقوم هذه الطبقة بتمرير المعلومات الى طبقة التمثيل (Presentation Layer) الطبقة السادسة) التي تمرر المعلومات الى طبقة (Session الطبقة الخامسة) وهكذا نزولاً إلى الطبقة المادية (الطبقة الاولى) وعند الطبقة المادية يتم وضع المعلومات على وساطة الشبكة المادية (Physical Network Medium) ومن ثم ترسل عبر هذه

الوساطة الى النظام "B" وتقوم الطبقة المادية في النظام "B" بنقل المعلومات من الوساطة المادية الى طبقته المادية التي تقوم بتمرير المعلومات الى الطبقة الثانية (Data link) والتي تمرر المعلومات الى الطبقة الثالثة (Network) وهكذا حتى تصل المعلومات إلى طبقة التطبيقات (الطبقة السابعة) في النظام "B" واخيراً تقوم هذه الطبقة السابعة للنظام "B" بتمرير المعلومات الى البرنامج التطبيقي المتسلم لاكمال عملية الاتصالات.

- التفاعل بين طبقات انموذج OSI

Internaction Between "OSI" Model Layers

من الخصائص الاخرى لانموذج OSI أن أية طبقة من الطبقات السبعة تتصل بشكل عام مع ثلاثة طبقات أخرى، وهذه الطبقات هي الطبقة التي تقع فوقها مباشرة والطبقة التي تقع تحتها مباشرة في الانموذج والطبقة المناظرة لها (Its peer) في نظام الحاسبات الاخرى المشتركة في شبكة الاتصالات لو أخذنا على سبيل المثال طبقة "Data Link" في النظام "A" نجدها تتصل مع طبقة "Network" وطبقة Physical في نظام الحاسبات "A" ومع طبقة "Data Link" في نظام الحاسبات "B" والشكل الآتي يوضح هذه الخاصية

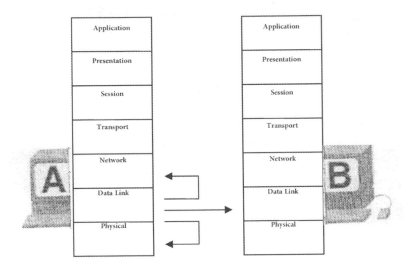

الشكل (٣٦-٢)

خاصية التفاعل بين طبقات أنموذج OSI

- الخدمات المقدمة من قبل طبقات انموذج OSI

OSI Layer Services

لاجل الحصول على الخدمات المقدمة من قبل الطبقة الاخرى تتصل احدى طبقات انموذج OSI مع تلك الطبقة، اذ تسهم الخدمات المقدمة من قبل الطبقات الاخرى المتجاورة في تسهيل مهمة الطبقة "موضوع الحديث" على الاتصال مع نظيرتها في أنظمة الحاسبات الأخرى، ولتحقيق ذلك يستلزم الأمر وجود ثلاثة عناصر أساسية في خدمات الطبقة هي:

١- مستخدم الخدمة   Service User

٢- مزود الخدمة   Service Provider

٣- نقطة الوصول الى الخدمة Service Access Point (SAP)

تأسيساً عليه فان مستخدم الخدمة هو طبقة OSI التي تحتاج الخدمات من الطبقة المجاورة، ومزود الخدمة هو طبقة OSI التي تقدم الخدمة الى مستخدم الخدمة، اذ يمكن لأي طبقة أن تزود الخدمة لعدد من مستخدمي الخدمات، أما نقطة الوصول للخدمة (SAP) فهي عبارة عن موقع افتراضي Conceptual Location يمكن عنده لاحدى الطبقات طلب الخدمة من البطقة الاخرى، والشكل الآتي يوضح كيفية تفاعل هذه العناصر الثلاثة في طبقتي (Network , Data Link) .

الشكل (٢-٣٧)
كيفية التفاعل من عناصر الطبقات عند الحصول على الخدمة

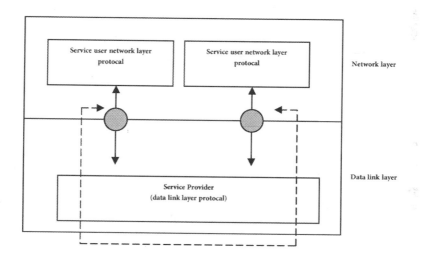

- تبادل المعلومات بين طبقات انموذج OSI

OSI Model Layers and Information Exchange

تستخدم الطبقات السبعة لانموذج OSI اشكالاً مختلفة من أساليب التحكم المعلوماتي عند الاتصال مع نظيرتها في أنظمة الحاسبات الأخرى، ويتكون هذا التحكم المعلوماتي من طلبات وتعليمات خاصة (Specific Requests and Instructions) يتم تبادلها بين الطبقات المتناظرة لانموذج "OSI" ويأخذ هذا التحكم المعلوماتي في الغالب واحد من شكلين هما:

١- Headers التي تلحق بالبيانات التي تم تمريرها من الطبقات الاعلى إلى الطبقات الأدنى.

٢- Trailers التي تلحق بالبيانات التي تم تمريرها من الطبقات الأعلى.

وتجدر الاشارة هنا إلى أن Headers , Trailers والبيانات هي مفاهيم نسبية اعتماداً على الطبقة التي تحلل وحدة المعلومات. على سبيل المثال، عند طبقة Network فان وحدة المعلومات تتكون من Layer ٣ headers والبيانات، وعند طبقة "Data link" من جهة أخرى فان جميع المعلومات التي تم تمريرها الى الاسفل من خلال طبقة "Network" (The Layer ٣ header and Data) يتم معالجتها كبيانات.

بتعبير آخر فان جزء البيانات الخاص بوحدة المعلومات في الطبقة المعنية من OSI يحتمل أن يضم Headers , Trailers والبيانات من جميع الطبقات الأعلى، وهو ما يطلق عليها "الكبسلة" "Encapsulation".

وفيما يأتي الشكل (٢-٣٨) الذي يوضح التحكم المعلوماتي .

الشكل (٢-٣٨)
اشكال التحكم المعلوماتي في انموذج OSI

System A
Information Unites
System B

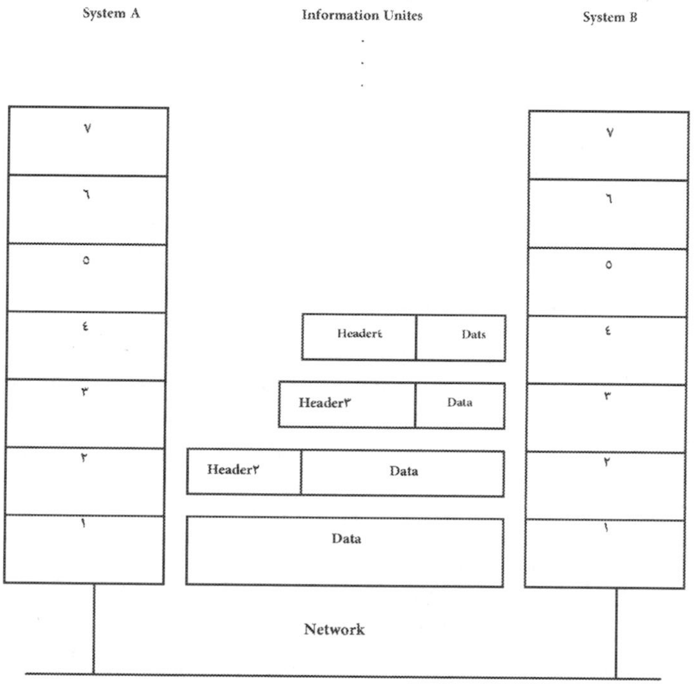

مما سبق وتفاديا للخوض في التفاصيل الفنية لعملية التبادل وآلية التحكم فيما يأتي فكرة موجزة عن كل طبقة من الطبقات السبعة كما يتضح في الجدول الآتي (٢-٧)

الجدول (٢-٧)

فكرة موجزة عن الطبقات السبعة لانموذج OSI

الطبقة Layer	الوصف
١- Physical	Transmits raw bits over a communication channel . Its purpose is to provide a physical connection for the transmision of data among network entities and the means by which to activate and deactivate a physical connection.
٢- Data Link	Provides a reliable means of transmitting data across a physical link; break up the input data into data frames sequentially and processes the acknowledgement frames sent back by the receiver.
٣- Network	Routes information from one network computer to another; accepts message from source host and sees to it that they are directed toward the destination. Computers may be physically located within the same network or within another network that is interconnected in some fashion.
٤- Transport	Provides a network independent transport service to the session layer, accepts data from session layer, splits it into smaller units as required, passes these to the network layer, and ensures all pieces arrive correctly at other end.
٥- Session	Provides user's interface into network; where user must negotiate to establish connection with process on another machine. Once the connection is established the session layer can manage the dialogue in an orderly manner.
٦- Presentation	Translates message to and from the format used in the network to a format used at the application layer.
٧- Application	Includes activities related to users, such as supporting file transfer, handling message, and providing security.

خامساً: مشاكل الاتصالات ومحدداتها Communications Problems & Barriers

يعزى عدم و/ أو انخفاض كفاءة وفاعلية نظام الاتصالات في أية منظمة الى وجود بعض المشاكل والمحددات التي تعيق عمل هذا النظام وتحول دون تحقيق اهدافه بشكل سليم، وقد تكون هذه المشاكل والمحددات موجودة في النظام بحد ذاته أو في شبكات الاتصالات وأنشطتها المختلفة، وفيما ياتي توضيحا لهذه المشاكل .

٥-١ مشاكل ومحددات الاتصالات في النظام .

تحصل هذه المشاكل والمحددات في العلاقة بين المنظمة وبيئتها الخارجية، أو بين المستويات الادارية المختلفة، أو بين الإدارة في مستوى معين ومرؤوسيها أو بين المرؤوسين أنفسهم، وقد اختلف الكتاب في تحديد طبيعة هذه المشاكل وفي تعدادها فالكاتب " روبنس Robbins"مثلاً ذكر ثلاثة انواع من المشاكل هي:

- مشاكل مادية ناجمة عن التركيز على التنظيم الرسمي الذي لا يشجع على الاتصال الفاعل والفشل في التأكيد على الاتصالات بجميع اشكالها وطبيعتها أو في استخدام اقصر القنوات الى جانب خطوط السلطة الرسمية ، والنقص في تسهيلات الاتصال الى جانب الفشل في قياس كفاءة وفاعلية نظام الاتصال. مثال ذلك ان مركزية التنظيم وتطبيق مبدأ وحدة الاوامر يستلزمان القيام بالاتصالات عبر قنوات محددة ضمن التنظيم وذلك من خلال رجوع الافراد لشخص واحد يمتلك قدراً كافياً من المعلومات عبر مراكز التنفيذ ، الامر الذي يقلل من سرعة الاتصالات ويزيد من احتمالات ضياع المعلومات وتحريفها كما ان زيادة عدد المستويات التنظيمية سوف تخلق هوة مادية بين الافراد بسبب اطالة المسافة بين قمة الهرم وقاعدته ومرور المعلومات عبر سلسلة طويلة من المستويات الادارية بالشكل الذي يعرضها الى التحريف او الحذف.
- مشاكل شخصية ناجمة عن الاختلافات الفردية من الناحية الاجتماعية والنفسية والثقافية وغيرها من العوامل، الامر الذي يؤدي الى اختلاف تفسير الافراد لمحتوى

الرسالة والى نقص او انعدام الثقة والفهم المتبادل بين الرؤساء والمرؤسين وضعف الدوافع للاتصال والفشل في الاصغاء العقلانيوقد يقود أيضا الى الفشل في ادراك الطبيعة المنطقية والعقلانية في الاتصال. وبتعبير آخر فان تفسير الفرد وفهمه لمحتوى الرسالة يتوقف على حالته النفسية وطريقة تفكيره ، يضاف الى ذلك ان اختلاف دوافع الافراد يلعب دوراً اساسياً في تفسير عبارات معينة فالفرد الذي يحكم سلوكه الخوف من فقدان العمل قد يفسر الكلام الصادر من رئيسه تفسيراً مغايراً تماماً لتفسير اخر يملؤه شعور الاطمئنان والثقة.

- مشاكل تعبيرية ناجمة عن الاختيار غير الدقيق للرموز والاشارات والخلط في معانيها نتيجة لتعدد معاني المصطلحات واختلاف مضامينها بالشكل الـذي يـؤدي الى التحريف او سـوء التفسيرأوالفشل في استبعاد الغموض والسرية عن الاتصالات.

وتؤدي مشاكل الاتصالات السالفة الذكر الى خلق بعض المحددات امام نظام الاتصالات ويقصد بالمحددات هنا الحواجز التي تحجب وصول البيانات والمعلومات الى المستلم بالشكل المطلوب عليه فان أية بيانات او معلومات جزئية تخترق هذا الحاجز سوف تصل غير مفهومـة الى المستلم ، وتكون هـذه الحواجز على انواع كثيرة ولاجل تحديدها لابد من اختبارها وكما يأتي:

- امتلاك الحس Perception : ويتعلق بنظرة الافراد الى الاشياء فمن الطبيعـي جـداً ان لا نجـد شخصين يمتلكون ذات الخبرة والمعرفة في الحياة وبذا لايمكن ان يرى كلاهما الاشياء بنفس المنظار او تكون نظرتهم الى ذات الشيء بنفس الحس ، إذ يتأثر معنى الكلمة على نحو كبير بخبرات الفرد وتجاربه ، وتعرف خاصية الكلمات هذه في علم المعاني (السيمانطقياً) العام بخاصية تعدد القيم اشارة الى الاختلاف في المعنـى الـذي يمكن ان تكتسبه الكلمة في اكثر من سياق واحد ويمكن لمظاهر الاختلاف في المعنى هذه ان تحدث لاسباب متعددة هي:

١.   الاتفاق في النطق homophraphs أي التي تنطق بنفس الطريقة الا انها تستعمل بمعاني مختلفة.

٢. الاتفاق في الشكل homographs التي تكتب بنفس الشكل أي التي يتفقان في الشكل ويختلفان في النطق.
٣. الاتفاق في النطق والشكل الا انهما يختلفان في المعنى.
٤. الاختلاف في المعنى الذي يكون اقل وضوحاً الى حد ما ومن ثم يكون الاكثر خطورة ، وهو الاختلاف في المعنى الذي لا يمثل اختلافاً في جذور الكلمات وانما يمثل اختلافات في تقييمها ، مثال ذلك كلمة الوردة اذا نظرنا اليها من وجهات النظر المختلفة الخاصة بكل من تاجر الزهور ، الفلاح ، المسؤول عن تنظيم الحديقة، العاشق، والطفل الذي يسقط فوق شجيرة الورد كما ان "الوظيفة" بالنسبة لمدير الافراد قد تكون عنواناً لقوائم الرواتب او فرصة للتعيين او الفصل وإنهاء الخدمة، اما بالنسبة للفرد الموظف فانها قد تعني الفرق بين الاقتناع بمستوى معين من المعيشة من جانب وفقدان اسباب العيش من جانب آخر ، وبناء عليه تختلف الوظيفة في نظر مدير الافراد عن الوظيفة في نظر الفرد الموظف ، وعند اجراء اختبار لتداعي المعاني بين افراد ذوي ثقافات متباينة فاننا يمكن أن نجد أن هذه الكلمة "الوظيفة" توحي للافراد القائمين بتنفيذ مهام ادارة الافراد بالمصطلحات: كبيرة ، بسيطة، ترقية. في حين انها توحي لادارة الافراد بالمصطلحات: تحليل ، تقييم ، شغل الوظيفة، شغر الوظيفة ، اما بالنسبة للافراد انفسهم بالمصطلحات: الأجر، الايجار، الزواج، السيارة ، الفصل ، التقاعد. وتجدر الإشارة هنا إلى ان هذا الاختلاف قد يكون كبيراً جداً الأمر الذي ينعكس سلباً على كفاءة وفاعلية نظام الاتصال أو قد يكون بسيطاً جداً وهو الهدف الذي يجب ان تسعى الى تحقيقه الإدارة ، عليه ولأجل أن يكون الاتصال ناجحاً يفترض أن يتطابق أو كحد أدنى يتقارب الإدراك الحسي- لدى كل من المرسل والمستلم والشكل الآتي يوضح ذلك.

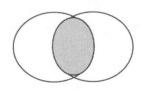

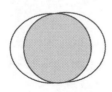

مساحة التفاوت في الإدراك
مساحة التطابق في الإدراك

شكل (٢-٣٩)
التفاوت في تطابق الادراك الحسي بين المرسل والمستلم

- الاستدلال (الاستنتاج) Inference : ويتعلق بقيام المستلم باعطاء معنى افتراضي لمضمون الرسالة ينسجم مع ما يقصده المرسل ، وخاصة عندما تكون خطوط الاتصالات طويلة وعندما تتضمن الرسالة حقائق كثيرة ، مثال ذلك في حالة طلب الرئيس (المرسل) من المرؤسين القيام بارسال مطبوعات معينة الى جهة ما بالسرعة المطلوبة ، فهذا الطلب (مضمون الرسالة) قد يفهم من جانب المرؤسين على ضرورة استخدام البريد الجوي لانه يوفر السرعة المطلوبة ، ولكن بعد ارسالها عن هذا الطريق نجد ان الرئيس يستدعي المرؤس ويحاسبه على اساس ان استخدام هذا الاسلوب يكلف خمسة اضعاف استخدام البريد العادي وان السرعة المطلوبة لم يكن يقصد بها الرئيس اللجوء الى ذلك لذا نلاحظ بان افتراض المرؤس كان مخالفاً تماماً لما قصده الرئيس.

- اللغة Language : وتتعلق باختلاف المعاني الخاصة بكلمة واحدة او مصطلح واحد باختلاف الافراد ، يضاف الى ذلك ان هناك كلمات ومصطلحات صعبة الفهم او غير مفهومة اطلاقاً الامر الذي يؤدي الى خلق الحواجز بين المرسل والمستلم بالشكل الذي يؤثر سلباً في ايصال مضمون الرسالة وادراكها من قبل المستلم. ويوجز الشكل (٢-٤٠) هذه المشاكل والمحددات وكيفية التعامل معها .

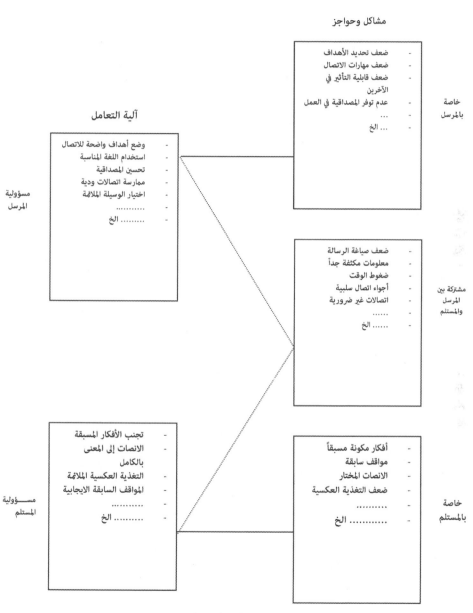

مشاكل وحواجز

	خاصة بالمرسل
- ضعف تحديد الأهداف	
- ضعف مهارات الاتصال	
- ضعف قابلية التأثير في الآخرين	
- عدم توفر المصداقية في العمل	
- ...	
- ... الخ	

آلية التعامل

مسؤولية المرسل	
- وضع أهداف واضحة للاتصال	
- استخدام اللغة المناسبة	
- تحسين المصداقية	
- ممارسة اتصالات ودية	
- اختيار الوسيلة الملائمة	
-	
- .... الخ	

	مشتركة بين المرسل والمستلم
- ضعف صياغة الرسالة	
- معلومات مكثفة جداً	
- ضغوط الوقت	
- أجواء اتصال سلبية	
- اتصالات غير ضرورية	
-	
- ...... الخ	

مسؤولية المستلم	
- تجنب الأفكار المسبقة	
- الانصات إلى المعنى بالكامل	
- التغذية العكسية الملائمة	
- المواقف السابقة الإيجابية	
-	
- .... الخ	

	خاصة بالمستلم
- أفكار مكونة مسبقاً	
- مواقف سابقة	
- الانصات المختار	
- ضعف التغذية العكسية	
-	
- .... الخ	

الشكل (٢-٤٠)
مشاكل ومحددات الاتصال وكيفية التعامل معها

٢-٥ مشاكل ومحددات شبكات الاتصالات.

تواجه شبكات الاتصالات والانشطة الملازمة لها مشاكل ومحددات عديدة تؤثر سلبا على ادائها وعلى فاعلية أنشطتها ، ويمكن اجمالها بالاتي :

- تلاشي الاشارات (Attenuation).يعني التلاشي الانخفاض المستمر في حجم الاشارة دون حصول التغيير في شكلها ، اذ تتعرض الاشارات المنقولة عبر شبكات الانصالات الى التلاشي سواء كانت في شكل موجات كهرومغناطيسية (بسبب انخفاض طاقتها بفعل ممانعة الوسط الناقل لها) أو موجات ضوئية (بسبب التشتت الشعاعي للاشارة بعيدا عن محور الالياف الزجاجية وأيضا احتمالات التصادم مع الشوائب الموجودة في الالياف ذاتها).

- التشويش (Distoration). يعني التغيير غير المرغوب به في الاشارات المنقولة عبر الشبكة بسبب تأثير الموجات الالكترومغناطيسية أو موجات البث الاذاعي على النحو الذي يجعلها مشوهة وغير واضحة ولا تعكس البيانات والمعلومات الفعلية التي أرسلت من مصدرها.

- التأخير (Latency or Delay). يعني تأخر وصول الاشارة المنقولة عبر وسط معين الى الجهة المقصودة والذي يقاس على أساس المتر في كل ثانية (m / s)، اذ يتباين هذا الزمن بتباين الوسط المستخدم في النقل (كيبلات محورية، ألياف ضوئية، لاسلكية) ومن ثم تباين السرعة الملازمة لكل وسط محسوبة في ضوء مسافة النقل. ويحصل التأخير غير الرغوب فيه على الاغلب بسبب وجود المعدات الالكترونية المستخدمة في بناء أجهزة الشبكة مثل الترانسستور.

- التشتت (Dispersion) . يعني حدوث توسع في الرموز الثنائية المنقولة على النحو الذي يؤدي الى تداخلها مع بعضها البعض بحيث يتعذر التمييز بين بداية ونهاية كل رمز ثنائي من البيانات والمعلومات، ويحصل التداخل بسبب عدم مراعاة خصائص الوسط المستخدم في نقل الاشارة .

- التقاطع (Cross Talk).يعني تأثير الاشارة المنقولة في أحد خطوط النقل على الاشارة المنقولة في خط النقل المجاور له على النحو الذي يؤدي الى تداخل الاشارات مع بعضها البعض، ويحصل مثل هذا التقاطع على الاغلب في حالة استخدام الكيبلات المجدولة .

- فقدان الاشارة (Insertion Loss). يعني الضرر الحاصل في الاشارة المنقولة عبر الشبكة نتيجة لاضافة عدد من الاجهزة فوق الحد المسموح به في اطار تكنولوجيا الاتصال المستخدمة وايضا نوع الكيبل المستخدم في الربط بين أجزاء الشبكة .

- فقدان التزامن (Timing Jitter). يعني فقدان التزامن الحاصل للاشارة المنقولة بين المرسل والمستقبل على النحو الذي يؤدي الى وصول الاشارة قبل أو بعد وقتها المتوقع .

وفيما يأتي جدولا يلخص الآلية التي يمكن اعتمادها للتعامل مع هذه المشاكل والمحددات .

الجدول (٢-٨)

مشاكل ومحددات شبكات الاتصالات وآلية التعامل معها

المشاكل والمحددات	آلية التعامل معها
تلاشي الاشارة	محاولة تقصير طول الكيبل قدر الامكان أو استخدام أجهزة تقويةالاشارة في مواقع معينة من الشبكة على النحو الذي يضمن استمرار قوة الاشارة
التشويش	استخدام النوع المناسب من الكيبلات والالتزام بالمسافات المقبولة مع الكشف عن مسببات التشويش واستخدام البروتوكولات الخاصة للكشف عن التشويش وتصحيحه
التأخير	مراعاة السرعة الخاصة بكل وسط ناقل
التشتت	الالتزام بمواصفات الكيبلات وخاصة طول الكيبل ودرجة مقاومته للاشارة المنقولة واستخدام أشعة الليزر بطول موجي محدد في الالياف الزجاجية
التقاطع	استخدام الأغلفة الواقية الاضافية في الكيبلات
فقدان الاشارة	مراعاة محددات تكنولوجيا الاتصال وأيضا الشروط وخصائص الكيبلات المستخدمة
فقدان التزامن	استخدام سلسلة من نبضات الساعة المتزامنة مع الاشارات المنقولة لتحقيق التزامن المناسب من خلال البرمجيات أو البروتوكولات أوالكيان المادي لشبكة النقل

أسئلة نهاية الفصل

- ما المقصود بنظام قاعدة المعلومات؟

- كيف يمكن ان نجسد أهمية نظام قاعدة المعلومات وما هي عيوب الاسلوب التقليدي في خزن المعلومات ؟

- هيكل نظام قاعدة المعلومات يجسد هرمية نظام قاعدة المعلومات كيف؟

- عند تصميم نظام قاعدة المعلومات ينبغي مراعاة نوعين من العلاقات المنطقية والمادية ؟ وضح ذلك؟

- يمكن اعتماد ثلاثة أساليب عند تنظيم الملفات في نظام قاعدة المعلومات؟

- ما هي العوامل التي تقرر اختيار الاسلوب الملائم في تنظيم الملفات؟

- ما المقصود بنظام الاتصالات وما هي اركانه؟

- يمكن اعتماد اسس مختلفة في تحديد اشكال تدفقات البيانات والمعلومات في انظمة الاتصالات؟

- وضح طبيعة الاتصالات في ضوء اعتماد الحاسوب؟

- وضح طبيعة شبكات الاتصالات في ضوء اعتماد الحاسوب؟

- يعزى انخفاض كفاءة وفاعلية انظمة الاتصالات الى وجود جملة من المحددات والمشاكل ، علق على ذلك مبيناً وجهة نظرك؟

- ما هي المشاكل والمحددات التي تواجه شبكات الاتصالات؟

- لماذا تستحوذ عملية استرجاع المعلومات على اهمية استثنائية في عصرنا؟

- ما المقصود بنظام الاسترجاع؟

- يشير الباحثون الى ان استرجاع المعلومات يجب ان يتم على اساس مجال ونوع محدد ، وضمن اطار سرعة محدودة وتكلفة ملائمة بعد ان يتم تحديد المستفيد الملائم ، وضح ذلك؟

- يتم استرجاع المعلومات على وفق خطوات عديدة عددها واشرحها؟
- يمكن اعتماد مسارات متعددة في استرجاع المعلومات وضح اهم مزايا وعيوب هذه المسارات؟
- تتوقف فاعلية نظام استرجاع المعلومات على قدراته في تحقيق الاهداف وضح ذلك مركزاً على المقاييس التي يمكن اعتمادها في قياس هذه الفاعلية؟
- توجد عوامل عديدة تؤدي الى تدني فاعلية نظام الاسترجاع ؟ كيف؟

الفصل الثالث
عناصر نظام المعلومات الادارية

يمكن دراسة نظام المعلومات الادارية وأية أنظمة ثانوية متفرعة عنه اعتماداً على الانموذج الاساس العام للنظام ، إذ تعد عناصر المدخلات، عمليات المعالجة ، المخرجات ، والتغذية العكسية الاساس الذي يقوم عليه أنموذج نظام المعلومات الادارية. وينصب هذا الفصل على توضيح هذه العناصر الاربعة مسترشدين بما تم شرحه في الفصل الاول عن هذه العناصر في ضوء الانموذج العام للنظام .

المبحث الاول
المدخلات (البيانات)

تتمثل المدخلات في نظام المعلومات الادارية بسلسلة البيانات التي تنساب في قنوات الاتصالات المختلفة من المصادر الداخلية عن كافة الانشطة والفعاليات التي تنجزها المنظمة التي يعمل في اطارها نظام المعلومات (أي الانتاج والعمليات، التسويق، الافراد والموارد البشرية، التمويل، التخزين وادارة المواد، البحث والتطوير، العلاقات العامة) أو من التشكيلات المنظمية التي تنجز هذه الانشطة والفعاليات (قسم الانتاج والعمليات، قسم التسويق، قسم الافراد والموارد البشرية، قسم التمويل، قسم التخزين وادارة المواد، قسم البحث والتطوير، قسم العلاقات العامة) أو من الافراد العاملين في هذه الاقسام والذين ينجزون تلك الانشطة والفعاليات أو من النظام ذاته عندما تعتمد جزء من مخرجاته كمدخلات جديدة

لتغذية النظام بما تستجد من بيانات وما يطرأ على الموقف من تغيير[*] . ومن المصادر الخارجية عن البيئة الخارجية المحيطة بالمنظمة (السوق، المنافسين، المؤسسات الحكومية ... الخ) ، الامر الـذي يحـتم ان تكون هذه البيانات على شكل معين مستمر التدفق لضمان تجديد محتويات النظام مـن المعلومات باستمرار، وعلى النحو الذي ينسجم مع احتياجات المستفيدين المتجددة والمتغيرة باستمرار. وعند الحصول على هذه البيانات يشترط الابتعاد عن العشوائية والارتجال ، وبتعبير آخر يفترض عدم القيام بتجميع البيانات كيفما اتفق ومن أي مصدر كان ، بل يجب ان يتم التجميع في ضوء الاجابة على الاسئلة الآتية:

- ما هي أنواع البيانات التي يفترض الحصول عليها؟
- ما هو الهدف من تجميع هذه البيانات؟
- ما هي المصادر الاولية والثانوية التي تتوافر فيها هذه البيانات ؟
- ما هو أفضل أسلوب يمكن اعتماده في التجميع؟
- ما هي الفترة الدورية الملائمة لتجميع هذه البيانات؟

وتعني البيانات المادة الخام التي تستخدم لتوليد المعلومات والتي هي حقائق وأوصاف تصف أحداث او وقائع معينة الا انها بحد ذاتها لا تعطي الدلالة الكافية أو المؤشر الكافي الذي في ضوئه يمكن لصانع القرار من صنع القرار بشأن الموقف او الحالة موضوع القرار، بتعبير آخر هي مفاهيم لغوية أو رياضية أو رمزية خالية من المعنى الظاهري والتي تستخدم لتمثيل الاشياء أو الاحداث أو الافراد وتظهر الحاجة الى معالجتها لتتحول الى معلومات. وتجدر الاشارة هنا الى انه بسبب الاستخدام الواسع للوسائل الجديدة في معالجة البيانات لاغراض العمليات المصرفية واعداد الفواتير وقوائم الحسابات وفي العمليات المالية الاخرى هناك ميل

---

[*] كما اسلفنا فان لكل نظام حدود يقع ضمنها وما هو خارجها يشكل البيئة التي تحيطه ، وبيئة نظام المعلومات الادارية ماهي الا فعاليـة او فرد او شيء يؤدي الى توفير البيانات او يستجيب الى المعلومات المتولدة عن النظام .

نحو افتراض أن مصطلح البيانات يشير بالدرجة الاساس الى الوظائف المحاسبية والعمليات المالية ذات العلاقة إلا أن الواقع بخلاف ذلك فالبيانات يمكن أن تتضمن اية حقائق، أرقام، حروف، كلمات، رسوم بيانية، وصور تمثل فكرة، موضوع معين أو تعبر عن حالة او موقف ... الخ ، من هنا فان هذا المصطلح قد يتضمن اشياء مختلفة مثل ارقام المخزون، قراءات مقياس الكهرباء، سجلات المدارس، احصاءات طبية، خرائط هندسية، ارقام الانتاج والمبيعات ... الخ، إذ يمكن ان تستمر هذه القائمة صفحات وصفحات بسبب أن الامثلة عن البيانات يمكن أن نجدها في كل مجالات النشاط الانساني وليس فقط في المجال المالي والمحاسبي مع مراعاة الاختلاف في أنواع البيانات ودرجة تعقيدها وتفاصيلها ومدى توفرها والزمن والمستفيدين ... الخ.

ان المادة الخام اعلاه قد لا تكون ملائمة للاستخدام المباشر من قبل الادارات المستفيدة في صنع القرارات، وقد يرجع السبب في ذلك الى واحدة او جملة الامور الآتية المبينة في الجدول (٣-١) على النحوالذي تظهر الحاجة الى تحويل هذه البيانات (المادة الخام) الى الصيغة الملائمة (المعلومات) عن طريق عمليات المعالجة.

الجدول (٣-١)

أسباب عدم ملائمة البيانات للاستخدام المباشر من قبل صانع القرار

ت	السبب	الوصف
١	الغموض	ليست لها دلالة واضحة ولا توفر المؤشر الكافي لصنع القرار
٢	الملائمة	غير ملائمة لموضوع القرار او ليست لها علاقة به
٣	التنظيم	غير منظمة ومرتبة في صيغة منطقية
٤	التناسق	متعارضة ومتناقضة
٥	الحداثة	متقادمة وغير محدثة
٦	الدقة	غير دقيقة على نحو كاف
٧	الوصول اليها	يتعذر الوصول اليها
٨	درجة التفصيل	تفصيلية جدا أو مختصرة جدا
٩	جودة المصدر	مصدرها متحيزأو غير دقيق
١٠	تكاليف الحصول	تزيد تكاليفها عن منافعها

المبحث الثاني

عمليات المعالجة

يتركز نشاط نظام المعلومات الادارية باتجاه تحقيق هدفها المتمثل بتحويل البيانات الى معلومات ، أي تحويل المفاهيم الخالية من المعنى الظاهري الى مفاهيم ذات معنى تسهل مهمة صنع القرارات على مجموعة من عمليات المعالجة التي تاخذ ثلاثة صيغ هي معالجة الدفعات التتابعية ، ومعالجة الدفعات المباشرة والمعالجة الفورية غير المباشرة ، ففي معالجة الدفعات يتم تخزين التغييرات وكذلك الاسئلة عن معلومات معينة والتي تحدث لملف معين خلال فترة زمنية معينة ومن ثم تجري معالجتها على نحو دوري اعتمادا على جدول مخطط لتحديث الملف او للاجابة على تلك الاسئلة وبالامكان تنفيذ الدفعات على اساس جدولي (يومي، اسبوعي، شهري، عند الحاجة)، اذ يتم تحديث الملف الرئيس باستحداث ملف جديد خلال دورة التحديث الحالية (مثال ذلك علامات الطالب في نهاية كل فصل دراسي) من خلال المعاملات المتحققة في الفترة الزمنية التي يستغرقها الفصل والمتمثلة بالامتحان الاول والثاني والسعي الصفي. ويمكن اعتماد معالجة الدفعات مع الملفات المباشرة ايضاً.

أما المعالجة الفورية فتنصب على معالجة المعاملات لتحديث الملف فوراً أو بعد وقت قصير من وقوع الحدث الحقيقي دون الحاجة الى ترتيبها مسبقا في دفعات، عليه فان المعلومات الموجودة في الملفات الرئيسة الانية يجب أن تعكس على نحو صحيح وفي أي وقت كان حالة التغييرات الحقيقية التي تمثلها ، مثال ذلك عند قيام احد الزبائن بحجز مقعد على رحلة معينة يقوم وكيل الحجز بادخال هذا التغيير ويتم على الفور تحديث عدد المقاعد غير المحجوزة على الرحلة بحيث يعكس ذلك نقص مقعد واحد من عدد المقاعد المتوفرة للحجز ، وتتطلب المعالجة الآنية ملفات وصول مباشرة لان استعمال الملفات التتابعية سيكون غير عملية

لطول الفترة الزمنية اللازمة لايجاد السجلات المقروءة بهذه الطريقة بخلاف معالجة الدفعات التـي يمكـن أن تتم بملفات تتابعية أو مباشرة ، وفي أغلب الاحيان تكون تطبيقـات المعالجـة المباشرة تطبيقـات آنيـة، وفيما يأتي الشكل (٣-١) الذي يقارن بين النوعين من المعالجة.

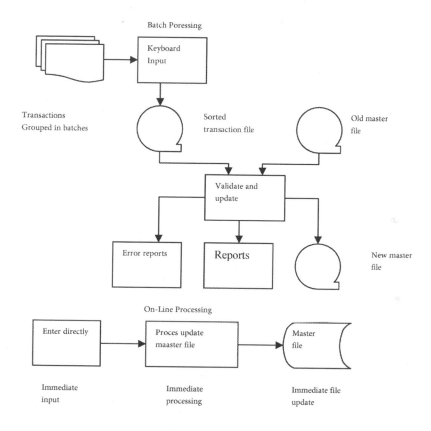

الشكل (٣-١)

مقارنة بين معالجة الدفعات والمعالجة الفورية

كما يمكن تعجيل (تسريع) عملية المعالجة أيضا من خلال ربط عدة معالجات مع بعضها البعض لكي تعمل معا في ذات الوقت على نفس المهمة في اطار ما يطلق عليه عمليات المعالجة المتزامنة بالمقارنة مع عمليات المعالجة المتسلسلة كما في الشكل (٣-٢) الآتي :

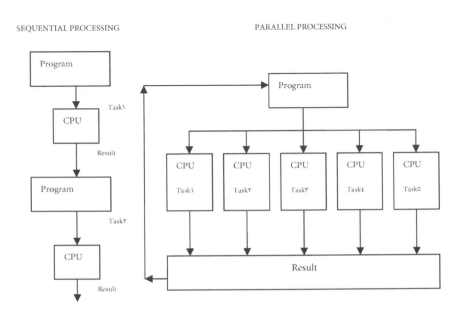

الشكل (٣-٢)
مقارنة بين المعالجة المتتابعة والمعالجة المتزامنة

ففي المعالجة المتسلسلة SEQUENTIAL يتم تخصيص مهمة واحدة فقط لكل وحدة معالجة مركزية (CPU) والتي تنفذ تعليمة واحدة في كل مرة. أما المعالجة المتزامنة فيقوم عدد من وحدات المعالجة (CPUS) بتجزئة المشكلة الى أجزاء صغيرة والعمل عليها في وقت واحد. إن الحصول على مجموعة من المعالجات للتعامل مع ذات المشكلة في وقت واحد يستلزم القيام أولاً باعادة التفكير بالمشاكل وصياغة البرمجية الخاصة التي يمكنها توزيع المشاكل بين المعالجات المختلفة بأفضل طريقة ممكنة من خلال توفير البيانات المطلوبة ومن ثم اعادة تجميع العديد من المهام الفرعية للوصول الى الحل المناسب.

من هنا وبغض النظر عن اسلوب المعالجة فان نظام المعلومات الادارية يقوم بانجاز بعض أو كل العمليات المدرجة في أدناه:

١- **تهيأة البيانات وتغذيتها** .تعني تهياة البيانات في ضوء الاستمارات المعدة لهذا الغرض وتحضيرها للادخال الى النظام بصيغة يمكن قراءتها وقبولها من قبل الحاسب باستخدام أحدى وسائل الادخال المتاحة في ضوء مراعاة السهولة والسرعة والتكلفة والدقة والجهد المبذول. فبعد الحصول على البيانات من مصادرها المختلفة يتم اعدادها للادخال من خلال تسجيلها على وسائط معينة مثل الاقراص أو الاشرطة أو على الوثيقة المصدرية مثل نماذج البيع والشراء والادخال المخزني وما شابهها أو ادخالها مباشرة الى الحاسب من خلال لوحة المفاتيح أو الماسحات الضوئية وغيرها من الوسائل، والمهم في هذه العملية هو تغذية النظام بشكل سليم بهذه البيانات .

٢- **التصفية Filtration** . تعني عملية غربلة مفردات البيانات بهدف استبعاد وعزل مفردات البيانات غير المفيدة أو التي ليست لها علاقة بالحالة أو الموقف المطلوب صنع القرار بصدده والاقتصار على ما هو ضروري ومفيد فقط، وتبرز الحاجة الى التصفية لتحقيق الاهداف الآتية:

- استبعاد البيانات الفائضة عن الحاجة.
- عزل مفردات البيانات غير ذات العلاقة.
- استبعاد البيانات الشاذة والدخيلة.
- استبعاد البيانات المتقادمة والميتة.
- تشذيب حالات المبالغة والغموض.
- ازالة التعارض والتناقض.
- ضمان شمولية المخرجات النهائية ذات العلاقة بالموقف موضوع القرار.

٣- **الفهرسة.** تكون مفردات البيانات بعد اجراء التصفية على الاغلب غير منظمة ومتغايرة الخواص الامر الذي يقتضي القيام بتصنيفها وترتيبها على نحو يشابه تماماً وضع الزهور في باقات جميلة ومتناسقة تبعاً لتناسق تشكيلة الالوان والانواع وطبيعة العطر...الخ. وتنطوي هذه العملية في مجال نظام المعلومات الادارية على خطوتين رئيستين هما :

٣-١. التصنيف Classification : هي العملية الذهنية الخاصة بتحديد نوع مفردات البيانات وتقسيمها في مجموعات بحيث تقع المفردات ذات الخواص المشتركة في مجموعة واحدة على نحو يمكن تمييزها عن المجموعات الاخرى في أنماط محددة ذات معنى يخدم غرض المستفيدين ، وتبعاً لذلك يمكن اعتماد نوعين من التصنيف هما : التصنيف المعياري الذي بموجبه توضع مفردات البيانات في مجموعات تبعاً لمعايير معينة مثال ذلك تصنيف الطلبة تبعاً للكليات ومن ثم تبعاً للاقسام العلمية وتبعاً للجنس والحالة الاجتماعية ، وهكذا حسب عدد المعايير المعتمدة في التصنيف، والتصنيف الهرمي وهو أهم انواع التصنيف في مجال نظام المعلومات الادارية بخاصة ، وبموجبه توضع مفردات البيانات في مجموعات رئيسة ومن ثم تقسم كل مجموعة رئيسة الى مجموعات فرعية وهذه الاخيرة تقسم بدورها الى مجموعات ثانوية اصغر وهكذا ، إذ يتوقف درجة العمق في التصنيف على النظام بحد ذاته والمشكلة موضوع البحث. كما يمكن الجمع بين النوعين السابقين اذ يتم

التصنيف أولاً على أساس هرمي ثم على أساس معياري . وتجدر الاشارة هنا الى ان اختيار أي من الأنواع المذكورة من التصنيف يعتمد على جملة من العوامل هي:

- امكانية تصنيف جميع مفردات البيانات الحالية والمتوقعة مستقبلاً.
- درجة وضوح وتناسق التصنيف واعتماده على منطق واضح ومفهوم.
- تلبية الحاجة على نحو ملائم دون الافراط والمبالغة في التصنيف.

٣-٢. الترتيب : يعني ترميز (Coding) مفردات البيانات المصنفة من خلال اعطاء رموز معينة مختصرة يدل عليها ويميزها عن غيرها لاجل ترتيبها وتنسيقها في تشكيلات معينة ، وكلمة الرمز Code في جذورها رومانية اكتسبت معنى آخر في العصر الحديث غير المعنى الاصلي له ، وينطوي هذا المعنى على وجود لغتين أحدهما اصلية Source والاخرى مقصودة Target وبذلك يعني الرمز مجموعة القواعد التي تسهل مهمة تحويل مفردات البيانات من اللغة الاصلية الى لغة مقصودة او رمزية والهدف الاساس من الترميز هو تحقيق بعض المزايا - التي تعد مبرراً في ذات الوقت - التي تعجز اللغة العادية تحقيقها وهذه المزايا يمكن اختصارها في الآتي:

- الترجمة من اللغة الاصلية التي يصعب تخزينها الى لغة أيسر استخداماً أي من الاعداد العشرية الى الاعداد الثنائية.

- الحد من مساحة الحيز اللازم للتخزين، فالتخزين باستخدام الرموز اكثر اقتصادية من تخزين الكلمات، إذ يفضل في مجال نظام المعلومات التعبير عن مفردات البيانات بعدد قليل من الرموز لضمان اقصى فاعلية ممكنة في استخدام نظام قاعدة المعلومات.

- التمييز بين الافكار البديلة التي يتعذر التمييز فيما بينها في اللغة الاصلية فقد تعجز اللغة الطبيعية التي يتم التعبير عنها بالحروف الهجائية عن التمييز بين المفاهيم المختلفة ، ومن الممكن استخدام الترقيمات العددية او الرمزية لتقديم وسائل فريدة للتعبير ، وتتمثل مظاهر قصور اللغة الطبيعية في مشكلة الكلمات المتشابهة

في طريقة الكتابة والنطق ، ويمكن للرمز ان يسهل التمييز بينها على نحو قاطع[*]. ويتم الترميز باستخدام الاعداد أو الحروف أو الالوان أو توليفة منها جميعاً ولكن يميل أغلب المتخصصين في مجال نظام المعلومات الادارية الى تفضيل الاعداد وبخاصة في ظل اعتماد تقنيات الحاسوب وذلك للمبررات الآتية:

- المرونة الكبيرة التي يتميز بها وسهولة توسيعه
- سهولة التمييز الدقيق والواضح بين مفردات البيانات مع امكانية الربط بين هذه المفردات .
- الاقتصاد في المساحة التخزينية مع التوفير في الجهد المبذول في تغذية البيانات.
- سهولة الاستخدام للتعبير عن محتويات الحقول التعريفية الى جانب سهولة الاسترجاع .

وفي ظل استخدام هذا التصنيف يمكن اعتماد اربعة اساليب رئيسة في الترميز هي:

- **الترميز المتعاقب :** وتعد من الاساليب الشائعة لسهولة استخدامها ،وبموجبه تعطى مفردات البيانات أرقاماً متسلسلة على التوالي إذ يعد الرقم بمثابة الرمز كما هو الحال بالنسبة لارقام الطلبة في أحد الصفوف ، ويفضل اعتماد هذا الاسلوب في حالة ترميز القوائم الطويلة التي لا تحتاج مفرداتها الى التصنيف وايضاً الى ترميز مفردات البيانات في اطار المجموعات المصنفة.

[*] تجدر الاشارة هنا الى استخدام مصطلحين اخرين مرادفين للرمز هما الترقيم notaion والشفرة cipher ومن وجهة نظرنا فان الترقيم يعد الشكل المادي للرمز كونه يدلل على مجموعة محددة من الرموز المستعملة والذي يمكن ان يتغير في أي وقت دون تغيير القواعد الخاصة بنقل مفردات البيانات من لغة الى اخرى اما الشفرة فان استعمالها يقتصر على تلك الرموز التي يتم تمويه ترقيماتها لغرض ما وذلك من اجل المحافظة على سرية القواعد واللغة الاصلية.

- **الترميز الكتلي :** بموجبه تقسم مفردات البيانات الى كتل (بلوكات) تضم عدداً من المجاميع ، إذ يتم تخصيص ارقام متسلسلة لكل كتلة وعلى نحو تتابعي وبمدى محدد لكل مجموعة .
- **ترميز الخصائص المهمة :** بموجبه يتم ترميز مفردات البيانات بالاعداد التي تعبر عن خاصية مادية تتصف بها الشيء الذي ترتبط به مفردات البيانات مثل الزمن ، الوزن ، الطول، المجال ، وافضل مثال على ذلك تصنيف المواد في اطار النظام المحاسبي الموحد .
- **ترميز تصنيف المجموعة :** بموجبة يتم اعطاء رموز لمفردات البيانات التي تعبر عن اصناف من المجاميع المستقلة والتي عند توحيدها معاً يمكن التعرف على خواص الصنف ضمن المجموعة مثال ذلك تخصيص ثلاث خانات لرمز القسم في كلية الاقتصاد والعلوم الادارية وخانة واحدة لرمز السنة الدراسية التي تدرس فيها المادة العلمية وثلاث خانات لرمز المادة العلمية التي يدرسها الطالب في الكلية ، إذ يمكن التعرف على المادة العلمية والقسم الذي يطرحها والسنة الدراسية التي تستوفى فيها من خلال الرموز الافتراضية المدونة في الجدول الآتي:

الجدول (٣-٢)

كيفية اعتماد اسلوب ترميز تصنيف المجموعات لمفردات البيانات

ترميز الاقسام		ترميز السنوات الدراسية		ترميز المادة العلمية	
ادارة الاعمال	٠٤٠	الثانية	٢	نظم المعلومات الادارية ١	٢٣١
المحاسبة	٠٣٠	الثانية	٢	مبادئ المحاسبة	٢٢٢
الاقتصاد	٠٢٠	الثانية	٢	الاقتصاد الدولي	٢٤٤

وتجدر الاشارة هنا الى ان مهمة عملية الترميز على مستوى النظام ككل تقع على عاتق محلل النظم وأن اختيار أي من هذه الأساليب من قبل محلل النظم يعتمد على نحو أساس على مجموعة من العوامل، إذ يجب على المحلل ان يكون قادراً على فهم هذه الاساليب واختيار أفضلها فاعلية وأكثرها اقتصادية وأنسبها لنظامه وحجم مفردات بياناته وأيضا لاحتياجات المستفيدين وذلك على وفق العوامل الآتية الموضحة في الجدول (٣-٣) :

الجدول (٣-٣)
عوامل اختيار أسلوب الترميز

العامل	الوصف
الايجاز	على النحو الذي يحقق الهدف من استخدامه.
التفرد	عدم تكرار استخدام الرمز في التعبير عن ذات الصنف من مفردات البيانات
المرونة	القدرة على اجراء التعديل والتغيير فيه
امكانية التوسع	استيعاب الرموز الجديدة لاصناف مفردات البيانات الجديدة
التوافق	مع احتياجات المستفيدين ومع طريقة المعالجة المعتمدة ومتطلباتها.
الاستيعاب	سهولة الفهم من قبل المستفدين.
امكانية التطبيق	عملي ذات معنى محدد وواضح.

٤- اعداد التقارير Reporting . تتحول البيانات الى معلومات بعد استكمال الخطوات المذكورة في أعلاه ويتم عرض هذه المعلومات في صورة تقارير تأخذ صيغاً واشكالاً مختلفة (جداول، مخططات، خرائط ، وصف، معادلات ... الخ) تبعاً لاحتياجات المستفيدين، وعلى الرغم من استخدام كلمة التقارير التي

تعني ضمناً المخرجات المطبوعة الا أن بالامكان عرض هذه المخرجات عـلى الشاشـة الطرفيـة عـلى النحـو الذي يمكن معه للمستفيد من التخاطب المباشر مع الحاسبة.وبعامة يمكن تصنيف هذه التقارير الى أربعة أنواع رئيسة هي:

- **التقارير الدورية الروتينية:** التي تعد على نحو منتظم (يومي، اسبوعي، شهري ... الخ) وتوزع الى مجموعة واسعة من المستفيدين وعادة ماتتضمن كميات كبيرة من المعلومات التي تستخدم على نحو اعتيادي مثل تقارير الرواتب، الانتاج ، المبيعات.

- **التقارير حين الطلب:** وتكون غير منتظمة كونها تعد حين ظهور الحاجة اليها فقط وتغطي الحاجات غير الاعتيادية من المعلومات ، وتجدر الاشارة هنا الى أنه في بداية اعتماد الحاسوب كان لابد من تحديد محتوى هذه التقارير مسبقاً والا سوف يحصل التاخير في اعدادها لمدة قد تصل الشهر بسبب الحاجة الى الوقت لتعديل البرامج لتوليد المعلومات التي تلبي الحاجات غير المتوقعة أما في يومنا هذا وبخاصة بعد اعتماد مفهوم نظام قاعدة المعلومات اصبح بالامكان تلبية الحاجات غير المتوقعة بسرعة كبيرة جداً قد لا تتجاوز الثواني وهذه الحالة ممكنة بسبب ان المستفيدين انفسهم يمكنهم استخدام الحاسوب لتوليد التقارير وهكذا يمكنهم استلام التقارير كما يحتاجونها فضلاً عن ذلك استلام تقارير بديلة لا تكون مطلوبة عادة.

- **تقارير الاستثناء:** يعد مدخل الادارة بالاستثناء من اكثر المداخل نجاحاً في الادارة، إذ يقضي المدراء اغلب وقتهم في التعامل مع الاستثناءات أو تلك الحالات التي تكون خارج السيطرة، وتضم تقارير الاستثناء المعلومات المتعلقة
بالحالات الاستثنائية التي تخرج عن نطاق سيطرة الادارة والتي تتطلب اجراءات تصحيحية مثال ذلك تقارير الحسابات المدنية المتاخرة السداد، تقارير عطل المكائن ... الخ.

- **تقارير التنبؤ** : التي تعتمد في صنع قرارات التخطيط ويعتمد في اعدادها التقنيات الاحصائية والنماذج الكمية مثل الانحدار، السلاسل الزمنية والمحاكاة، في ضوء البيانات التاريخية ، إذ تساعد هذه التقارير في الاجابة على الاسئلة من نوع " ماذا اذا " مثال ذلك ماذا يحصل اذا زادت المبيعات بنسبة ١٠% عن مبيعات السنة الماضية ؟ وما هو اثر هذه الزيادة على صافي الارباح؟

٥- **التخزين** Storage . باستثناء الحالات التي تخزن فيها بعض البيانات وقتياً بانتظار دورها في المعالجة او تكون مخزوناً وناتجاً لعملية سابقة فان اغلب المعلومات المتولدة كمخرجات إما أن تستخدم بصفة فورية من قبل المستفيدين او تخزن لحين استرجاعها في عملية لاحقة ، فعند اعداد التقارير السالفة الذكر والخاصة بعرض المعلومات يؤخذ بنظر الاعتبار احتمالات الاستفادة من هذه المعلومات في مرات عديدة لاحقة إذ ليس من المنطقي بذل كل الجهود الواردة في اعلاه لاجل تحويل البيانات الى معلومات ومن ثم اتلاف هذه المعلومات بعد استخدامها لمرة واحدة فقط ، عليه تظهر الحاجة الى خزن نسخ من التقارير التي تضم المعلومات في ملفات معينة يطلق عليها قاعدة المعلومات، وقد يستمر الخزن لفترات طويلة تمتد الى عشرات السنين او اكثر كما هو الحال بالنسبة للوثائق التاريخية والمستندات المهمة.

٦- **التحديث** Updating . تهدف عملية التحديث الى الحيلولة دون تحول المعلومات التي تم تخزينها في نظام قاعدة المعلومات الى بيانات مجددا وأيضا الى المحافظة على قيمة هذه المعلومات المخزونة سواء بالنسبة للمنظمة أو لصانعي القرارات، إذ لا تبقى محتويات الملفات من المعلومات المختزنة في نظام قاعدة المعلومات ثابتة ومستقرة على مر الزمن وانما تخضع للتغيير باستمرار تبعاً للتغييرات الحاصلة في النشاطات التي تولد البيانات التي تولد

عنها هذه المعلومات، ويتم عملية التغيير هذه من خلال ما يسمى بالتحديث الذي يعني اجراء إحدى او مجموعة العمليات الآتية:

- إضافة ضم Insert معلومات/ ملفات جديدة لم تكن موجودة سابقاً في قاعدة المعلومات مثال ذلك اضافة المعلومات/ الملفات الخاصة بالطلبة الجدد المقبولين في الصف الاول بالكلية.
- اجراء تعديلات في المعلومات/ الملفات الحالية من خلال تغيير المعلومات الخاصة بالسنة الدراسية أو التخصص في حالة نجاح الطالب من سنة الى اخرى.
- حذف Delete معلومات / ملفات كانت موجودة سابقاً لانتفاء الحاجة اليها مثال ذلك المعلومات الخاصة بالطالب الذي ينتقل من جامعة الزرقاء الأهلية الى جامعة جرش.

ولاجل انجاز هذه العمليات لابد من وجود ثلاثة ملفات كحد ادنى في قاعدة المعلومات وهي الملف الرئيسي القديم (الاب) الذي يضم كافة المعلومات الاساسية ويتم تحديثه على نحو دوري (يومي، اسبوعي، شهري ، عند الحاجة ... الخ) وذلك باستخدام ملف آخر تفصيلي هو ملف المعاملات الذي تسجل فيه المعاملات اليومية والتفاصيل الخاصة بالتغييرات الثلاثة المذكورة انفاً والتي تؤثر في حالة المعلومات الموجودة في الملف الرئيسي وينجم عن ذلك ملف ثالث يسمى بالملف الرئيسي- المحدث (الابن) والشكل (٣-٣) يوضح هذه الفكرة.

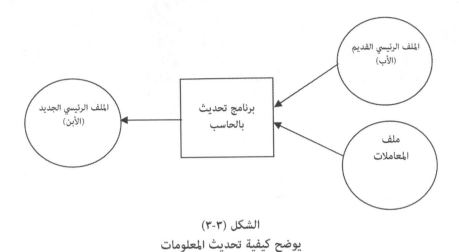

الشكل (٣-٣)
يوضح كيفية تحديث المعلومات

٧- الاسترجاع Recall . انطلاقاً من مبررات تخزين المعلومات التي سبق ذكرها فان هذه المعلومات يتم الاستفادة منها لاحقاً عندما تظهر الحاجة اليها مجدداً من الجهات المستفيدة وذلك من خلال استرجاعها على وفق اساليب معينة يتم اعدادها عند القيام بتصميم نظام الاسترجاع الملائم .

المبحث الثالث
المخرجات (المعلومات)

تتمثل المخرجات في نظام المعلومات الاداريـة بالمعلومات ... والمعلومـات فقـط ، وقـد اختلـف الكتاب في تعريف المعلومات، اذ يشير أحدهم إلى أن كل منظمة تعرف المعلومات تماماً مثل العمـل الـذي تنجزه، عليه توجد هناك تعريفات عدة للمعلومات ومن أمثلة هذه التعريفات نذكر الآتي كـنماذج وليـس على سبيل الحصر.

- رسالة مستلمة ومفهومة "A message received and understood"

- المعرفة التي تم الحصول عليها من خلال الدراسة أو الخبرة أو التعلم
"Knowledge aequired through study or experience or instruction"

- تتضمن الاف الثبات من المعلومات
"Contained thousands of bits of information"

- رسائل استخدمت كأساس لصنع القرارات
"Messages used as the basis for decision – making "

- الحقائق والمفاهيم والتعليمات، أي نوع من أنواع المعرفة أو الافتراضات التي يمكن توصيلها.
Facts, concepts, or instructions, any sort of knowledge or supposition which can be communicated.

- مجموعة من الافكار وقواعد الاستجابة التي تتدفق عبر قنوان الاتصالات
Is the sum of concepts and response rules extracted from a communication.

- هي محصلة عملية معالجة وتنظيم البيانات بالشكل الذي يحقق اضافة على معرفة الفرد .
Is the result of processing and organizaing data in a way that adds to the knowledge of the person.

ومن وجهة نظرنا يقصد بالمعلومات البيانات التي تمت معالجتها (بعد أن أجريت عليها عمليات التصفية والفهرسة والتحديث في حالة خزنها) بحيث اصبحت لها دلالة معينة ، أي ان هناك رابطة بين مضـــــــــــــــامينها والتــــــــــــــــي مـــــــــــــــن خلالهـــــــــــــــا

يمكن استخلاص معنى معين يكون له وقد يساعد صانع القرار على استجلاء الامور عند مواجهته وتقييمه للموقف، وبتعبير آخر هي بيانات منتقاة في ضوء عدة عوامل هي ظروف المشكلة والموقف، حاجة المستفيد، الوقت، المكان، طبيعة النشاط ... الخ ، ويصف (بيتر دركر) المعلومات على نحو بليغ بقوله (المعلومات هي مفردات البيانات التي تتساوق مع الغاية من موضوع القرار وأهميته).

مما سبق وعلى الرغم من أن التمييز بين البيانات والمعلومات هو موضوع حاسم في اطار نظم المعلومات الادارية الا أن هذين المصطلحين يستخدمان بطرق عديدة مختلفة في كل مرة سواء في الحديث العادي أم في الجانب التخصصي، فالحديث العادي نادرا ما يميز بين البيانات والمعلومات ونفس الشي يحصل أحيانا في الجانب التخصصي. ونظرا لاهمية التمييز بين البيانات والمعلومات في فهم كيفية عمل نظم المعلومات الادارية فاننا نرى وجود اختلاف جوهري بين البيانات والمعلومات من حيث اللغة والدلالة على الرغم من ارتباطهما من حيث المضمون وأيضا من حيث الخصائص كما أن هناك فروقات جوهرية بين البيانات والمعلومات والمعرفة، وفيما يأتي توضيحا لهذا الاختلاف .

الفرق بين البيانات والمعلومات

أولا : من حيث المعايير

يمكن توضيح هذا الاختلاف من خلال المعايير الآتية[*] .

١- **معيار اللغة:** البيانات لغة جمع بيان، والبيانات ما بيِّن به الشيء من الدلالة وغيرها، وبان الشيء بياناً أي اتضح، فهو بين، ويسمى بياناً لكشفه عن المعنى المقصود واظهاره نحو قوله تعالى {هذا بيان للناس} ، كما يسمى به المجمل والمبهم من الكلام بياناً نحو قوله تعالى {... ثم إن علينا بيانه} ، اما المعلومات فهي جمع معلومة، والمعلومة اسم مفعول مؤنث لكلمة العلم والحقت به التاء المربوطة للدلالة على صيغة المبالغة، فاصل الكلمة من العلم، والعلم من صفات الله سبحانه وتعالى فهو عالم الغيب وعلام الغيوب وهو العالم بما كان وبما يكون ولم يزل عالماً ولا يزال عالماً بما كان وما يكون ولا يخفى عليه خافية ، أحاط بجميع الاشياء على أتم الامكان، ووردت كلمة المعلومات مرتين في القران الكريم.

٢- **معيار المستوى الاداري** . يمكن عد المعلومات على انها تقع في مستويات ادارية عديدة يعتمد عددها على الاطار الذي تستخدم ضمنه هذه المعلومات، فمن الصحيح القول أن ما يعد معلومات لمستوى اداري معين تعد بيانات لمستوى اداري آخر ، أي أن نفس المفردة قد تكون بيانات في مستوى اداري وتكون معلومات في ذات الوقت بالنسبة لمستوى اداري آخر ، فالاختلاف بين البيانات والمعلومات له معنى فقط بقدر ما له علاقة بالمستوى الاداري الذي يتم مراعاته كما يتضح في الشكل (٣-٤) .

(*) يمكن القول بان كلمتي المدخلات والمخرجات وكذا البيانات والمعلومات هي كلمات وصفية مؤقتة مرتبطة بالدورة الخاصة بها فما يعد مدخلات في دورة ما تكون مخرجات في دورة سابقة لها وما تعد مخرجات في دورة ما تكون مدخلات لدور ة لاحقة لها.

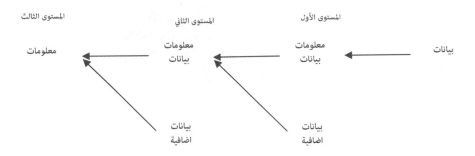

المستوى الثالث   المستوى الثاني   المستوى الأول

معلومات   معلومات   معلومات   بيانات
بيانات   بيانات

بيانات   بيانات
اضافية   اضافية

الشكل (٣-٤)

اختلاف النظرة الى المعلومات باختلاف المستوى الاداري

٣- **معيار الزمن.** يعد الزمن معياراً مهماً في الفصل بين البيانات والمعلومات، فالمفردات التي تعد معلومات لمستفيد معين في فترة زمنية قد تعد بيانات لمستفيد آخر في ذات الفترة الزمنية ، وما تعد معلومات لمستفيد معين في فترة زمنية محددة قد تعد بيانات لذات المستفيد في فترة زمنية لاحقة وبخاصة اذا تعرضت مفردات البيانات الى التقادم دون اجراء عمليات التحديث عليها.

٤- **معيار القيمة / الفائدة .** ويعد من أكثر المعايير التي يركز عليها أغلب الباحثين الى درجة أن قسماً منهم يصف الفرق بين البيانات والمعلومات بكلمة واحدة هي أن المعلومات مفيدة ، فالمعلومات هـي البيانات التي تمت معالجتها واصبحت ذات معنى للمستفيد وتكون لها قيمة حقيقية او متوقعة في القرارات الحالية او المستقبلية ، وتنطوي القيمة عـلى تفسيرات متعددة منها أن المعلومات تـلازم حالة عدم التأكد بسبب أن هنـاك اختياراً للبـدائل وان الاختيار الصحيح غـير مؤكد عليه تكون المعلومات ذات قيمة فيما اذا اسهمت في تقليص حالة عـدم التأكـد ومـن ثم الوصـول الى الاختيـار الصحيح، بتعبير آخر فان المعلومات

تعدل الاختيار من خلال التأثير في التقدير الموضوعي لاحتمالات النجاح، أي تحويل الاحتمالات الى مخرجات متوقعة في صنع القرارات ، من جهة ثانية تكون المعلومات ذات قيمة عندما تحقق أربعة أنواع من المنافع هي:

- المنفعة الشكلية / كلما كان شكل المعلومة يتناسب مع حاجة المستفيد.
- المنفعة المكانية / سهولة الوصول الى المعلومات
- المنفعة الزمانية / عندما يتاح المعلومة وقت الحاجة اليها
- المنفعة الحيازية / عندما يؤثر الحائز على المعلومات في قيمتها من خلال التحكم بها.

٦- **معيار الهدف** . يتمثل الهدف الأساسي لنظام المعلومات الإدارية بإجماع الكتاب بتوفير المعلومات الضرورية التي تسهل مهمة صنع القرارات من قبل الإدارة المستفيدة بعد إجراء عمليات المعالجة على البيانات ،عليه تتمثل البيانات بالمادة الخام التي تعتمد كمدخلات في النظام لاجل تحويلها إلى مخرجات بفعل عمليات المعالجة، بتعبير آخر كل مفردة تعتمد كمدخلات في النظام توسم بسمة البيانات وبالمقابل كل مفردة يولدها النظام كمخرجات تأخذ صفة المعلومات.

٧- **معيار المعالجة**. يؤكد الكتاب على وجود اختلاف بين البيانات والمعلومات قدر تعلق الامر بعمليات المعالجة فأذا لم يوجد اختلاف فيما بينهما فان جميع المعالجات التي تجري على البيانات لتحويلها الى معلومات (باستثناء التخزين والاسترجاع والتوصيل) تكون غير ذات جدوى، فالبيانات هي حقائق خام قد تكون أو لا تكون معلومات لذا فإنها تعد المادة الخام التي يتم منها توليد المعلومات، أما المعلومات فهي المعرفة المتصلة بعضها مع البعض الاخر المعبر عنها بالشكل الذي يجعل منها ذات نفع مباشر في صنع القرارات، وهذا التعريف لا يعد بسيطاً من حيث الفهم ما لم يعرف المقصود من كل جزء منه.

- المعرفة التي تعني حقيقة جديدة او غير مألوفة لدى الفرد المستلم ، لها أي شيء لم يكن معروفاً سابقاً لديه.

- المعرفة المتصلة . الحقيقة الجديدة او غير المألوفة والتي ارسلت الى الفرد واستلمت من قبله وتم ادراكها وقبولها دون ريب.

- هذه المعرفة تكون ثابتة بحيث لا تستدعي الحاجة الى اجراء المزيد من عمليات المعالجة لاجل استخدامها في صنع القرارات.

ثانيا : من حيث الخصائص .

تختلف المعلومات عن البيانات بسبب امتلاكها للخصائص الضرورية المطلوبة من قبل المستفيدين في الحالة التي تستخدم فيها وهذه الخصائص هي كما في الجدول الاتي:

الجدول (٣-٤)

خصائص المعلومات

الخاصية	الوصف
النوع	هل تعد مفردة البيانات ملائمة لموضوع القرار وأهميته ؟
الدقة	هل تعد مفردة البيانت دقيقة على نحو كاف ؟
العمر	هل تتصف مفردة البيانات بالموقوتية ؟
الافق الزمني	هل الافق الزمني لمفردة البيانات ملائم ؟
مستوى التفصيل	هل البيانات موجزة أم تفصيلية ؟
الاكتمال	هل مفردة البيانات متكاملة ؟
سهولة الوصول	هل يمكن الوصول الى مفردة البيانات بسهولة ؟
المصدر	هل مصدر البيانات متحيز أو غير دقيق ؟
القيمة	هل تؤثر مفردة البيانات في القرار ،وهل منافعها تفوق تكاليفها؟

وفيما يأتي نوضح هذه الخصائص بايجاز :

- **نوع المعلومات**. تشير هذه الخاصية الى ضرورة أن تكون مفردات البيانات ملائمة لاحتياجات المستفيدين منها ،وبما أن الحاجة تتحدد في ضوء نوع القرارات التي يصنعها المستفيد عليه يؤكد الكاتب الشهير " بيتر دركر" الى أن مفردة البيانات تكون معلومات فيما اذا كانت ملائمة لموضوع القرار وأهمية هذا القرار بالنسبة لصانع القرار أو للمنظمة .

- **دقة المعلومات**. تشير الى ضرورة أن تتصف مفردة البيانات بالدقة الكافية، وتعني الدقة شيئين مختلفين هما: أن تكون مفردة البيانات صحيحة (Accuracy) وهي الدرجة التي تعبر بها مفردة البيانات مايجب أن تعبر عنه، وأن تكون دقيقة (Precision) وهي التي تعبر عن درجة نقاوة أو صفاء التفاصيل عند التعبير عن الشئ على فرض أنك تملك رصيدا في البنك مقداره (٥١٢١,٦٨) دينار فالتعبير أنك تملك رصيدا حوالي (٥٠٠٠) دينار هو صحيح ولكنه غير دقيق مقارنة بما هو مقيد فعلا في سجلات البنك . من جهة أخرى عندما تقول انك تملك مبلغ(٥١٢١,٦٨٠) يبدو أنه دقيق جدا. ويمكن قياس كل من صحة المعلومات ودقتها على الرغم من أن هذا القياس يعتمد على نوع مفردة البيانات وعلى الحالة ولكن القياس النموذجي لصحة المعلومات هو معدل الخطأ ،وعدم كون مفردة البيانات صحيحة يتألف من جزئين هما التحريف Bias والخطأ العشوائي . والتحريف هوعدم الصحة النظامي الذي يعزى الى الاسلوب الذي يتم فيه توليد البيانات وجمعها أو تمثيلها . أما الخطأ العشوائي فهو عدم الصحة الذي يعزى الى الشئ الذي تم قياسه .

- **العمر، الموقوتية، الافق الزمني**. ترتبط هذه الخصائص جميعا بالوقت فعمر المعلومات يشير الى مقدار الوقت الذي مضى على ولادتها(انتاجها). أما الموقوتية فانها تعبر عن الوقت الذي تكون فيه المعلومة ملائمة لموضوع القرارولاهميته، فالقرارات المختلفة لها موقتية متباينة. أما الافق الزمني فانه يمثل الفاصل الزمني الذي تغطيه المعلومة ، فالافق الزمني قد يغطي الماضي أو الحاضر أو المستقبل

أو الامد القصير أو الامد الطويل.على سبيل المثال تقرير الانتاج الاسبوعي أو القائمة المالية الفصلية تشـير الى الاسبوع أو الفصل المحدد ، والتنبؤ طويل الامد لأسعار الطاقة قد يمتد الى ٥٠ عاما في المستقبل.

- **درجة التفاصيل ومستوى الايجاز**.Completeness& Level of Summarization البيانات التـي تنطـوي عـلى تفاصيل كثيرة قد يصعب فهمها وهضمها ، وهذا هو السبب الذي يقـود الى تلخيص البيانات ، ومسـتوى التلخيص أو الايجاز هو الفرق بين عدد المفردات التي تعتمد عليها وبين عدد المفردات التي يتم من خلالها تمثيل البيانات . على سبيل المثال التقريـر الـذي ينطـوي عـلى ٦٠٠ منتج وتصنف إلى ٤ مجموعـات أكثر اختصاراً (أقل تفصيلا) من التقرير الذي يتضمن تصنيف ٦٠٠ منتج إلى ٢٣ مجموعة من المنتجـات، ونظرة ثانية حول كم يمكن للإيجاز أن يخفي من معلومات توضح أن الإيجازسلاح ذو حدين ، فالإيجاز يسـهم في اختصار المعلومات من كمية كبيرة من البيانات ولكن يؤدي أيضاً إلى إخفاء المعلومات وهذه المسـألة تـبرز ضرورة مراعاة الاستثناءات والظروف غير العادية الأخرى.

- **كفاية المعلومات** Completeness . هي المدى الذي تبدو فيه المعلومات المتاحـة كافيـة لصنـع القرارات باستثناء القرارات المهيكلة بالكامل. ذلك لان من الصعوبة عادة امتلاك معلومات كاملة كليا بسـبب بعض العوامل التي يجب مراعاتها، يضاف إلى ذلك فأن المعلومات المعتمدة لأغراض التخطيط عـادة تكـون غـير كاملة طالما أنه من الاستحالة المعرفة الدقيقة لما سيحصل في المستقبل. وفي الواقع الفعلي فأن المعلومات ينظر إليها على أنها متكاملة فيما إذا شعر المستفيد أنه مـن غـير الضروري الحصـول عـلى المزيـد مـن المعلومات قبل صنع القرار. من هنا وسواء أردنا ذلك أم لا فأن الافراد يجب أن ينجزوا بعض المهام بـدون معلومات كاملة، على سبيل المثال الطبيب عادة يقوم بتشخيص ومعالجة المرضى بدون الوصول إلى التاريخ الطبي الشامل لمرضاه. وبأسلوب مشابه مدراء الأعمال عادة يواجهون

أزمات صغيرة تحتاج إلى نوع من الحلول المباشرة، وحتى إذا كان المزيد مـن المعلومـات يقـود إلى قـرارات أفضل أو قرارات مربحة أكثر.

- **سهولة الوصول** Accessibility . تكون المعلومات مفيدة فقط عنـدما يـتمكن الأفـراد مـن الوصـول إليهـا. وسهولة الوصول تعني المدى الذي يكن للمستفيد الحصول على المعلومة في الوقت الملائم لاستخدامها على نحو فاعل وبالشكل الذي يجعلها مفيدة. وهناك العديد من العوامل التي تحدد الطريقة التي تخزن فيهـا المعلومات والطريقة التي يرغب بها المستفيد في عـرض المعلومـات، عليـه فـان مهـارة المسـتفيد في إيجـاد المعلومات التي يحتاجها هي التي تؤثر في سهولة الوصول اليها. على سـبيل المثـال المعلومـات المخزونـة في قاعدة معلومات مشتركة قد يصعب الوصول إليها بالوقت المناسب بالمقارنة مع تلك المخزونة في الحاسـب الشخصي للمستفيد.وبشكل عام فان استخدام التخزين الإلكتروني بدلاً من الورقيات جعلت المعلومات أكثر سهولة في الوصول.

- **المصدر** Source . مصدرالبيانات هو الفرد أو المنظمة التي تـنـتج البيانـات، ومعرفـة المصـدر هـي بـالطبع الاساس بخصوص التحريف . فالتنبئوات الخاصة بأسواق الأسهم تميل لأن تكـون أكـثر تحريفـا bearish مـن أخرى، مثلا من صحف تميل إلى تفضيل الجمهوريين أو الديمقراطيين، وحتى بالنسبة للبيانات التي تأتي مـن مصادر متحيزة من جهة أخرى يمكن أن تكون مفيدة فيما إذا ادرك وعرف المستفيد التحيز الموجود فيها.

مصادر البيانـات قـد تكـون داخليـة أو خارجيـة بالنسـبة للمنشـأة ... وأغلـب نظـم المعلومـات الحاسبية تركز على البيانات الداخلية، البيانات عن البيئة الخارجية بالنسبة للتخطيط طويـل الأمـد ونتـائج السوق الخاصة بالتحليل السوقي قصير الامد عادة تأتي من المصادر الخارجيـة، وتوحيـد و ودمـج البيانـات من المصادر الداخلية والمصادر الخارجية يعد حاسمة لتحليل بيئة المنظمـة ، وقـد تكـون مصـادر البيانـات رسمية أو غير رسمية، فالمصادر الرسمية تتضمن تقارير الاداء، الوثائق

المطبوعة، قوائم البيانات الرسمية مـن أقسـام المنظمة، أمـا المصـادر غـير الرسـمية فتتضـمن الاتصـالات الشخصية مثل اللقاءات والمحادثات خـلال وخـارج أوقـات العمـل المحادثـات مـع الزبـائن والمنافسـين والملاحظات الشخصية عـن قيم العمـل ظـروف العمـل وعلاقـات العمـل .اذ يتطلـب تفسيرالبيانات مـن المصادر غير الرسمية عادة عناية وجهدا أكبر من تفسيرالبيانات من المصادر الرسمية.

- **القيمة وذات الصلة** Value & Relevance . لكي تكون مفردة البيانات مفيدة يجب أن تكون ذات صـلة بموضوع القرار ، وتعني ذات الصلة المدى الذي يمكن من خلاله تحويل البيانات إلى معلومات تساعد الفرد على صنع القرارات.وهذه الخاصية "ذات الصلة " تعتمد على الخصائص الأخرى التي سبق ذكرها والهـدف الرئيسي لنظام المعلومات هو تحويل البيانات الى مفردات ذات الصلة لتوفير معلومات لمهام محـدودة أو قرارات محددة.

أما قيمة المعلومات فانها مقياس نقدي لذات الصلة ومن الصعوبة تقديرها. وهذه الفكرة تؤكد ثلاثة أفكار رئيسية هي : أولاً الفكرة المرتبطة بتقليص حالة عدم التأكد والتي هـي الغـرض مـن الحصـول على المعلومات فأنها تكون عديمة القيمة بالنسبة لهذا القرار بسبب أنها لا تقلـل مـن حالـة عـدم التأكـد حول ما يجب عمله. ثانياً المعلومات لها قيمة فقط في حالة محددة او لصانع قرار محـدد فإذا تغـيرت الحالة أو تغير صانع القرار فإن قيمة المعلومات ستتغير، ثالثاً القيمة النقدية للمعلومات يمكن تقديرها مـن خلال مقارنة القيمة النقدية المتوقعة للقرار مع وجود للمعلومات وبدون وجودها. وهـذه الأفكـار الثلاثـة ترتبط بنظم المعلومات بسبب أنها تساعد في التفكير حول كم يجب دفعه للمعلومات أو كـم مـن النقـود يمكن الحصول عليها من هذه المعلومات. وبغض النظر عن الصعوبات الميدانية لاحتساب قيمة المعلومـات فإن فكرة قيمة المعلومات يمكن أن تكون مفيدة في تصميم نظام المعلومات. وعندما تقرر ماذا كان يجـب تضمين نوع محدد من البيانات أو طريقة محددة في معالجة البيانات فإن فكرة قيمة المعلومات تقـود مجدداً إلى السؤال عما إذا كان

التأثيرالمحتمل على القرار يبرر التكلفة. ويتحدد ذلك من خلال الخصائص المذكورة في أعلاه والتي تمت مناقشتها.

ثالثاً: الفرق بين البيانات والمعلومات والمعرفة

The Difference Between Data, Information and knowledge

لاجل توضيح الفرق بين المفاهيم الثلاثة نستعين بالشكل (٣-٥) الذي يمثل نظاماً للمعلومات، فالبيانات تدخل النظام وتتحول الى معلومات بعد اجراء عمليات المعالجة المعروفة، اذ تعتمد المعرفة في انجاز هذه العمليات أي في تجميع البيانات وتغذيتها وتصفيتها وفهرستها ... الخ، والمعلومات المتولدة يتم تفسيرها واستخدامها في صنع القرارات وفي الأفعال، والافعال تولد النتائج ومن ثم مقارنة الأفعال مع النتائج تسهم في تراكم المعرفة حول كيفية تفسير المعلومات وصنع القرارات والفعل.

الشكل (٣-٥)

الفرق بين البيانات والمعلومات والمعرفة

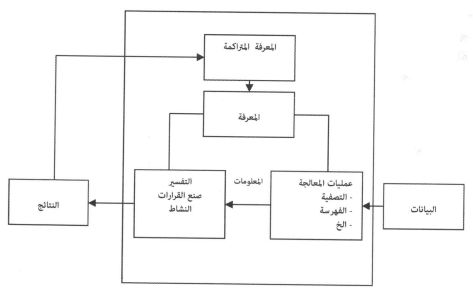

يلاحظ من الشكل أعلاه أنه اضافة الى توضيح عملية تحويل البيانات الى معلومات يبين الشكل عملية تراكم المعرفة واستخدامها، فهو يوضح أن الافراد يعملون اعتماداً على معلوماتهم حول الوضع الحالي مضافة اليها المعرفة المتراكمة لديهم حول استخدام المعلومات لاتيان العمل المطلوب، الأعمال والنتائج المترتبة عليها تغذى في عملية التراكم على النحو الذي يقود إلى المزيد من المعرفة، وهذا التراكم يجعل الافراد أكثر قدرة على معالجة البيانات وتحويلها الى معلومات، واكثر قدرة على استخدام هذه المعلومات لاتيان العمل مستقبلا. ويرى أحد الكتاب أن تخزين المعرفة وتراكمها يمثل جسراً بين الحصولو على المعرفة وعملية استرجاعها، فالقيمة المتحققة من ادارة المعرفة تكون محصلة لعناصر المعرفة المختلفة وضرورة الربط بينها وبين ادامتها وتحديثها.

أن التراكم المعرفي يمثل مسألة مركزية في المنظمات المعاصرة خاصة في ظل حرص المنظمات على ادامة مخزونها المعرفي من خلال توظيف تكنولوجيا المعلومات المتاحة.

المبحث الرابع
التغذية العكسية

تمثل عملية المراقبة الذاتية والعنصر الرقابي الذي يحدد ما اذا كان النظام يعمل بشكل سليم لتحقيق هدفه وهي العملية التي يتم من خلالها قياس مخرجات النظام على وفق معيار معين ، وتكتسب التغذية العكسية اهمية خاصة في نظام المعلومات الادارية نظراً لارتباط مخرجات النظام بمهمة صنع القرارات والتي تعد المعيار في قياس مخرجات نظام المعلومات، فإذا ساهمت هذه المخرجات في تسهيل هذه المهمة تعد مطابقة للمعيار وبخلافه يتم إعادة النظر في العناصر الثلاثة المذكورة المدخلات، عمليات المعالجة، المخرجات لاجل تشخيص الانحرافات ومعالجتها والتأكد من توليد المخرجات الملائمة . والشكل (٣-٦) يوضح عناصر نظام المعلومات الادارية الاربعة .

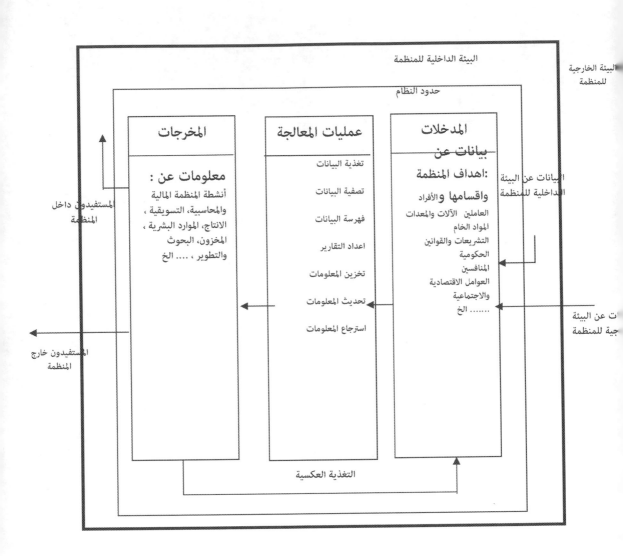

البيئة الداخلية للمنظمة
البيئة الخارجية للمنظمة
حدود النظام
المدخلات
بيانات عن
:اهداف المنظمة
واقسامها والأفراد
العاملين الآلات والمعدات
المواد الخام
التشريعات والقوانين
الحكومية
المنافسين
العوامل الاقتصادية
والاجتماعية
.... الخ
عمليات المعالجة
تغذية البيانات
تصفية البيانات
فهرسة البيانات
اعداد التقارير
تخزين المعلومات
تحديث المعلومات
استرجاع المعلومات
المخرجات
معلومات عن :
أنشطة المنظمة المالية
والمحاسبية، التسويقية ،
الانتاج، الموارد البشرية ،
المخزون، البحوث
والتطوير ، .... الخ
البيانات عن البيئة الداخلية للمنظمة
ت عن البيئة
جية للمنظمة
المستفيدون داخل المنظمة
المستفيدون خارج المنظمة
التغذية العكسية

الشكل (٣-٦)

عناصر نظام المعلومات الادارية

أسئلة نهاية الفصل

١- هل توافق على وجود فروقات جوهرية بين البيانات والمعلومات ولماذا؟

٢- ما هي الأسباب التي تدعو إلى القيام بتصفية البيانات؟

٣- ينبغي ان يتم تجميع البيانات على أسس موضوعية وعلمية .. كيف ؟

٤- الترتيب يعني إجراء عمليتين فرعيتين ما هما ؟ اشرح بالتفصيل.

٥- لماذا يجب اعتماد الترميز عند تخزين المعلومات في قاعدة المعلومات؟

٦- وضح أنواع التقارير التي يمكن توليدها كمخرجات لنظام المعلومات.

٧- ما ذا يعني التحديث ولماذا يتم إجراءه؟

٨- لماذا تظهر الحاجة إلى استرجاع المعلومات؟

٩- كيف تحصل التغذية العكسية في إطار نظام المعلومات الإدارية؟

١٠- ما هو الفرق بين البيانات والمعلومات؟

١١- وضح طبيعة العلاقة بين البيانات والمعلومات والمعرفة.

الفصل الرابع
المستلزمات الضرورية لادارة وتشغيل
نظام المعلومات الإدارية

تمهيد :

يهدف هذا الفصل الى بيان أنواع وأهمية مستلزمات إدارة وتشغيل نظام المعلومات الإدارية، إذ لا يكفي تصميم نظام سليم للمعلومات الإدارية، وإنما يجب توفير المستلزمات الضرورية لإدارته وتشغيله، اذ تستلزم إدارة وتشغيل نظام المعلومات الإدارية بكفاءة وفاعلية توفير جملة من المستلزمات البشرية (Brianware) والمادية (Hardware) والبرمجيات (Software) والتنظيمية(Orgware)، وبقدر نجاح إدارة المنظمة في توفير هذه المستلزمات تتصاعد وتائر نجاح نظام المعلومات الإدارية ولتحقيق ذلك ينبغي الاجابة عن التساؤلات التالية:

١-   ما هي أنواع المستلزمات الضرورية لادارة وتشغيل نظام المعلومات الادارية في المنظمة؟

٢-   ما هي التوليفة المناسبة من هذه المستلزمات التي تحقق أفضل المنافع للمنظمة؟

٣-   ما هو المعيار الملائم لاختيار هذه المستلزمات؟

٤-   كيف يمكن مواكبة التطورات الحاصلة في هذه المستلزمات؟

٥-   كيف يمكن الحصول على هذه المستلزمات وكيف يتم ادارتها بشكل سليم؟

وفيما يأتي نوضح أهم هذه المستلزمات .

المبحث الأول
المستلزمات البشرية

يتناول هذا المبحث الدور المهم الذي تسهم به المستلزمات البشرية في ادارة وتشغيل نظم المعلومات الادارية وأنواع هذه المستلزمات ومؤهلاتها وطرق الحصول عليها وتدريبها، وفيما يأتي نشير إلى أهم الجوانب المتعلقة بهذه المستلزمات البشرية :

١- أهمية المستلزمات البشرية

يكاد يتفق اغلب المتخصصين في مجال نظام المعلومات على أن أهمية العنصر البشري في ادارة وتشغيل نظام المعلومات تفوق أهمية المستلزمات المادية على نحو كبير (مع عدم تجاهل أهمية هذه الأخيرة) إلى درجة انهم يعزون معها أسباب اغلب حالات فشل نظام المعلومات الإدارية إلى إخفاق المستلزمات البشرية في إنجاز دورها المطلوب .فعلى الرغم من كون التسهيلات المادية كالحاسبات الإلكترونية وأجهزة المايكروفلم وتقنيات الاتصال تعد من المسلتزمات المهمة في ادارة وتشغيل نظام المعلومات الادارية الا انها تكون هامة إلى الحد الذي يمكن معه للمسلتزمات البشرية من تحديد فرص الاستفادة منها أو استثمار هذه الفرص. ويرجع السبب في هذه الاهمية إلى الامور الاتية :

١. ندرة هذه المستلزمات البشرية كماً ونوعاً بحيث أصبحت هذه الندرة ظاهرة عامة تعاني منها جميع المنظمات في مختلف أنحاء العالم بما في ذلك الدول المتقدمة في هذا المضمار مثل الولايات المتحدة الأمريكية واليابان ودول اوربا الغربية .

٢. زيادة التكاليف المترتبة على اختيار وتدريب العاملين الجدد فضلاً عن تكاليف الاخطاء في الاختيار والتعيين، فتسارع التطورات في ثقافة المعلومات جعلت من مهمة التدريب واعداد الكادر العامل مسالة بالغة الصعوبة والتعقيد إلى جانب تكاليفها العالية جداً .

٣. ارتفاع معدلات دوران هؤلاء العاملين، والتي تبلغ ما بين ١٥-٢٠% في اغلب المنظمات[٢].

٤. الحاجة المتزايدة إلى العاملين ذوى المهارة والخبرة، فالتطورات التكنولوجية الحديثة في مجال الحاسبات وتقنيات الاتصال نجمت عنها ظهور الحاجة إلى مستلزمات بشرية متدربة وتمتلك خبرات ومهارات جيدة في مجال نظام المعلومات. إذ أشارت الدراسات إلى أنه بحلول عام ١٩٩٠ سيزداد الطلب على جميع وظائف أخصائيي نظم المعلومات بنسبة (٨٤%)، وستكون الزيادة المتوقعة في بعض الاختصاصات على النحو الآتي: محللو النظم ١١٩%، المبرمجون ١٠٢%، مشغلو الحاسبة ١١٦%، فنيو الصيانة ١٥٤%. ومن المتوقع أن يكون عدد أخصائيي نظم المعلومات المعينين أكثر من اية مهنة أخرى بعد عام ٢٠٠٠ .

٥. الزيادة المضطردة في رواتب ومكافآت الأفراد العاملين في نظام المعلومات الادارية، اذ يعد من الشرائح عالية الدخل في المجتمعات المتقدمة في الوقت الذي تستمر أسعار الأجهزة والمعدات والبرمجيات بالأنخفاض المستمر.

٢- انواع المستلزمات البشرية في نظام المعلومات الادارية .

يعتمد نجاح أي نظام للمعلومات على مهارات القائمين على إدارته وتشغيله، إذ تتباين على نحوٍ كبير المهارات الاساسية المطلوبة للوظائف المختلفة في نظام المعلومات الإدارية، من هنا وعلى الرغم من اختلاف أنواع العاملين تبعاً لاختلاف حجم النظام ودرجة التكنولوجيا المستخدمة فيه الا انه وبعامة يفترض توفير الأنواع الآتية من الأفراد العاملين في ظل اعتماد تطبيقات نظام المعلومات الحاسبية والموضحة في الجدول (٤-١).

الجدول (٤-١)
أنواع المستلزمات البشرية ومهامها ومؤهلاتها

النوع	المهام	المؤهلات
مدير النظام	ادارة النظام بالكفاءة والفاعلية المستهدفة من خلال انجاز وظائف التخطيط والتنظيم والتوجه والرقابة	معرفة تامة بالمنظمة وبالتطبيقات الادارية لنظم المعلومات وقدرة كبيرة على القيادة وتوجيه العاملين في النظام .
محللي ومصممي النظم ويضم رئيس محللي النظم ، محلل النظم الاقدم ، محلل النظم	تحليل وتصميم وتطوير وتطبيق الانظمة	معرفة عامة بالتطبيقات الادارية لنظم المعلومات الادارية ومعرفة جيدة ومتجددة بتجهيزات وأساليب معالجة البيانات مع قدرة كبيرة على الابداع والابتكار
فريق المبرمجين ويضم رئيس المبرمجين ، المبرمج الأقدم ، المبرمجون ، مساعدو المبرمجين ، امين مكتبة البرامج	صياغة البرامج وتطبيقها وصيانتها لأجل القيام بمعالجة البيانات في ضوءها	معرفة وافية باساليب البرمجة وباللغات التي تكتب بها البرمجيات وبطبيعة العلاقة الموجودة بين البرمجيات وبين مواصفات التجهيزات مع القدرة على الاستخدام الجيد لوسائل البرمجة.
مسؤول استرجاع المعلومات	تصميم نظام الاسترجاع المناسب من خلال تحديد اسلوب الاسترجاع ، لغة الاستفسار ، الجهات المرخصة بالاسترجاع ، وسائل وادوات الاسترجاع	معرفة بالجوانب الفنية الخاصة بالتخزين وهيكل الملفات التطورات الحاصلة في تقنيات الاسترجاع والاسلوب الافضل لتلبية احتياجات المستفيدين من المعلومات
مسؤول قاعدة المعلومات	تصميم نظام قاعدة ات منالمعلوم خلال تحديد هيكل الملفات ، السجلات، الحقول، العلاقات المنطقية والمادية ووسائل وأشكال الخزن	المعرفة بالتطورات التقنية الحاصلة في مجال التخزين وحفظ المعلومات إلى جانب المعرفة باحتياجات المنظمة من الملفات والسجلات والتغييرات الحاصلة فيها باستمرار

	وتحديد الطاقة الاستيعابية ، وأيضاً إعداد قواميس المعلومات	
مسؤول البيانات	ادارة البيانات من خلال تحديد انواع البيانات المتاحة امام المنظمة ، مصادر هذه البيانات ، اشكالها ، درجة المعولية لها ، درجة التكرار، الشمولية الزمنية والمكانية، نماذج الاستمارات المستخدمة في تجميعها	الالمام الدقيق بتفاصيل العمل المنجزة في جميع اقسام المنظمة إلى جانب القدرة على تحديد أنواع البيانات الضرورية ومصادرها واساليب تجميعها والهدف منها والفترة الدورية لها.
الكتاب (مهيؤ البيانات) المتخصصون في تقنيات الاتصال	تحويل البيانات من صيغتها الاولية إلى صيغة قابلة للقراءة من قبل الحاسبة الالكترونية وذلك باعادة كتابتها على وسائط معينة مثل الاشرطة والأقراص الممغنطة تأمين التدفق الداخل (تدفق البيانات) إلى النظام من مصادرها الاصلية لاجل ضمان تغذية النظام بحاجته من المدخلات من جهة وتأمين التدفق الخارج (تدفق المعلومات) وايصالها إلى المستفيدين	الالمام بوسائل ادخال البيانات والاساليب المستخدمة في إعداد البيانات بشكل يحقق الاختصار في الوقت الجهود ويقلل من الاخطاء الناجمة عن عملية إدخال البيانات . الالمام بوسائل وتقنيات الاتصال وشبكات الاتصالات الى جانب معرفة مشاكل ومحددات الاتصال .
المتخصصون في تشغيل الاجهزة وصيانتها	تشغيل الحاسبة وملحقاتها والقيام بأعمال الصيانة واصلاح العطل التي قد	الالمام بالجانب الفنية الخاصة بتشغيل الحاسبة وتنفيذ البرمجيات واستخدام أجهزة ومعدات الاتصالات وأنواع العطل وصيانتها

	تصيب الاجهزة والمعدات والنظم والبرمجيات المستخدمة في نظام المعلومات الادارية .	
المختصون في مجال بحوث العمليات	تطبيق تقنيات بحوث العمليات في مجالات تحليل النظم وتصميم قواعد المعلومات وشبكات الاتصالات	الالمام بالاساليب الكمية واستخداماتها في بناء وتصميم نظم المعلومات الادارية واعتماد تطبيقاتها في عمليات صنع القرارات الادارية

٣- اختيارالمستلزمات البشرية في نظام المعلومات.

يعد الاختيار الدقيق من الأمور الضرورية بخاصة ما يتعلق بالوظائف التي تكون معرضة لإغواء التزوير، عليه فإن النزاهة والموثوقية والمهارة هي معايير على درجة كبيرة من الأهمية عند اختيار العاملين وتنطوي عملية اختيار العاملين بعامة على مخاطر محسوبة من قبل كل المنظمة والفرد الباحث عن فرصة العمل سعياً في ان تكون نتائج هذه العملية الرضا المشترك لكلا الطرفين وبالاخص فيما يتعلق بعلاقات العمل. وفي مجال نظام المعلومات تزداد هذه المخاطر حدة وبروزاً للاسباب الآتية :

- اختلاف الكفاءات والمهارات المطلوبة لادارة وتشغيل النظام .
- ولارتفاع نسبة دوران العاملين .
- الحاجة المتزايدة للعاملين ذوي المهارة والخبرة .

وقد بذلت محاولات عديدة عبر السنوات الماضية من قبل المهتمين بنظام المعلومات لأجل تطوير الأدوات والأساليب التي تقلل من حدة هذه المخاطر وتضمن توفير الكوادر بالأوصاف المطلوبة وتمخضت هذه المحاولات عن ابتكار بعض الادوات والاساليب تمثلت بالاختبارات النظرية والعملية، التحرى عن

الخبرات السابقة، اجراء المقابلات الفردية والجماعية، والاسترشاد بآراء العاملين السابقين، المواصفات العامة ....الخ. وبعامة يمكن توضيح خطوات اختيار الافراد العاملين في نظام المعلومات من خلال الجدول (٤-٢) .

الجدول (٤-٢)

خطوات أختيارالافراد العاملين في نظام المعلومات

الخطوات	الوصف
١	تحليل الوظائف واعداد وصف تفصيلي ومتكامل للمؤهلات والخبرات المطلوبة والشروط الضرورية لانجاز العمل بنجاح
٢	التحديد التفصيلي للمهام والواجبات المطلوب القيام بها لانجاز العمل
٣	تحديد الاجهزة والمعدات المطلوب تشغيلها
٤	تحديد الظروف البيئية العامة التي في ظلها سيعمل الفرد
٥	تحديد الخصائص الوظيفية من خلال وصف المقومات المادية، الثقافية، التدريبية
٦	تحديد مستويات الاجور، وتقييم العمل ومعدلات الاداء وفرص الترقية والتقدم في العمل .
٧	الصلاحيات والمسؤليات ونطاق الاشراف

٤- مصادر الحصول على المستلزمات البشرية في نظام المعلومات

تتحدد مصادر الحصول على هذه المستلزمات في ضوء الاجابة على السؤال الاتي: هل من الافضل الحصول على افراد يتمتعون بالخبرة والمعرفة باهداف ونشاطات وتقسيمات المنظمة ويفتقرون إلى الخبرة بانظمة المعلومات ام على افراد يمتلكون الخبرة بانظمة المعلومات وتقنيات المعلومات ويفتقرون إلى الخبرة بطبيعة اهداف ونشاطات المنظمة ؟ وتنبع مبررات هذا التساؤل من كون ان كلا من خبراء انظمة المعلومات وتقنيات المعلومات والذين يمتلكون المعرفة التفصيلية بطبيعة نشاطات المنظمة يعدون ضروريين للمنظمة وبسبب صعوبة توفير الافراد الذين يمتلكون المعرفة بالجانبين في آن واحد لذا يظهر امام المنظمة بديلين عند البحث عن مصادر الحصول على العاملين في نظام المعلومات وهما:

- المصدر الداخلي . وبموجبه يتم اشغال المراكز الوظيفية في نظام المعلومات من قبل الاشخاص الموجودين في الاقسام الاخرى داخل المنظمة، اذ يمكن لهؤلاء الافراد ان يساهموا في تطوير نظام جديد أو استكمال دراسات الجدوى، ويحقق اعتماد هذا المصدر - وبالاخص عندما تكون البيئة التنظيمية للمنظمة ونظام المعلومات ملائمة - وفورات في التوسع في الانفاق المترتب على التوظيف الجديد وفي الوقت والتكاليف إلى جانب كونه مصدراً ممتازاً للحصول على افراد يمتلكون الخبرة الكافية بنشاطات المنظمة وما يترتب على ذلك من اثار ايجابية في صالح نظام المعلومات .

- المصدر الخارجي . أي اللجوء إلى خارج المنظمة للبحث عن افراد لسد المراكز الوظيفية الشاغرة في نظام المعلومات ويكون على ثلاثة انواع :

١- الجامعات والمعاهد ومدارس الاعمال .اذ توجد العديد من هذه المؤسسات التي تقدم برامج اكاديمية متخصصة في علوم الحاسبات الالكترونية وانظمة المعلومات، فبالاضافة إلى الطلبة الذين يتخصصون اساسا في علوم الحاسبات الالكترونية فان العديد من المنظمات تهتم بمواضيع الاختصاص في الهندسة والرياضيات وادارة الاعمال والتي لها علاقة بانظمة المعلومات، اذ تقوم اغلب المنظمات الكبيرة باعداد برامج لتوظيف هؤلاء الطلبة من خلال التعاقد معهم اثناء سنين الدراسة .

٢- المكاتب والوكالات المختصصة. يمكن ان تكون مصدراً جيداً في تلبية احتياجات المنظمات من العاملين المؤهلين ذلك نظير مبالغ معينة تدفع لها، حيث تمتلك هذه المكاتب والوكالات قدرات كبيرة في اختيار المرشحين وفي استخدام معايير واساليب جديدة في الاختبار على النحو الذي يرضي طموح المنظمات ويرفع من شأن الوكالة وسمعتها بين منافساتها .

٣- المنظمات الاخرى . يمكن الاعلان عن وجود عناوين وظيفية شاغرة بنظم المعلومات من خلال استخدام وسائل الاعلان المختلفة أو يمكن الاتصال مع

العاملين في هذا المجال في المنظمات الاخرى مباشرة وتقديم شروط عمل افضل لهم بغية اغرائهم وجذبهم للعمل .

في ضوء العرض السابق للبديلين يفضل اللجوء إلى أي منهم من خلال الحالات الموضحة في الجدول (٤-٣) .

الجدول (٤-٣)

حالات المفاضلة بين المصدر الداخلي والمصادر الخارجية للحصول على الافراد العاملين

الحالات	المصدر الداخلي	المصدر الخارجي
١	اذا كانت المعرفة بطبيعة نشاطات المنظمة مهمة جداً في انجاز الوظيفة الخاصة بنظام المعلومات على نحو يفوق اهمية المعرفة بتكنولوجيا المعلومات	اذا كانت المعرفة بتكنولوجيا المعلومات مهمة جداً في انجاز الوظيفة الخاصة بنظام المعلومات على نحو يفوق اهمية المعرفة بنشاطات المنظمة
٢	- اذا كان من السهولة تدريب الافراد الحاليين على انجاز الاعمال الجديدة التي سيشغلونها مثل مشغلي المكائن، الكتاب ومن شابههم .	اذا كان من الصعوبة تدريب الافراد الحاليين علىانجاز الاعمال الجديدة التي سيشغلونها مثل المبرمجين ، وفني الصيانة ومن شابههم.
٣	عندما يكون حجم النظام صغيراً	عندما يكون حجم النظام كبيراً .
٤	في المنظمات التي تواجه زيادة في الأفراد العاملين .	في المنظمات التي تواجه النقص في الأفراد العاملين .
٥	تستخدم في النظام تكنولوجيا بسيطة وغير معقدة .	تستخدم في النظام تكنولوجيا معقدة جداً .

٥- تدريب الافراد العاملين في نظام المعلومات الادارية .

يختلف تدريب الافراد العاملين في نظام المعلومات الإدارية عن التدريب في المجالات الأخرى للمنظمة، بخاصة أن المعرفة بنظام المعلومات تتسم بسرعة التغيير وبالطابع التقني العالي . ان تركيز اهتمام ادارات انظمة المعلومات الادارية عند سعيها لتطوير هذه الانظمة على التطورات الحاصلة في تكنولوجيا المعلومات والتحول نحو استخدام الحاسبات الالكترونية الجديدة وانظمة معالجة البيانات وانظمة قواعد المعلومات يحتمان على الادارة الاهتمام بتدريب العاملين بنفس درجة الاهتمام بتلك التطورات وذلك لاجل اعادة تأهيل وتجديد خبرات هؤلاء العاملين بالشكل الذي يساعدهم على مواكبة تلك التطورات واستخدام تلك المبتكرات ويتجسد هذا الاهتمام بتدريب العاملين في التخطيط الكفوء لاعداد برنامج تدريبي كفوء يشمل على الخطوات الآتية:

٥-١ تحديد الاحتياجات التدريبية

تستهدف هذه الخطوة تحديد الاحتياجات الفعلية للتدريب وحصر عدد وانواع العاملين الذين تظهر حاجتهم إلى تدريب وذلك اعتماداً على جملة مؤشرات منها مثلا اهداف البرنامج، الاحتياجات التدريبية الحالية والمستقبلية، احتياجات المستفيدين من النظام التجهيزات والبرامج والاجراءات المتوقع استخدامها في النظام، التغييرات المحتملة في العلاقة بين وحدة نظام المعلومات والتقسيمات التنظيمية الاخرى في المنظمة، التغييرات المحتملة في اهداف ونشاطات المنظمة بشكل عام ....الخ ، وبعد تحديد هذه الاحتياجات يتم تقييمها بشكل اولي لتقرير مدى امكانية تلبية هذه الاحتياجات، وفي حالة تلبية هذه الاحتياجات مدى امكانية تبرير اهتمام الإدارة بهذه العملية والجهود التدريبية التي ستبذل في سبيل ذلك واخيرا مدى امكانية تحسين أداء العاملين بشكل متناسق مع الاهداف والتوجيهات المستقبلية طويلة الامد .

٢-٥ اختيار الاساليب التدريبية

تتنوع الأساليب التي يمكن اعتمادها في تدريب العاملين في مجال نظام المعلومات الإدارية ومن أهم الاساليب الشائعة الاستخدام هي :

- الحلقات الجماعية . ويتم ذلك من خلال القاء محاضرات جماعية على العاملين المتدربين بالشكل الذي يسمح بتدريب اعداد كبيرة منهم بذات الوقت، عليه يفضل استخدامه في أنظمة المعلومات الكبيرة التي يوجد فيها اعداد كبيرة من العاملين الذين ينجزون مهام متشابهة أو متقاربة.

- التدريب الاجرائي. يتم ذلك من خلال تزويد العاملين باجراءات مكتوبة تصف طبيعة نشاطاتهم وسبل انجازها بالشكل الذي يتيح للمتدربين الفرصة لطرح الاسئلة ومناقشة مشاكل افتراضية تتعلق بهذه الاجراءات وتقديم حلول مقترحة لها.

- التدريب الخاص. كما يستدل من العنوان فأن هذا الاسلوب ذات طبيعة شخصية كبيرة ويتم تطبيقه على الاغلب بشكل فردي وبالنتيجة فأنه يعد مكلفا جداً من الناحية الاقتصادية الامر الذي يؤدي إلى اقتصار اعتماد هذا الاسلوب على التدريب في بعض الاعمال المعقدة جداً أو الحساسة بشكل خاص لضمان نجاح تنفيذها.

- المحاكاة. أي القيام بمحاكاة بيئة العمل وذلك من خلال اعادة صياغة وتنفيذ الاجراءات والسماح للمتدربين بأنجاز النشاطات المقترحة لحين بلوغ المستوى المقبول من الانجاز. ورغم ان هذا الاسلوب قد يبدو مكلفا ايضاً الا ان المزايا المترتبة على تكيف الافراد لبيئة العمل والمتمثلة بتقليص نسبة الاخطاء

وحالات اعادة العمل تفوق على الاغلب التكاليف المترتبة على استخدام هذا الاسلوب.

٥-٣ تنفيذ البرنامج التدريبي

أي المباشرة بالعملية التدريبية من خلال تطبيق الاسلوب الذي يتم اختياره ووفق الجدولة الزمنية الموضوعة ، وتنجز هذه العملية من قبل الخبراء الموجودين داخل المنظمة أو من خلال الاستعانة بالخبراء من خارج المنظمة، إذ تعتمد المنظمات على نحوٍ كبير على المصادر الخارجية مثل شركات تصنيع وتسويق الأجهزة وانتاج البرامج ، الجامعات والمنظمات المتخصصة بالتدريب، أو بكليهما معاً ، حيث يتم المفاضلة بين هذه البدائل في ضوء عوامل التكلفة والوقت ونوع الخبرة ....الخ .

٥-٤ تقويم العملية التدريبية

بعد إكمال العملية التدريبية وبهدف التأكد من تحقق النتائج المرغوبة وايضاً تحديد الجوانب الايجابية والسلبية في هذه العملية يستلزم الامر القيام بتقييم البرنامج التدريبي بالكامل .

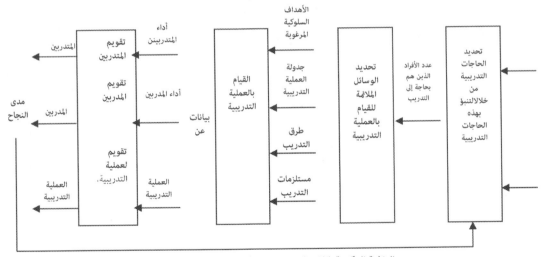

طرق التدريب
العملية التدريبية
العملية التدريبية
التغذية العكسية (المقترحات بخصوص تطوير برنامج التدريب)

الشكل (٤-١)

خطوات التدريب للأفراد العاملين في نظام المعلومات

المبحث الثاني

المستلزمات المادية (الأجهزة والمعدات)

اعتمدت مهمة معالجة البيانات واختزان المعلومات وتحديثها واسترجاعها وتوصيلها إلى المستفيدين على الاساليب اليدوية لفترات طويلة من الزمن والتي أثبتت محدوديتها وعجزها عن انجاز هذه المهمة على النحو المطلوب بخاصة بعد الازدياد الهائل في حجم ونوع البيانات، اذ بات الوضع يحتم ضرورة استخدام تكنولوجيا المعلومات الحديثة في تطبيقات نظام المعلومات وفي مقدمتها الحاسب وملحقاته وأجهزة التخزين ومعدات الاتصال، إذ تعتمد اقتصاديات هذه التكنولوجيا بالدرجة الأساس على صواب القرار بخصوص ضرورة استخدامها، فالخطأ في هذا القرار يقود إلى استنزاف موارد المنظمة بخاصة إذا ما أخذنا بنظر الاعتبار أن الهدف الأساس من استخدامها هو توفير التسهيلات الفنية التي تمكن نظام المعلومات الإدارية في المنظمة من توفير المعلومات بالمواصفات المطلوبة على النحو الذي يسهل مهمة صنع القرارات .

اولاً . الحاسب

لا يخفى لأحد ما للحاسب من قدرة كبيرة على توفير التسهيلات الفنية التي تساعد نظام المعلومات في انجاز وظائفه وتحقيق اهدافه إلى درجة ان العديد من الباحثين يقرنون نشوء نظام المعلومات الادارية وتطوره بابتكار الحاسب وتطوره كما يعد البعض الاخر دراسة نظام المعلومات

من دراسة الحاسب، وتتوقف هذه القدرة على توفير هذه التسهيلات على جملة من الامور التي يجب مناقشتها بروية وتوفير الاجابة عن التسؤلات التي تثار في اطار هذه المناقشات قبل الحديث عن مكونات الحاسب، ولعل أهم هذه الامور هي تصنيف الحاسبات وتقسيم العمل بين الحاسب والانسان والمداخل التنظيمية لاعتماد الحاسب في تطبيقات نظام المعلومات والبدائل المتاحة لاعتماد الحاسب في تطبيقات النظام الى جانب مزايا اعتماد الحاسب في تطبيقات نظام المعلومات . وفيما يأتي مناقشة لهذه الامور.

١- تصنيف الحاسبات

يصنف المتخصصون الحاسبات المعتمدة في تطبيقات نظم المعلومات الادارية الى أنواع مختلفة هي:

١-١ الحاسبات الكبيرة Main frames وهي أكبر أنواع الحاسبات مع ذاكرة كبيرة وقوة معالجة سريعة.

١-٢ الحاسبات المتوسطة Midrange أقل قوة، أقل تكلفة وأصغر من النوع الاول.

١-٣ الخادم Server يوفر البرمجيات والموارد الاخرى للحاسبات عبر شبكات الاتصالات.

١-٤ الحاسبات المصغرة Mini computers التي تستخدم في الجامعات والمصانع أو مختبرات البحوث.

١-٥ Server Farm مجموعة كبيرة من الخوادم المملوكة من قبل المجهز التجاري Commercial vendor والمتاحة للتجارة الالكترونية والأنشطة الاخرى.

١-٦ الحاسبات الشخصية Personal Computre (PC) حاسبات مكتبية صغيرة.

١-٧ محطات التشغيل Work stations حاسبات مكتبية مع قابليات كبيرة للاشكال المعالجة الرياضية.

١-٨ الحاسبة السوبر Super computer حاسبات معقدة ذات قدرات عالية تنجز مهام معقدة .

٢- تقسيم العمل بين الحاسب والانسان .

لقد أدى اعتماد الحاسب في تطبيقات نظام المعلومات الادارية الى ايجاد أشكال جديدة من صيغ تقسيم العمل، اذ أصبح جزء من العمل ينجز من قبل

الحاسب والجزء الاخر من قبل الافراد. من هنا ونظرا لاهتمام ادارة المنظمة فيما اذا كان العمل يقسم بشكل سليم فقد برز العديد من التساؤلات بهذا الخصوص وهي:

- هل يمكن أن يكون الحاسب بديلا عن الانسان في انجاز العمل ؟
- ما هي الاعمال التي يمكن للحاسب أن ينجزه ؟
- ما هي الاعمال التي سينجز من قبل الافراد ؟
- متى ينجز الفرد العمل بشكل أفضل من الآلة والعكس بالعكس ؟

للاجابة على هذه التساؤلات يمكن القول بأن تقسيم العمل بين الانسان والالات يعد الامتداد المباشر لفكرة تقسيم العمل، ومن الناحية النظرية فان سلسلة القيمة للمنظمة وكذلك الانشطة المساندة يتم بناؤها على النحو الذي ينجز فيه هذه الانشطة من قبل من هو الانسب بادائها من خلال معرفة نقاط القوة ونقاط الضعف لدى الانسان ولدى الآلة والتي ينظر اليها كخصائص مطلوبة في العمل مثل الدقة، السرعة، الابداع، المرونة، التناسق، الثبات، الحدس، الحكم. وبعامة فان الالات أفضل بكثير من الانسان في خصائص الدقة والسرعة والثبات والتناسق بينما يعد الانسان أفضل في خصائص المرونة والابداع والحكم والحدس .

من هنا يمكن تحديد أهم الاعمال التي يفضل انجازه من قبل الحاسب على النحو الاتي:

- تغذية البيانات وتهيأتها للمعالجة وذلك من خلال استخدام وسائل الادخال المتاحة.
- تصفية مفردات البيانات بهدف استبعاد مفردات البيانات غير الضرورية والابقاء على ما هو ضروري فقط.
- فهرسة مفردات البيانات من خلال تصنيفها معياريا أو هرميا وترتيبها باستخدام طرق الترميز وانواعها.
- تجهيز التقارير المختلفة حسب الحاجات المختلفة للمستفدين.
- اجراء العمليات الحسابية والمنطقية المختلفة على مفردات البيانات لتحويلها من صيغة الى اخرى.

- تخزين المعلومات في الملفات والاحتفاظ بها استعدادا لتلبية حاجات المستفيدين لاحقا.
- تحديث المعلومات من خلال الاضافة والحذف والتعديل لمنع تحول المعلومكات المخزونة في الملفات الى بينات مجددا.
- استرجاع المعلومات وعرضها على المستفيدين في حالة طلبها.

أما المهام التي يتولى الانسان انجازها في اطار نظام المعلومات فيمكن تحديدها بالآتي :

- الحصول على البيانات. تتضمن مجموعة العمليات الخاصة بتحديد أنواع البيانات المطلوب تجميعهاوالهدف من تجميعا والمصادر التي منها يمكن الحصول على هذه البيانات والفترة الدورية المناسبة للحصول عليها وأساليب ووسائل الحصول عليها.

- الاتصالات. تحديد طبيعة ونوع الاتصالات ووسائلها وأدواتها واتجاهاتها وشبكاتها ونوع وحجم البيانات والمعلومات المتدفقة عبرها والجهات المرسلة والمستقبلة لها .

- التفكير والابداع. ويتمثل في جميع أنواع العمليات الذهنية التي تنطوي على الابداع والابتكار والتي يعجز الحاسب القيام بمثلها .

- صنع القرارات. باستثناء بعض أنواع القرارات التي يمكن اتخاذها من قبل الحاسب وهي القرارات المبرمجة فان الانسان يسهم في عملية صنع أغلب القرارات في المنظمة وحتى بالنسبة لهذه القرارات المبرمجة فان الانسان يسهم في انجاز مرحلتي الادراك والتصميم في اطار المراحل الثلاثة التي حددها (سايمون) بينما يتولى الحاسب انجاز المرحلة الاخيرة وهي الاختيار.

- الاعمال البدنية. يتولى الانسان انجاز الحركات البدنية والانفعالات النفسية التي تندرج في اطار السلوك البشري وانعكسات ذلك على سير العمليات داخل المنظمة وايضا تأثيرها على فاعلية نظام المعلومات الادارية.

٣- المداخل التنظيمية لاعتماد الحاسب في تطبيقات نظام المعلومات.

يؤكد المتخصون في نظام المعلومات على ضرورة استخدام الحاسب في تطبيقات النظام بالطريقة التي تعزز فاعلية العمل في المنظمة، فاذا كان الافراد ينجزون العمل بطريقة منفردة ودون وجود المشاركة الجماعية فان الحاسب يجب أن يوفر التسهيلات الفاعلة للاداء الفردي. أما اذا كان الافراد يعملون كمجموعة وفي اطار فريق عمل فان الحاسب يجب أن يسهم في جعل المشاركة بين أفراد المجموعة سهلة وفاعلة .واذا كانت المنظمة ترتكز على وجود قاعدة معلومات مركزية لاداء أنشطتها المختلفة فان الحاسب يجب أن يسهل مهمة الوصول الى المعلومات المخزونة في هذه القاعدة لاداء هذه الانشطة بفاعلية. من هنا فان هناك ثلاثة مداخل لاعتماد الحاسب في تطبيقات النظام وهي الحاسب الرئيس والحاسب الشخصي والحاسب الشبكي وقبل الحديث عن هذه المداخل لابد من الاشارة الى الملاحظات الآتية :

- يعتمد الاختيار من بين هذه البدائل على الكيفية التي تعمل بها المنظمة.
- يتم مناقشة هذه المداخل في اطار اعتماد المركزية الكاملة الى اللامركزية الكاملة أو اللامركزية الجزئية التي تتطلب رقابة مركزية.
- يعكس كل مدخل الجوانب الادارية المرتبطة والتي تحدد الاستخدام الكفء والفاعل لمستلزمات نظام المعلومات.
- على الرغم من امكانية اعتماد كل مدخل على نحو مستقل الا أن ذلك لايمنع من امكانية المزاوجة فيما بينها بطرق عدة لايجاد مدخل جديد.

وفيما يأتي توضيحا لهذه المداخل الثلاثة:

المدخل الاول .اعتماد الحاسب الرئيس Mainfram Computer .

في ظل هذا المدخل يتم انجاز جميع المعالجات الضرورية للبيانات لتلبية احتياجات عدد من المستفيدين من خلال حاسب مركزي واحد (قد يكون كبير أو متوسط)، ويتيح هذا المدخل لهؤلاء المستفيدين امكانية المعالجة الفورية(On-Line)

اذ يستقبل الحاسب جميع المدخلات من خلال الطرفيات الخاصة بكل مستفيد كم أن جميع أنواع المخرجات المقدمة الى مختلف المستفيدين توفر من خلال هذا الحاسب. وتكون هذه الطرفيات غير ذكية (Dumb Terminals)لانها لاتنجز عمليات المعالجة وانما تعمل كجهاز للمدخلات والمخرجات يربط بين المستفيدين والحاسب الرئيس. ويفضل اعتماد هذا المدخل في العديد من المنظمات مثل شركات الطيران والخطوط الجوية ومحلات البيع بالتجزئة والمصانع الكبيرة التي تتطب وصولا مباشرا الى قاعدة المعلومات المركزية من قبل المستفيدين المنتشرين جغرافيا . ولكن يعاب على هذا المدخل في اعتماد الحاسب بتطبيقات النظام في الجوانب الآتية:

- يجب على الحاسب اداء مهمتين مزدوجتين هما عملية المعالجة وادارة أوضاع التقدم في انجاز العمل الذي يجب تقديمه لكل مستفيد مباشر، فالبرنامج الخاص بنظام التشغيل والذي يركز على متابعة المهام المنجزة يستنفذ جزءا كبيرا من طاقة المعالجة للحاسب وكمحصلة فان النسبة المهمة من الموارد الحاسبية المتاحة تخصص لاغراض التحكم بانجاز العمل بدلا من انجاز العمل بحد ذاته.
- الاعتماد الكلي على الحاسب قد يقود الى توقف العمل عند حدوث خلل في شبكات الاتصالات عن بعد أو في الحاسب نفسه على الرغم من أن هذا العيب قد تم تجاوزه حاليا من خلال استخدام المحطات الطرفية الذكية (Intelligent Terminals) التي يمكنها انجاز بعض عمليات المعالجة.
- ضرورة الموازنة في عبء العمل الملقاة على الحاسب لتجنب حالة "عنق الزجاجة " عندما يرغب أكثر من مستفيد استخدام الحاسب في آن واحد وذلك من خلال الجدولة والتحكم بأوقات الحاسب على النحو الذي لا يقيد مرونة المستفيدين ولا يؤثر على استقلاليتهم في انجاز مهامهم.
- يعكس المدى الذي يحدد فيه هذه المداخل الثلاثة حقيقة جوهرية هي أن اعتماد الحاسب في تطبيقات نظام المعلومات يستلزم أكثر من مجرد انجاز العمليات الحسابية .

المدخل الثاني: اعتماد الحاسب الشخصي Personal Computers .

لقد تغير اعتماد الحاسب في تطبيقات نظام المعلومات بشكل دراماتيكي بعد ابتكار الحاسبات المصغرة في اواخر عام (١٩٧٠) ،والفكرة الاساس لهذا النوع من الحاسبات هي ان الحاسب يجب أن يكون متاحا كأداة للعمل الشخصي الفردي في كل وقت وحين. ويعد هذا المدخل فاعلا وبخاصة في اداء الاعمال الفردية في طبيعتها الاساسية مثل معالجة الكلمات والجداول والتقاويم الشخصية وتصميم الاعمال البسيطة وما شابهها، ويعد ناجحا أيضا بالنسبة للشركات الصغيرة التي تحتفظ بملفات محدودة اذ شهدت هذه الحاسبات تطورات كبيرة في تخزين المعلومات والبرمجيات ومعالجة البيانات وتسهيل مهمة المستفيدين في صنع القرارات.

المدخل الثالث : اعتماد النظام الشبكي Network System Computers .

على الرغم من التحسينات التي ادخلت على الحاسبات الشخصية فانها تتصف بالتقييد في الانشطية المنظمية التي تتطلب تكاملا وتنسيقا في الاداء الامر الذي يستلزم الحاجة الى المشاركة في خدمات المعلومات واقتسامها بما في ذلك قواعد المعلومات ، الطابعات، شبكات الاتصالات وغيرها. ويسمح النظام الشبكي للافراد بانجاز المهام الفردية الخاصة على الحاسب الشخصي أو من خلال محطات العمل واستخدام شبكات الاتصالات عن بعد للاتصال مع الاجهزة الاخرى. ويعزز هذا النوع من اعتماد تطبيقات الحاسب التنسيق في الاداء كما يساعد على اقتسام الموارد المعلوماتية بشكل سليم خاصة اذا توفرت الآلية التي ترسم الحدود الواضحة لكل الاطراف الداخلة في هذا النظام الشبكي، عليه يتطلب اعتماد هذا المدخل اجراءات تحكم ورقابة اكثر تعقيدا من الاجراءات الموجودة في مدخل الحاسب الشخصي.

٤- البدائل الخاصة باستخدام الحاسبات الالكترونية.

تتاح امام إدارة المنظمة عدة خيارات (بدائل) عند رغبتها باستخدام الحاسبة الالكترونية في تطبيقات نظام المعلومات وهذه البدائل هي:

١- التأجير الزمني (الوقتي) للحاسب الالكتروني من منظمات الخدمة

أي تأجير الحاسب الموجود اساسا في منظمة الخدمة لاوقات محددة من اليوم، فالحاسب الالكتروني اذن موجود في تلك المنظمة المؤجرة وكل ما يمكن الحصول عليه من قبل المنظمة المستأجرة هو خط اتصالات مع الحاسب وموقعا في قاعدة معلوماته (مساحة الخزن) ويتم توصيل خطوط الاتصالات هذه وربطها بالحاسب بواسطة المحطات الطرفية، من هنا يسمح هذا البديل بالوصول إلى وحدة المعالجة المركزية وملفات المعلومات من خلال طرفيات بعيدة متعددة، وتعود ملكية الحاسب المركزي إلى المنظمة المؤجرة بائعة الخدمة، ويبدو نظام الحاسب من وجهة نظر المنظمة المستفيدة وكأنه مخصص لها وحدها نتيجة لزمن الاستجابة السريعة من قبل وحدة المعالجة من خلال الطرفيات .

٢- الاستعارة .

أي استعارة الحاسب وملحقاته من منظمات الخدمة لفترة زمنية معينة (سنة فاكثر) بموجب عقود اعارة يتم الاتفاق بموجبها على قيمة الإعارة والمدة الزمنية وخدمات الصيانة ....الخ، فالحاسب الالكتروني بموجب هذا البديل سوف يتم تأسيسه في المنظمة المستعيرة التي تتولى ادارته وتشغيله بالكامل خلال مدة الاعارة.

٣- شراء الحاسب الخاص .

أي امتلاك المنظمة للحاسب الإلكتروني من خلال شرائه وتهيئة كافة مستلزمات تشغيله من تجهيزات وافراد عاملين. وفيما يأتي الجدول (٤-٤) الذي يوضح المزايا والعيوب الخاصة بكل بديل .

الجدول (٤-٤)

مزايا وعيوب بدائل اعتماد الحاسب في تطبيقات نظام المعلومات

البدائل	المزايا	العيوب
التأجير	- وجود برنامج جاهز تحصل عليه المنظمة المستأجرة. - انخفاض احتمالات التقادم من الناحية الفنية. - التخلص من المسؤولية الادارية الخاصة بادارة هذه الحاسب وملحقاتها. - عدم تحمل تكاليف الصيانة وخاصة في حالة احتسابها ضمن قيمة الايجار. - امكانية الغاء عقد الايجار.	- ضعف السيطرة على التشغيل. - حاجة البرنامج الجاهز إلى تصميم النظام الملائم لتشغيله. - ضعف مستلزمات الامان والسرية
الاستعارة	- عدم الحاجة إلى انفاق راسمالي لشراء الحاسب. - انخفاض التكلفة بالمقارنة مع الايجار الطويل. - تحقيق سيطرة افضل على تشغيل الحاسب. - تحقيق الامان والسرية.	- تحمل أعباء المسؤولية الإدارية . - تحمل تكاليف الصيانة خلال مدة الإعارة. - تزايد مبلغ الإعارة بمرور المدة.
الشراء	- السيطرة الكاملة على التشغيل . - تحقيق الامان والسرية . - عدم تحمل تكاليف الاجور الاضافية في حالة تشغيل الحاسبة ساعات اضافية كما في التأجير . - امتلاك الافراد العاملين الخاص بالمنظمة .	- الحاجة إلى انفاق رأسمالي عند الشراء. - تحمل المزيد من المسؤوليات والاعباء الادارية . - احتمالات التقادم من الناحية الفنية .

٥- مزايا استخدام الحاسب في تطبيقات نظام المعلومات .

يمكن تجسيد التسهيلات الفنية التي يتيحها الحاسب من خلال الخصائص التي يمتاز بها والتي يمكن اجمالها في الاتي :

- السرعة : يمكن للحاسب تنفيذ الملايين من العمليات الحسابية في الثانية الواحدة اذ تقاس سرعة انجاز الحاسب للعمليات المختلفة عادة بـ "المايكروثانية" أي ١/مليون من الثانية واحياناً باجزاء المايكروثانية "النانوثانية "، ١/بليون من الثانية " .

- الدقة : اضافة الى السرعة الهائلة في تنفيذ العمليات ينجز الحاسب هذه المعلومات بدقة متناهية فيما اذا اتخذت التدابير الضرورية لمنع العطل الذي قد يصيب الحاسب، واذا صادف وان حدث خطأ ما فان هذا الخطأ يعود على الاغلب الى الانسان الذي يستخدم الحاسب .

- خزن المعلومات وتحديثها واسترجاعها: يتمتع الحاسب بامكانات كبيرة على خزن كميات كبيرة من المعلومات ولفترات طويلة من الزمن كما يمكن تديث هذه المعلومات واسترجاعها أو اجزاء منها بكل سهولة حين ظهور الحاجة لاحقا لها من قبل المستفيدين .

- التكرار : يتولى الحاسب اجراء عمليات المعالجة وتكرارها لمرات عديدة دون ان يصاب بالتعب والملل وفقدان التركيز على عكس الانسان .

٦- مكونات الحاسب .لأجل معرفة دور الحاسب في اطار نظام المعلومات الادارية يقتضي الامر التعرف على مكوناته ، اذ يجمع المتخصصون على تحديد المكونات الاتية الموضحة في الشكل (٤-٢) :

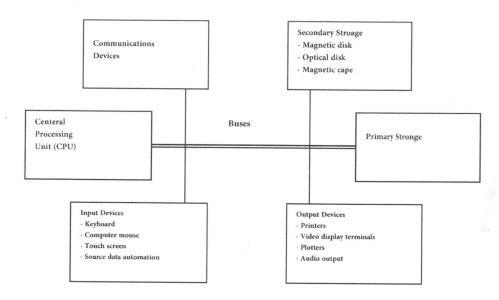

الشكل (٢-٤)

مكونات الحاسب

وفيما يلي فكرة موجزة عن هذه المكونات:

- **وحدات الادخال** (Input-units). تمثل وحدات الادخال حلقة الوصل بين الحاسب وبين المستخدمين لها ، وهي الوحدة التي تتلقى المعطيات من الوسط الخارجي إلى وحدة المعالجة المركزية وتكون هذه المعطيات على نوعين هما البيانات المراد معالجتها والبرامج التي على اساسها تتم هذه المعالجة، اذ يفترض ان تتوفر في المنظومة الواحدة للحاسب وسيلة واحدة على الاقل للادخال والتي تكون على نوعين رئيسيين هما :

١- وسائل الادخال المباشرة on - Line . تقوم بإيصال المعطيات إلى وحدة المعالجة المركزية مباشرة، اذ تكون هذه الوسائل على اتصال مباشر مع وحدة المعالجة وتشتمل على الاتي :

- لوحة المفاتيح Key board. تعد من اشهر وسائل الادخال وذلك لسهولة استخدامها كما انها تشبه مفاتيح الطبع في الالة الطابعة وتكون على نوعين رئيسين هما لوحة المفاتيح للادخال مع جهاز يستخدم للطبع كوسيلة للاخراج ، ولوحة المفاتيح للادخال مع شاشة مرئية تستخدم عادة لاخراج المعلومات .

- القلم الضوئي Light Pen . يستخدم على الشاشة مباشرة لادخال المعطيات ذات الطبيعة الهندسية (ادخال الاشكال الهندسية أو اجراء تعديلات عليها وهي معروضة على الشاشة). وعلى الرغم من انه يشبه القلم العادي من حيث المظهر الا انه يختلف عنه من حيث صنعه وتركيبه ، ولاجل استخدام هذه الوسيلة يجب ربط القلم الضوئي بالمحطة الطرفية أو الشاشة مباشرة من خلال سلك كهربائي، كما يجب توفر انواع خاصة من البرامج، عليه فان استخدامه يكون محدوداً في بعض الحاسبات وفي انواع من التطبيقات ، فضلاً عن انه يتعذر استخدامه لادخال ارقام إلى الحاسب .

- الصوت Voice . تعد من الوسائل الحديثة التي ما زالت في مرحلة التطوير ويقوم على فكرة خزن عدد من الكلمات المنطوق بها من قبل شخص معين مسبقاً في الحاسب وعند قيام هذا الشخص بالنطق بكلمة أو عبارة معينة بعد ذلك يقوم الحاسب بتمييزها والبحث عنها ومقارنة الكلمة الداخلة مع الكلمات المخزونة إلى ان يتم العثور عليها والاستجابة بموجبها ، عليه فان عدد الكلمات التي يمكن للحاسب تقبلها محدود وبعدد الكلمات التي سبق خزنها لشخص معين .

- وسائل ادخال أخرى مثل الشاشة الحساسة للمس (Touch Screen) ،الفأرة (Mouse)، القلم الفأرة (Mouse Pen)، قارئ حروف الحبر الممغنط (Magnatic)

Ink Charcter Reader)، قارئ الحروف ضوئيا (Optical Character Reader)، عصا التحكم اليدوي (Joysteck).

٢- وسائل الادخال غير المباشرة Line - Off. تقوم بإدخال المعطيات على وسائط معينة معزولة عن الحاسب اول الامر ومن ثم تتم عملية إيصالها إلى وحدة المعالجة المركزية باعتماد وسيلة الادخال المناسبة ، أي ان المعطيات تهيأ في مكان وزمان مختلفين عن مكان وزمان عملية ايصالها إلى الحاسوب، اذ يتم الإيصال لاحقاً وتعد الوسائل المغناطيسية من اهم وسائل الادخال غير المباشرة وتتضمن ثلاثة أنواع هي أشرطة الكاسيت (Cassette tapes) والشريط المغناطيسي (Magnaetic tapes)، والاقراص الممغنطة بأنواعها (Disks) وعلى الرغم من اختلاف مسميات هذه الوسائل إلا أنها تعتمد طريقة مماثلة في ادخال المعطيات عليها من خلال اجهزة خاصة فيها بوساطة لوحة المفاتيح اذ يتم تسجيل هذه المعطيات على هذه الوسائل في نفس الجهاز ، وبعد الانتهاء من عملية التسجيل تنقل هذه الوسائل إلى الحاسب اذ تتم عملية ايصال المعطيات إلى وحدة المعالجة المركزية من خلال اجهزة خاصة مرتبطة بالحاسب تتمكن من قراءة هذه المعطيات وايصالها .

٢- **وحدة المعالجة المركزية :** تمثل هذه الوحدة الجزء الرئيسي من منظومة الحاسب ، اذ تتم فيها معالجة جميع البيانات الداخلة لتوليد المخرجات المطلوبة، فاهمية هذه الوحدة بالنسبة للحاسوب لاتختلف كثيراً عن الدماغ بالنسبة للانسان، عليه فان طبيعة عمل هذه الوحدة يساعدنا في الوصول إلى فهم افضل لكيفية عمل الحاسب. فايصال البيانات يتم من خلال وسائل الادخال إلى وحدة المعالجة المركزية (وحدة الذاكرة الرئيسية) واخراج المعلومات يتم من وحدة المعالجة المركزية إلى وحدة الاخراج، كما ان العمليات الحسابية وعمليات المقارنة والمنطق تتم فيها (وحدة الحساب والمنطق) . يضاف إلى ذلك ان تناقل المعلومات بين الوحدات المختلفة للحاسب (بين وحدة الذاكرة الرئيسية ووحدتي

الادخال والاخراج وبين وحدة الذاكرة الرئيسية ووحدة الحساب والمنطق) وكذلك من والى وحدة الذاكرة الثانوية كلها تتم من خلال وحدة المعالجة المركزية التي تتكون من ثلاثة اجزاء هي :

٢-١ وحدة الحساب والمنطق (Arithmetic & Logic unit). تتلقى البيانات والايعازات ذات العلاقة بمسألة معينة لاجل تنفيذ عمليات المعالجة المطلوبة، ويقصد بالمعالجة اجراء ثلاثة انواع من العمليات هي الحسابية بانواعها (الجمع، الطرح، الضرب، القسمة) وعمليات المقارنة (اكبر من > ، اصغر من < ، تساوي = ، اصغر أو تساوي =< ، اكبر أو تساوي => ، لاتساوي # .) والعمليات المنطقية (أو : OR ، و : And ، نفي : not) . وتجدر الاشارة إلى ان البيانات بين (من والى) وحدة الذاكرة الرئيسية ووحدة الحساب والمنطق تتناقل عدة مرات قبل ان تنتهي عمليات المعالجة، وعند الانتهاء تخزن النتائج في وحدة الذاكرة الرئيسية ومنها إلى وحدة الاخراج، عليه يختلف عدد العمليات الحسابية والمنطقية والمقارنة من حاسب لاخر باختلاف تصاميمها وتباين طبيعة المخرجات المطلوب توليدها .

٢-٢- وحدة التحكم .Control unit . تقوم بتحديد دورة الحاسب على النحو الذي يتيح تنظيم حركة البيانات والايعازات داخل الحاسب وذلك من خلال السيطرة على العمليات (ترتيبها وتوجيهها) على وفق ما تقتضي به تلك الايعازات سواء ما يتعلق من وحدة الادخال إلى وحدة الذاكرة الرئيسية إلى وحدة الحساب والمنطق وبالعكس أو إلى وحدة الاخراج بعد استكمال عمليات المعالجة ، فوحدة التحكم تقوم بتفسير كل ايعاز ومن ثم تحديد اجزاء الحاسب التي تشترك في تنفيذ ذلك الايعاز ومن توجيه الاوامر على اشارات كهربائية إلى تلك الاجزاء ، من هنا فان أهميتها تتمثل في أنها تقوم بمهمة جهاز عصبي مركزي للأجزاء المختلفة من الحاسب ، ويتم ذلك من خلال حل رموز لإيعازات البرنامج وتوجيه مكونات الحاسب الأخرى لأداء المهمة المحددة في ايعازات البرنامج، إذ أن هناك دورتين لكل ايعاز في البرنامج

هما : دورة الايعاز التي تبدأ بعملية تنفيذ ايعاز مفرد بقيام وحدة التحكم بقراءة وحل ترميز الايعاز ،
ودورة التنفيذ التي تبدأ بقيام وحدة التحكم بالايعاز إلى الوحدة المناسبة في الحاسب لأداء العملية التي
يتطلبها الايعاز .

٢-٣- وحدة الذاكرة الرئيسية (Main Memory unit) . تتلقى البيانات والايعازات من وحدة الادخال وتقوم
بخزنها مؤقتا لحين معالجتها، اذ يتفاوت الانتظار بين اجزاء الثانية إلى فترة طويلة تتحدد في ضوء الايعازات
التي تتضمنها البرمجيات، وتقسم مساحة الخزن إلى مساحات ثانوية تختلف من حيث الحجم والموقع تبعاً
لنوع الحاسب ونوع العمليات التي تجري في كل منها وهذه المساحات هي :

- مساحة تخزين المدخلات . Input Storge Area . ويخزن فيها البيانات الداخلة لحين صدور الايعازات
لمعالجتها، اذ تخرج هذه البيانات إلى وحدة الحساب والمنطق لغرض المعالجة .

- مساحة تخزين البرمجيات . Program Storge Area. يخزن فيها الايعازات التي تحددها البرمجيات، اذ
تنطلق منها هذه الايعازات إلى وحدة التحكم التي توجه – كما اسلفنا – عمليات المعالجة .

- مساحة تخزين البيانات المرحلية . يخزن فيها النتائج الجارية والوسطية لعمليات المعالجة وذلك بانتظار
اجراء المزيد من العمليات الحسابية أو المنطقية أو المقارنة وصولاً إلى المخرجات النهائية.

- مساحة تخزين المخرجات out put Storge Area . يخزن فيها المعلومات النهائية (المخرجات) المتولدة عن
العمليات المعالجة اذ تأخذ هذه المعلومات طريقها إلى وحدة الاخراج في ضوء الايعازات الصادرة .

٣- **وحدات الاخراج   Out put – units.** تؤدي هذه الوحدة مهمة ايصال الحاسب بالوسط الخارجي على
نحو معاكس لوحدة الادخال السالفة الذكر، وتقوم هذه الوحدة بنقل النتائج المتولدة عن عمليات
المعالجة من وحدة المعالجة المركزية (الذاكرة

الرئيسية) إلى الجهات المستفيدة بصيغة يمكن فهمها والاستفادة منها ، واهم الوسائل الشائعة لاخراج المعلومات من الحاسوب هي :

٣-١ الشاشة المرئية Visual Display unit . تشبه هذه الشاشة إلى حد كبير شاشة التلفاز وتظهر المعلومات الخارجة من الحاسب على نحو يمكن رؤيتها وقراءتها بوضوح. مع التنويه إلى ان الشاشة الملحقة بالحاسب المايكروي والمحطات الطرفية تعتمد لعرض المعلومات الداخلة ايضاً اضافة إلى المعلومات الخارجة .

٣-٢ الطابعة Printer . تعد من الوسائل الشائعة جداً في اخراج المعلومات من الحاسب لملائمتها للقراءة من قبل الانسان. اذ يتم اخراج المعلومات بصورة مطبوعة على اوراق خاصة يمكن تداولها والاحتفاظ بها وتختلف اجهزة الطباعة المستخدمة باختلاف نوع الحاسب المستخدم من حيث الحجم والسرعة والتقانة، وأهم الانواع الشائعة الاستخدام في الوقت الحاضر الطابعات السطرية Line Printers وتوجد منها عدة أنواع منها طابعة السلسلة Chain Printer،طابعة الطارة Band Printer ، طابعة الاسطوانة Drum Printerوالطابعة الليزرية Laser Printer والطابعة الالكتروحرارية Electrothernal Printer.

٣-٣ الاشكال البيانية Plotters . يمكن اخراج المعلومات على شكل رسوم واشكال بيانية من خلال اجهزة خاصة مرتبطة بالحاسب يطلق عليها " الراسم البياني Plotter " وتستخدم هذه الاجهزة بخاصة في التطبيقات الاحصائية والهندسية ، اذ تسمح طبيعة المعلومات الخارجة والتي تكون في صيغة خطوط بيانية أو اشكال احصائية أو تصاميم هندسية وبالوان متعددة باعتماد هذه الوسيلة .

٣-٤ الوسائل المغنطة . يمكن استخدام الوسائل الممغنطة التي تم الحديث عنها في وحدة الادخال كوسائل لاخراج المعلومات ايضاً، اذ يتم تسجيل هذه المعلومات على شريط كاسيت أو شريط ممغنط أو رص ممغنط ومن ثم الاستفادة منها لاحقاً على نفس الحاسب أو حاسب اخر .

٣-٥ المصغرات الفلمية Microfilm. تسهم المسجلات الفلمية بدور فاعل في مساندة فعاليات الحاسب الالكتروني حيث يمكن تسجيل مخرجات المايكروفلم على الحاسب الالكتروني بما يؤدي إلى السرعة في الاسترجاع والاقتصاد في المساحة بسبب الحيز الصغير الذي يحتويه ، لقد كان لابتكار مكائن تصوير الدوارة Rotary Cameras في العشرينات من هذا القرن واجهزة القراءة والطبع Reader - Printer في الخمسينات منه ، واخيراً المزاوجة بين الحاسب الالكتروني والمايكروفلم التي تمخضت عنها ايجاد نظام التسجيل المايكروفلمي لمخرجات الحاسب الالكتروني Computer Out put Microfilm (COM) في الستينات الاثر الكبير في التطورات المتلاحقة في المايكروفلم حتى وصلت إلى الصورة التي هي عليها الان في يومنا هذا يمكن اخراج المعلومات على شكل رقائق مصغرة (مايكروفلم) من خلال تصوير المعلومات على شكل افلام مشابهة لافلام الكاميرا العادية ومن ثم قراءتها بوساطة اجهزة قراءة وطباعة خاصة في اطار ما يسمى بالمزاوجة بين الحاسب والمايكروفلم ويمكن تعريف المايكروفلم على انه الاشكال والاوعية المختلفة التي تاخذ شكل مساحة فلمية ذات خصائص معينة والتي تسجل عليها البيانات والمعلومات الموجودة في الاصول الورقية بواسطة استخدام تقنية التصوير المصغر على النحو الذي يسمح باسترجاع (قراءة أو قراءة وطبع) محتويات المصغرات على ورق خاص وأفلام خاصة بواسطة أجهزة قراءة وطبع معينة .

٣-٦ المخرجات الصوتية Voice Output. وهي وسيلة متطورة تستخدم فيها الصوت لاخراج المعلومات على شكل كلمات منطوقة بنفس الاسلوب المستخدم في ايصال البيانات إلى الحاسب التي سبق الكلام عنه في وحدات الادخال .

٤- **وحدة الذاكرة الثانوية/ المساعدة Auxiliary / Backing Storage.** قد تستخدم الذاكرة الرئيسية دائماً و/أو لا تستخدم لاغراض خزن مخرجات نظام المعلومات لفترات طويلة بسبب محدودية الطاقة الاستيعابية لها الامر الذي يحتم اضافة الذاكرة الثانوية إلى جانب الذاكرة الرئيسية من خلال ايجاد وسائط جديدة اضافية

لخزن المعلومات لمساعدة الذاكرة الرئيسية ، اذ يساعد وجود الذاكرة الثانوية في زيادة الطاقة الاستيعابية الاجمالية للحاسب كونها تتصف بقدرة عالية على خزن كميات كبيرة من المعلومات بتكاليف منخفضة نسبياً ، كما يساهم في زيادة مرونة أدائه وفي تنويع اغراض استخدامه، على الرغم من كونها بطيئة نسبياً بالمقارنة مع الذاكرة الرئيسة لأنها منفصلة مادياً عن وحدة المعالجة المركزية وتتطلب حركة ميكانيكية للوصول إلى المعلومات المخزونة فيها ، من هنا تكمن مبررات استخدام الذاكرة الثانوية في الاتي :

- تعذر إمكانية الاحتفاظ بالمعلومات في الذاكرة الرئيسية لفترات طويلة من الزمن اذ ان الذاكرة الرئيسية تعتمد لخزن البيانات والبرامج الخاصة بمسألة معينة خلال فترة معالجة هذه البيانات وعند الانتهاء من معالجتها تتكرر نفس العملية مع بيانات وبرامج مسألة اخرى وهكذا عليه يتعذر الاعتماد على الذاكرة الرئيسية في الاحتفاظ بالمعلومات.
- محدودية الطاقة الاستيعابية للذاكرة الرئيسية من حيث عدد الخلايا على النحو الذي يؤدي إلى محدودية كمية المعلومات الممكن تخزينها فيها في وقت واحد، ومن ثم الحاجة الى وسائط اضافية للخزن .
- تحتاج عملية المعالجة إلى البرامج التي تكون متنوعة ومختلفة تبعاً لنوع الحاسب وطبيعة عمليات المعالجة ، وقد تظهر الحاجة إلى هذه البرامج بين اونة واخرى عليه يمكن خزنها جميعاً في الذاكرة الرئيسية بصورة دائمية بل في الذاكرة الثانوية وتنقل إلى الذاكرة الرئيسية عند الحاجة اليها وبعد انجاز العمل عليها تعاد إلى الذاكرة الثانوية مجدداً .

وتتنوع وسائط الخزن في الذاكرة الثانوية بتنوع واختلاف الحاسب ومن اهم الوسائط الشائعة هي الاشرطة المغناطيسية (التي تشبه اشرطة الكاسيت) والاقراص المغناطيسية ، وتجدر الاشارة هنا إلى انه بخلاف الذاكرة الرئيسية لا توجد حدوداً لحجم المعلومات المخزونة في الذاكرة الثانوية ، اذ توضع هذه الاشرطة والاقراص

على الرفوف التي تشكل بمجموعها أشبه ما يكون بمكتبة للاشرطة والاقراص، ويمكن الرجوع إلى هذه الوسائط في أي وقت واختيار الشريط أو القرص المطلوب، من هنا ولاجل ان يتمكن الحاسب من الاستفادة من الذاكرة الثانوية يتوجب ان تكون على اتصال بوحدة المعالجة المركزية (الذاكرة الرئيسية) بحيث يمكن تناقل المعلومات بين الوحدة والذاكرة وباتجاهين الامر الذي يحتم وجود اجهزة مناسبة ملحقة ومرتبطة بالوحدة المركزية بصورة دائمية وتكون لهذه الاجهزة القابلية على قبول المعلومات من وحدة المعالجة المركزية وتسجيلها على الذاكرة الثانوية ونقل المعلومات من الذاكرة الثانوية إلى وحدة المعالجة المركزية عند الحاجة .

ثانيا : أجهزة ومعدات الاتصال :

لقد واجه مدراء انظمة المعلومات الادارية ومنذ ظهورهم على السلم الهرمي للمنظمة لاول مرة التحدي لمواكبة التقدم التكنولوجي ، وفي الوقت الحاضر أصبح مواجهة هذا التحدي أكثر خطورة بالمقارنة مع الفترات المنصرمة وذلك بسبب أن التطورات التكنولوجية الحاصلة على أجهزة ومعدات الاتصال حتمت على مدير نظام المعلومات مواكبة هذه التطورات المتلاحقة واتخاذ القرارات السليمة بخصوص استخدامها في مجال نظام الاتصالات ضمن اطار نظام المعلومات الادارية، اذ تتيح تكنولوجيا الاتصال الحديثة امكانية نقل البيانات والمعلومات في شكل تقارير وصور واصوات وايضا اقتسام مصادر المعلومات الخاصة بالعديد من المستفيدين من خلال السماح باسترجاعها عن بعد(Remote Inquiry) بواسطة احد النظم الشبكية . من هنا اصبح لزاما على مدير نظام المعلومات الادارية الالمام بتكنولوجيا الاتصال إلى جانب المامه بتكنولوجيا معالجة البيانات وتخزين المعلومات بسبب الدور الاساسي والكبير الذي تسهم به تكنولوجيا الاتصال في توفير البيانات لنظام المعلومات وفي نقل المعلومات إلى المستفيدين، فلو اخذنا على سبيل المثال تكنولوجيا الاتصالات عن بعد (Tele Communications) لوجدنا انها

تعد ضرورية جداً خاصة بالنسبة لاولئك المدراء الذين يعملون في مجال معالجة البيانات عن بعد (Tele Processing) وهي تعد ضرورية أيضاً حتى بالنسبة للمنظمات التي لا تستخدم المعالجة عن بعد (المنظمات الصغيرة مثلاً) التي اصبح لزاما عليها ان تراعي التطبيقات التي تستلزم وجود تكنولوجيا الاتصال اعلاه، واستقراء الواقع الفعلي يشير إلى أن هذه الاهمية فقدت لدى إدارات انظمة المعلومات الادارية في الكثير من المنظمات لاسباب عدة يمكن اجمالها في الآتي :

- تعقيد الاجهزة والمعدات وصعوبة الالمام بالكثير من المصطلحات الفنية المرتبطة بها.
- الاختلاف في الخصائص بين معالجة البيانات وبين تسهيلات الاتصال .
- ضعف الرغبة لدى مدراء انظمة المعلومات بالتعامل مع تكنولوجيا الاتصالات عدم ايلاءها الاهمية المطلوبة في صنع القرارات .
- تجنب الانشغال بالتطبيقات التي تستلزم هذه التكنولوجية وتفويض صلاحية النهوض بهذه المهمة إلى الفنيين .

وكانت المحصلة النهائية لكل ذلك ان اصبحت انظمة الاتصالات معزولة وبعيدة عن انظمة معالجة البيانات، وانعكس هذا الوضع سلباً على كفاءة وفاعلية نظام المعلومات الادارية . من هنا ولأجل تصحيح هذا الوضع كان لابد من اتخاذ القرار الخاص باختيار التجهيزات والمعدات التي يمكن استخدامها في انظمة الاتصالات لنقل البيانات والمعلومات بين أقسام ونشاطات المنظمة بينها وبين بيئتها الخارجية ، وعلى مدير نظام المعلومات الادارية المشاركة الفاعلة في صنع هذا القرار .

وقبل التطرق إلى اهم الاجهزة والمعدات المستخدمة في الاتصال ضمن اطار تكنولوجيا الاتصال واستخداماتها في مجال نظام المعلومات لابد من الاشارة إلى ان البيانات والمعلومات يتم نقلها عبر خطوط الاتصالات اما بشكل تناظري(Analog)، أي نقل الاشارات المتغيرة المتصلة (المستمرة) والذي يلائم بشكل كبير الاشارات الصوتية، أو رقمي (Digital) ،أي نقل الاشارات المتغيرة المنفصلة كذبذبات رقمية

والذي يلائم بشكل كبير نقل اشارات البيانات والمعلومات . وفيما يلي توضيح لاهم اجهزة ومعدات الاتصال :

١- خطوط التلفون Telephone Lines . وتعد من أهم واكثر معدات الاتصال شيوعاً في الاستخدام والميزة الرئيسية لاستخدام نظام التلفون الصوتي أو التناظري هي الصفة العالمية لتسهيلاتها، اذ تتيح امكانية استخدام شبكة معقدة وجاهزة من الخطوط ، كما يمكن الاتصال من خلاله مع أي موقع في العالم بسرعة نقل تصل إلى (٩٦٠٠) وحدة لكل دقيقة ، الا انه يعاب عليه تصميمه لاغراض الاتصالات الصوتية فقط ومن ثم فان هناك ثمة قيود تكنولوجية تواجهه في الاستخدام لذلك استحدثت بين الحاسبات الالكترونية وقنوات الاتصال ادوات تغيير البيانات والمعلومات إلى شكل يتلائم مع اجهزة الارسال، أي إلى اشارات رقمية متصلة بشكل يسمح بالاستخدام الافضل لطاقة الشبكة الصوتية تسمى المغيرات (Modems). عليه نجد انه – خاصة بعد التوجه نحو المعالجة اللامركزية للبيانات – تم التركيز بشكل اكبر على تسهيلات الاتصالات الرقمية والتي اصبحت مفضلة على التلفون ولعل في مقدمتها الكيبلات بأنواعها، الاقمار الصناعية، المايكروييف وشبكات الانترنيت.

٢- المايكروويف Microwave . يستخدم المايكروويف لنقل الاشارات عبر الفضاء المفتوح بطريقة مشابهة تماماً لطريقة نقل اشارات الراديو ، حيث تسمح انظمة المايكروويف بنقل هذه الاشارات بمعدلات اعلى بالمقارنة مع الخطوط التلفونية أو الكابلات المحورية . ويتم هذا النقل على اساس Line-of-sight path بين ابراج (محطات) المايكروويف التي تبتعد بعضها عن البعض الاخر مسافة تتراوح ما بين ٢٥-٣٠ ميلاً . ويمكن النقل لمسافات ابعد بعد استخدام معدات تضخيم الاشارات Amplified التي تقوم باعادة نقل الاشارة من محطة إلى اخرى . وتمتاز أنظمة المايكروييف بانها تسمح بنقل النوعين من الاشارات

الرقمية والتناظرية وبنفس الدرجة من الكفاءة كما انها تضاهي في استيعابها استيعابية الكابلات المحورية فضلاً عن انخفاض تكلفتها بالنسبة لكل قناة – ميل وخاصة الانظمة ذات الاستيعابية العالية وذلك بسبب وجود عدة مضخمات لكل قناة - ميل بالمقارنة مع الكابلات المحورية . الا انه يعاب عليها ان الاشارات المنقولة بواسطتها تتضاءل وخاصة في ظل ظروف البث السيئة وفي حالة التداخل في البث مع الانظمة الاخرى .

وتجدر الاشارة هنا إلى ان استخدام انظمة المايكروويف اصبح لا يقتصر على الهيئات الحكومية والمنظمات الكبيرة ولاغراض الاتصالات للمسافات البعيدة فقط وانما تعدى استخدامها إلى المنظمة الصغيرة ايضاً ولاغراض الاتصالات لمسافات محددة داخل المدن ، وضمن هذا الاتجاه فان استقراء مستقبل هذه الانظمة يؤكد نموها بشكل كبير .

٣- الكابلات Cables. توجد ثلاثة أنواع شائعة من الكابلات المستخدمة وهي:

- الكابلات الملتوية Twisted Cables. وتتكون من توصيلات ثنائية مجدلة من الاسلاك النحاسية الرفيعة بأسلوب مشابه لاسلاك الهاتف، ويتم تجديلها لغرض حمايتها من التداخل واحتمالات تشويه الاشارات المنقولة عبرها وتتصف بسهولة تصنيعها وعدم حساسيتها للثني مقارنة مع الكابلات المحورية ، ويعاب عليها أنها ذات معدل نقل أقل بسبب تأثرها بالتداخل مع اشارات النواقل الاخرى المجاورة. ويستخدم حاليا نوعان من هذه الكابلات الاول يطلق عليه (UTP) ويتميز بمرونته العالية ورخص ثمنه والثاني يطلق عليه (STP) ويتميز بوجود طبقة عازلة لحمايته من المؤثرات الخارجية الا أنه غالي الثمن بالمقارنة مع النوع الاول.

- الكابلات المحورية Coaxial Cables . استخدمت في الجيل الاول من شبكات الاتصالات لربط الحاسبات مع بعضها وهي تشبه كابلات التلفزيون وتكون على أشكال مختلفة ، وتتصف بانها خطوط اتصال ذات كفاءة عالية يتم تاسيسها تحت الارض أو البحار، فالطبيعة الكهربائية لهذه الكابلات تسمح لها بنقل البيانات

والمعلومات بمعدلات اعلى بالمقارنة مع التلفون، كما انها اقل عرضة للتشويش، أو انقطاع الاتصال والفقدان، ويغلب استخدام هذه الكابلات بشكل اساسي لاغراض النقل التناظري الا انه يمكن استخدامها ايضاً لاغراض النقل الرقمي بعد الاستعانة بتقنية يطلق عليها Pulse Code Modultion اذ تتيح هذه التقنية الوسيلة لتكامل الصوت مع نقل البيانات بعد تحويل الصوت إلى شفرات رقمية ، الا ان العيب الذي تعاني منه هذه الكابلات هو ان كل دائرة صوت رقمية تحتاج إلى (٦٤) كيلو هرتز (KHz) بينما تحتاج الدائرة التناظرية إلى (٤) كيلو هرتز فقط ، يضاف الى ذلك حساسيتها الشديدة للثني مما قد يؤدي الى تشويه الاشارة المنقولة .

- الالياف الزجاجية الضوئية Fiber Opties .تعادل التطورات التي حصلت في مجال انظمة الالياف الزجاجية الضوئية في أهميتها أهمية التطورات الحاصلة في مجال انظمة الاقمار الصناعية للاتصالات، وتتلخص فكرة هذه الانظمة بتصميم نظام كابلات من الالياف الزجاجية الضوئية التي ترسل الملايين من اشارات الليزر الرقمية الضوئية في الثانية عبر خيوط دقيقة جداً من الالياف .

تتمتع هذه الاجهزة بمزايا كثيرة جداً بالمقارنة مع الكابلات المحورية التقليدية وايضا مع خطوط الاسلاك النحاسية إلى درجة اصبحت وسيلة النقل المثلى التي شكلت منافسة قوية لأجهزة الاتصالات التقليدية في مجالات الاتصالات للمسافات البعيدة ،اذ جعلت هذه المزايا استخدامات هذه الاجهزة غير مقتصرة فقط على الشركات والدوائر الحكومية أو المنشات العسكرية بل تعدى ذلك إلى المنظمات الاخرى التي اخذت اعداداً كبيرة منها تتجه بشكل واضح نحو استخدامها بدلاً من الاسلاك النحاسية . وفيما الجدول (٤-٥) الذي يوضح اهم هذه المزايا :

الجدول (٤-٥)

أهم مزايا الألياف الزجاجية الضوئية

المزايا	الوصف
تخفيض الوزن	كل كيلو غرام ونصف من كيبلات الالياف بامكانه نقل نفس كمية البيانات والمعلومات المنقولة من خلال كابلات نحاسية وزنها (٣٠) كيلو غرام
تقليص الحجم	كابلات الالياف يمكن ان تستوعب (٥٠٠٠٠) قناة في حين ان الكابلات المحورية النموذجية يمكن ان تستوعب حوالي (٥٤٠٠) قناة صوتية مختلفة.
زيادة سرعة النقل	يمكن أن تحمل الاشارت بسرعة (١) غيغابت في الثانية الواحدة للمسافات البعيدة و(٢) غيغابت للمسافات الاقصر.
عدم الحاجة إلى مصدر مستمر للكهرباء	تقوم على فكرة نقل البيانات والمعلومات بوساطة الضوء وليس الكهرباء لذا فانها لاتحتاج إلى مصدر مستمر للكهربائية أو الفولتية
للتحكم بالعمليات الصناعية	فعدم حاجتها إلى الومضة الكهربائية تجعل من هذه التقنية مناسبة جداً للتحكم بالعمليات الصناعية في المجالات المعرضة للانفجار عند وجود الومضات الكهربائية مثال ذلك الرافعات داخل سايلوات الحبوب، معامل البتروكيمياويات، معامل التقطير ، معامل تكرير البترول .
الكتمان	بسبب عدم تاثرها بتداخل الموجات الراديويةRadio-Frequency Interference وايضاً بالتداخل الكهرومغناطيسي Electro-magnetic Interference
ضمان عملية الاتصالات	يتعذر خطف الاشارت الضوئية من قبل الافراد المتربصين.

٤- الاقمار الأصطناعية للاتصالات Communication Satellites . توفر الاقمار الأصطناعية للاتصالات شكلاً خاصاً من اشكال النقل المايكروية وذلك من خلال تجهيز أمواج مايكروية دقيقة (الوصل اللاسلكي Wireless) ، إذ تعمل هذه الاقمار كمحطة توصيل لنقل الاشارات المولدة من مصادر معينة على سطح الارض بين

الحاسبات المختلفة،وتستخدم الحاسبات الموصولة مستقبلات ومرسلات الترددات الراديوية (Radio Frequency) بدلا من استخدام الاسلاك ، ويقوم كل حاسب بارسال البيانات والمعلومات واستقبالها من والى الحاسبات الاخرى باستخدام البث بالامواج الكهروطيسية الرادوية .ونظراً لأهمية هذا الجهازفي تحقيق الاتصالات فقد تم انشاء اتحاد يضم أغلب دول العالم في القارات الستة اطلق عليه تسمية " انتل سات "(International Telecommunication Satellites) أي الاتصالات الدولية عن بعد باستخدام الاقمار الأصطناعية، إذ تم اطلاق اجيال متعاقبة من الاقمار الصناعية والتي اصبحت تكون نظاماً متكاملاً للاتصالات تغطي الكرة الارضية باسرها على النحو الذي اصبحت تساعد في تحقيق النسبة الكبرى من الاتصالات الدولية عبر المسافات البعيدة. لقد تطورت وسائل الاتصال ونقل البيانات والمعلومات عبر الاقمار الأصطناعية إلى الحد الذي يمكن معه نقل محتويات الموسوعة البريطانية من معلومات (حوالي ٣٠ مجلد ونحو ٤٣ مليون كلمة) في زمن لا يتعدى الثانيتين، هذا ويحقق استخدام الاقمار الأصطناعية للاتصالات مزايا كثيرة كما يعاب عليها في جوانب أخرى . وفيما يأتي جدول يوضح هذه المزايا والعيوب .

الجدول (٤-٦)

مزايا وعيوب الاقمار الأصطناعية

المزايا	العيوب
١- عدم التأثر ببعد المسافات اذ تنتقل الاشارات إلى القمر الصناعي ثم تعكس منه مرة ثانية دون أن تتأثر بالمسافات الطويلة بين محطتين والتسهيلات الملحقة بها على سطح الارض .	١- التأخير الزمني لنقل الاشارت ، فبالرغم من ان المسافة بين محطتين ارضيتين تصبح عديمة الأهمية الا ان المسافة الحقيقية التي تقطعها الاشارة خلال انتقالها بين هاتين المحطتين يمكن ان تكون كبيرة بالمقارنة مع الحالة التي يتم فيها النقل مباشرة بين المحطتين دون استخدام الاقمار.
٢- ان عملية اعداد البيانات والمعلومات وتوفير تسهيلات تجهيزها يمكن ان تنشأ	٢- يقتضي بناء المحطات الارضية تحمل تكاليف هذا البناء وأيضا اطلاق القمروضعه في المدار

من الموقع الاكثر كفاءة وليس بالضرورة في الموقع الذي تتواجد فيه الاتصالات الارضية وبتكاليف منخفضة .	المخصص له والتي عادة ما تكون عالية.
٣- تنويع خدمات الاتصال مثل البث الاذاعي من نقطة إلى عدة نقاط ،تسهيلات البريد الالكتروني ، نقل وقائع المؤتمرات مباشرة، نقل المباريات والالعاب المختلفة وتحديث محتويات قواعد المعلومات وبتكاليف منخفضة	٣- احتمال حدوث اختراق غير مرغوب فيه من خارج الشبكة، لان تدفق البيانات والمعلومات ستكون مكشوفة لكل من يهم استقبالها وليس فقط الجهة المستقبلة.
٤- التكـــامل أي تكامل الصوت، المعلومات، الفيديو، التلفزيون بالشكل الذي يوفر الفرصة تجهيز قنوات اتصالات ذات احزمة واسعة من الترددات وبدرجة عالية من المرونة.	٤- اعداد وتهيئة الكادر البشري المؤهل لادارة العمليات المتعلقة بالاطلاق وتنظيم المدار وتشغيل المحطة الارضية .
٥- توفير نظام شبكة اتصالات متكاملة وذلك من خلال إمكانية الاتصال مع مختلف المحطات الارضية المنتشرة في بقاع العالم المختلفة .	٥- تدني موثوقية الشبكة بسبب ازدحام الفضاء بعدد لا يحصى من الاشارات الراديوية التي تضعف موثوقية الشبكة وتزيد من معدل الخطأ في نقل البيانات والمعلومات .

٥- اجهزة التحكم بالاتصالات Unit Communication Control . على الرغم من ان اغلب قنوات الاتصال تتميز بقابلية التشغيل بسرعات عالية الا انه يوجد هناك اختلاف مهم بين معدلات التحويل والنقل وبين معدلات السرعة التي يتم بها معالجة البيانات من قبل وحدة المعالجة ، لذا تظهر الحاجة إلى وجود بعض انواع المعدات بين قنوات الاتصال وبين وحدة معالجة البيانات ، إذ تقوم هذه الاجهزة بالتحكم بعملية الاتصال من خلال عدها الحد المشترك (نقطة التلاحم) بين وحدات المعالجة وبين قنوات الاتصال على النحو الذي يساعد في

كشف الأخطاء عند فقدان أو تسرب الاشارة خارج قناة الاتصال أو عند تشوه الاشارة بسبب الضوضاء أو من خلال عدها الحد المشترك بين عدد من قنوات الاتصال على النحو الذي ينظم تدفق الاتصالات عبر كل منها. وتجدر الاشارة إلى انه بالرغم من ان هذه الاجهزة يتم استخدامها بشكل مركزي عادة وفي مواقع محددة من شبكة الاتصالات الا ان ذلك لا يمنع ايضاً من توزيعها في مواقع متفرقة على طول شبكة الاتصالات .

٦- المحطات الطرفية (النهايات) Terminals . تعد المحطات الطرفية من اجهزة الاتصال نظراً لكونها حلقة الوصل بين القائمين بتغذية وحدة المعالجة بالبيانات وبين وحدة المعالجة ذاتها، اذ تستخدم المحطة كجهاز تغذية لوحدة المعالجة، كما وانها تعد الحلقة الوسيطة بين المستفيدين من مخرجات نظام المعلومات وبين النظام ذاته اذ تستخدم المحطة كجهاز اخراج واسترجاع للمعلومات المطلوبة من قبل المستفيدين، وهذا يعني ان عمل المحطة الطرفية يتوقف على نوع الارسال المستخدم فعندما يكون الإرسال في اتجاه واحد فان المحطة الطرفية تعمل في هذه الحالة اما لارسال البيانات أو المعلومات أو لاستقبال احداهما فقط . اما اذا كان الارسال باتجاهين بالتبادل فان المحطة تعمل على ارسال البيانات إلى وحدة المعالجة ثم بعد ذلك استقبال المعلومات من هذه الوحدة الاخيرة ، واخيراً اذا كان الارسال في اتجاهين تلقائياً فان المحطة تعمل على ارسال البيانات واستقبال المعلومات مباشرة تلقائياً ، وتاخذ هذه المحطات الطرفية اشكالاً مختلفة فقد تكون على شكل آلة كاتبة اعتيادية أو لوحة ازرار موضوعة على طاولات Consoles ، أو محطات العرض البصري، الاقلام الضوئية، اجهزة الاتصال الصوتي، قارئ البطاقات والاشرطة الممغنطة، وتجدر الاشارة هنا إلى ان هذه المحطات يمكن ان تكون قريبة من موقع الحاسب بحيث تتصل بوحدة المعالجة المركزية مباشرة عن طريق اسلاك كهربائية أو ان تكون بعيدة عن الحاسوب في موقع اخر وفي بعض الاحيان

في مدينة اخرى أو بلد اخر ، اذ تستخدم وسائل الاتصال عن بعد للربط بينها وبين الحاسب ....الخ .

لقد تطورت المحطات الطرفية في يومنا هذا بدرجة كبيرة تجاوزت من خلالها الدور التقليدي لها والمتمثل بدور الالة المبرقة الكاتبة Tele type writer بحيث اصبحت تلعب دورا كبيرا في توفير انواع محددة من تسهيلات تبادل البيانات والمعلومات وتعزيز القدرة على تنفيذ البرامج وتخزين البيانات في نقاط بعيدة عن وحدة المعالجة .

٧- المغيرات (Modems (modulator-demodulators . نظرا لاستخدام التلفون - كما ذكرنا في المقدمة - لاغراض الاتصالات الصوتية فقد ظهرت الحاجة إلى ابتكار بعض الاجهزة التي تكون حلقة الوصل بين الحاسبات الالكترونية وبين قنوات الاتصال وتكون مهمتها تغيير الاشارات إلى شكل يتلائم مع اجهزة الارسال وذلك من خلال تحويل الاشارات الصادرة من الحاسب الالكتروني إلى اشارات تفهمها انظمة الاتصالات الصوتية وهذه الاجهزة هي المغيرات. هذا يعني ان المغيرات هي أجهزة تستخدم لتوفير تسهيلات النقل بين الاشارات الرقمية المولدة من قبل الحاسب الالكتروني والمحطات الطرفية وبين الاشارات التناظرية المستخدمة في انظمة التلفون، ويتم تغيير الاشارات الرقمية باستخدام ثلاثة تقنيات شائعة ، كما يمكن تصنيفها تبعا لأسس مختلفة يتم الاختيار من بين هذه الاصناف في ضوء مراعاة جملة من المعايير. والجدول الآتي يوضح ذلك .

الجدول (٤-٧)

تقنيات وأصناف المغيرات ومعايير اختيارها

المعطيات	الوصف
التقنيات	١- تغيير السعة Amplitude Modulation (AM)
	٢- تغيير التردد الموجي Frequency Modulation
	٣- تغيير الشكل Phase Modulation (PM)
الاصناف	١- المغيرات ذات السرعة العالية (اكثر من ٢٤٠٠ مفردة /ثانية أو ذات السرعة الواطئة(٢٤٠٠ مفردة / ثانية أو اقل) .
	٢- المغيرات التي تستخدم للنقل عبر مسافات محددة والتي تستخدم للنقل عبر مسافات طويلة ولشبكات منتشرة .
	٣- المغيرات ذات السلكين والمغيرات ذات الاربعة اسلاك .
	٤- المغيرات كامل الازدواجية والمغيرات نصف ازدواجية .
	٥- مغيرات النقل التزامني ومغيرات النقل غير التزامني .
	٦- المغيرات المسجلة (المضمونة) والمغيرات غير المسجلة .
معايير الاختيار	١- معدل نقل المغير الذي يجب ان يتناسب مع حجم الاشارات المطلوب نقلها .
	٢- وقت التغيير ، وهو الفترة الزمنية المطلوبة للتغير في النقل من المرسل إلى المستلم وبالعكس.
	٣- معدل الخطأ الذي يتوقف على سرعة النقل وتقنية التغيير المستخدمة مثال ذلك ان تقنية تغيير الشكل اقل عرضة للخطأ من تقنية تغيير التردد الموجي، وايضا فأنه في حالة ما اذا كانت سرعة المغير تتراوح ما بين ٤٨٠٠-٩٦٠٠ مفردة / ثانية فان المغيرات القديمة تحتاج إلى الموازنة الالكترونية لخصائص شبكة النقل لتقليل معدل الخطأ .
	٤- تكلفة المغير التي تتوقف على سرعة المغير ومعدله .
	٥- الموثوقية : يجب توفير الضمان الكافي لإحداث التغيير المطلوب.
	٦- الصيانة : يعد توفر خدمات الصيانة في الموقع الذي يتم فيه نصب هذه الاجهزة من العوامل الاساسية في تقييم المغيرات .

٨- أجهزة ربط الشبكات. وهي مجموعة الاجهزة التي تسهل مهمة ربط مجموعات من أجهزة الحاسب معا بحيث تسمح باتصال أكبر عدد ممكن من الحاسبات ومن ثم زيادة المساحة التي تغطيها الشبكة وذلك من خلال توفير خدمات الاتصالات لاعداد كبيرة من الافراد المتواجدين في اقاليم بعيدة فضلا عن تنظيم تدفق البيانات والمعلومات ، ومن أهم هذه الاجهزة نذكر الآتي :

- اجهزة تقسيم الخطوط Line-Sharing Devices

يقوم بربط عدد من المواقع المنعزلة البعيدة عن مركز المعالجة من خلال تخصيص خط اتصال مستقل لكل من هذه المواقع ، ان استخدام هذه الاجهزة لا يؤدي فقط إلى تحقيق الهدف الاقتصادي المتمثل بتقليص التكاليف وانما ايضاً تحقيق الهدف الفني المتمثل بزيادة قدرة قنوات الاتصال وتم ابتكار عدد من الاجهزة التي تقوم بمهمة تقسيم الخطوط منها أجهزة المكثف (المركز) Concetretor وتقوم بتكثيف البيانات المنقولة من والى المواقع البعيدة من خلال استقبال البيانات والمعلومات من المحطات المختلفة باستخدام خطوط اتصال بطيئة السرعة ثم تركيزها وارسالها إلى وحدة المعالجة المركزية باستخدام خطوط اتصال سريعة وذات كفاءة عالية بشكل يؤدي إلى تقليص تكلفة نقل الاشارة الواحدة من مجموع الاشارات المستخدمة . وأجهزة مضاعف الارسال Multiplexer وتقوم على اساس ارسال عدة رسائل في آن واحد على نفس الموجة أو القناة ، وذلك من خلال القيام بتقسيم خط ذات سرعة معينة الى عدد من قنوات الاتصال ذات السرعة البطيئة بشكل يسمح بربط عدد من المحطات الطرفية بخط الاتصال لكل منها وقت محدد أو فترة زمنية محددة للنقل .

- الجسور Bridges .

تقوم بربط شبكتين مختلفتين في التركيب الداخلي من خلال ما يطلق عليه بجدول التوجيه ،الذي يسهل مهمة مراقبة الشبكة وحركة المرور فيها بين الاجهزة

المختلفة ومن ثم السماح أو عدم السماح للبيانات والمعلومات بالتدفق الى الشبكة الاخرى .

- المحولات Switchs .

تقوم بتسريع أداء شبكة الاتصالات من خلال الاحتفاظ بجدول عناوين الحاسبات التي يتصل بها وفي حالة وصول البيانات والمعلومات اليها من احد الحاسبات تقوم بارسالها الى الهدف المقصود فقط .

- الموجهات Routers

تقوم بتسهيل تدفق البيانات والمعلومات بين الشبكات ذات الفروع المتعددة من خلال ارسال البيانات والمعلومات من شبكة الى أخرى حتى في حالة ارتباط هذه الشبكات بعدد من الشبكات الفرعية باستخدام ما يطلق عليه جدول التوجيه الذي يتميز عن جدول التوجيه في الجسور في ثلاثة جوانب أساس هي أنه يعتمد على عناوين الشبكات في التوجيه ويتضمن خارطة للمسار السريع بين الفروع والموجهات الاخرى وأيضا المسافات الفاصلة بينها .

المبحث الثالث [*]

شبكات الانترنيت

تمهيد

تعد الشبكة العالمية للمعلومات (الانترنيت) الذروة في أحدث تكنولوجيا المعلومات في السنوات الأخيرة، إذ اصبح لها اثر كبير في حياة البشر في المعمورة، ونظراً لعد عصر المعلوماتية مدخلاً الى القرن الواحد والعشرين ، نرى من الضروري التعرف على تكنولوجيا الانترنيت التي تمثل بداية لشبكات جديدة قادمة ولتطورات هائلة ستحدث في تكنولوجيا المعلومات ناتجة عن تطور اجهزة تقنيات المعلومات المادية (Hard Ware) والبرمجية (Soft Ware) كالترجمة الآلية والانظمة الذكية واجهزة تحليل الصوت واجهزة الاتصالات الرقمية.

وتمثل الانترنيت جزءاً مهماً من التغيير الثقافي العالمي وهي انطلاقة كبيرة في عالم التكنولوجيا، لقد مكنت هذه الشبكة الفرد من استعمال الحاسب او الخط الهاتفي للحصول على كم كبير من المعلومات وباشكال مختلفة لم يكن يحلم بها احد في الماضي ، كل ذلك في مواقع متباعدة على وجه البسيطة ، إذ يمكن من خلال الاتصالات فائقة السرعة للافراد الارتباط ببعضهم وفي مواقع تبعدهم عن بعضهم الآف الاميال ، وفي قارات متباعدة ، كما اصبح بامكان أي باحث الحصول على ما يريد من البيانات والمعلومات ومن مختلف المراجع العلمية ، بل يستطيع التحدث او اجراء المناقشات مع الغير حول العالم ممن يشاركون اهتماماته ، وذلك من خلال نظم خاصة لادارة الاجتماعات مستندة للحاسب، كما ان العاملين في حقول الاتصالات في كل انحاء العالم يتبادلون المعلومات اليوم من خلال الانترنيت بل انهم وغيرهم وعائلاتهم سوف يشترون مستلزمات حياتهم اليومية بواسطة هذه الشبكة بما في ذلك الحصول على الخدمات المالية ، وتتعاقب التطورات التكنولوجية

(*) نظراً لأهمية هذه الشبكات في إطار نظام المعلومات الإدارية وحداثتها كموضوع أكاديمي فقد تم عزلها عن أجهزة ومعدات لاتصال على الرغم من كونها جزء منها وأفرد لها مبحثاً خاصاً بها. لذا اقتضى التنويه (المؤلف).

باتجاه توسيع وتعميم استخداماتها. فما هي الانترنيت ، ما هي مكوناتها، أساليب ومجالات استخدامها ، الاثار الجانبية المترتبة عليها ومعوقات استخدامها؟

اولاً : مفهوم الانترنيت ومراحل تطوره

الانترنيت هي ملايين من اجهزة الحاسب الموجودة في الآلاف من المواقع المختلفة الموزعة عبر العالم، المرتبطة مع بعضها البعض على نحو يمكن لمستخدميها الوصول الى المعلومات والمشاركة في الملفات مما يوفر لكل منهم تيرا بايتات من المعلومات بدلاً من ميجا بايتات (١ تيرا بايت يساوي ١٠٢٤ جيجا بايت أو ما يعادل مليون ميجا بايت تقريباً).

ما يعرف الان بالانترنيت بدأ كتجربة أمريكية لاختبار إنشاء نظام حاسب قومي للوقاية من الكوارث، يسمح للعلماء والعسكريين بالتشارك في الرسائل والمعلومات بغض النظر عن أماكن وجودهم ، ففي عام ١٩٦٠ قامت الحكومة الأمريكية بربط أربع حاسبات في كاليفورنيا ويوتا باستخدام تكنولوجيا تشبيك كانت قد طورت حديثاً تحت اسم (Packet Switching) ، أي (تبديل رزم البيانات) ، وبعد تشغيل النظام تمكن المستخدمون من تبادل الرسائل والتشارك في الملفات بشكل فوري، وقد اطلق على ذلك المشروع اسم : (ARPA NET) إذ يمثل هذا الرمز الاحرف الأولى من العبارة : (Advanced Research Project : Agency) وهي اسم الوكالة التي اشرفت على المشروع الذي نما تدريجياً واخذ يضم المزيد من الحاسبات التابعة للمؤسسات الحكومية والجامعات ، وفي الفترة الواقعة بين منتصف السبعينات والثمانينات تم انشاء عدة شبكات صغيرة باستخدام تكنولوجيا(Arpa Net) كشبكة (NSF Net) التي انشأتها المؤسسة القومية الامريكية للعلوم:(National Science Foundation).

وقد استخدمت تلك الشبكات خطوطاً هاتفية خاصة عالية السرعة لارسال البيانات والمعلومات واستقبالها ، وارتكزت على شبكة (Arpa Net) التي لعبت دور النواة وربطت تلك الشبكات ببعضها البعض مكونة شبكة عنكبوتية واحدة كبيرة،

وفي الثمانينات لم يعد الانضمام الى تلك الشبكة قاصراً على الحاسبات الواقعة ضمن الاراضي الامريكية، بل امتد ليشمل العالم بأسره، إذ انضمت الى تلك الشبكة مؤسسات حكومية وجامعات ومعاهد ومراكز بحوث ومؤسسات تجارية من مختلف دول العالم ، وباتت الشبكة تعرف باسم (انترنيتورك) واختصاراً انترنيت ، ولا يقوم شخص واحد او مجموعة محددة بتشغيل تلك الشبكة فالكثير من عمليات الادارة تقوم بها مجموعة من المتطوعين يطلق عليها جمعية (انترنيت) وهي تشبه (مجلس الشيوخ) اكثر مما تشبه مجلساً لادارة الاعمال، وتضم هذه الجمعية مجموعتين رئيسيتين هما مجلس بناء انترنيت وتركز على تأمين ترابط قياسي للشبكة، و قوة المهام الهندسية وتركز على تطوير الشبكة من الناحية التكنولوجية، وتعقد هذه المجموعة من الهواة محادثات عامة عبر الشبكة مع مستخدمي الشبكة الذين يستطيعون تسجيل ارائهم ، وذلك بهدف الوصول الى مستوى قياسي للشبكة.

ثانياً: مكونات الانترنيت. تتألف الانترنيت من الآف الشبكات المترابطة (Interconnected Network) ومن هنا جاءت تسميتها: (Inter Net) وبشكل عام تتكون الشبكة (Net) من خطوط محلية ، وخطوط دولية ، وموجهات (Routers) وخوادم (Serves) ومجموعة من البروتوكولات المتنوعة (Protocols) وفيما يأتي فكرة موجزة عن هذه المكونات:

- قلب الشبكة . تقوم الانترنيت على فكرة تحويل رزم المعلومات ، وهذا يعني ان كل ملف يرسل عبر الانترنيت، سواء أكان رسائل البريد الالكتروني ام محتويات محطة ويب (Web) يجري تقطيعه الى اجزاء صغيرة من المعلومات، ويدعى الجزء منها رزمة (Packet)، ويتم وسم كل حزمة بعنوان مقصدها، وتتولى الموجهات (Routers) مهمة توجيه الرزم الى حيث تذهب.

- الموجهات . لموجهات الانترنيت مهمة مباشرة وهي إرسال الرزم التي تستلمها الى مقاصدها ، وذلك بالقفز من موجه الى آخر ، وثمة سلسلة من الموجهات يعرف كل منها عنوان الموجهات الآخرى على الشبكة (بفضل جداول تنظيم الموجهات

التي يجري تحديثها باستمرار)، تمرر الرزم الى مقصدها النهائي وفي بعض الحالات يعرف الموجه بالضبط عنوان ذلك المقصد بالنسبة الى نقطة انطلاق الرزمة، وفي معظم الحالات تتعاون الموجهات فيما بينها، وتتقاسم المعلومات المتعلقة بطبيعة المسارات (اي الطوبوغرافيا)، اذ تقوم شبكة بروتوكول الانترنيت بتسليم كل رزمة على انها عملية مستقلة في جوهرها، وقد لا تتبع احدى الرزم نفس المسار عبر الانترنيت كالذي تبعته الرزمة السابقة او التي ستتبعه الرزمة اللاحقة ، وهذا يمثل إحدى نقاط قوة بروتوكول الانترنيت (IP)، فاذا انقطع خط ما او كانت إحدى الموصلات (Link) مشغولة جداً، تتعاون الموجهات لايجاد مسار بديل يجري من خلاله تسليم المعلومات ، هذه العملية يلاحظها المستخدمون، وهي تتجسد على شكل (غضة) تصيب الشاشة. ويفترض أن يساعد كل موجه في الانترنيت في توجيه رزم بروتوكول الانترنيت الى أي واحد من ملايين الحاسبات التي تكون عناوينها مسجلة ، والموجه هو عبارة عن حاسب متطور ، لكن هذا لا يمنع جداول (التنظيم) في احد الموجهات من ان تحجب معلومات المسار المحدد عن ملايين المضيفات (Hosts) المنتشرة على الانترنيت ، وبدلاً من ذلك ، تعرف الموجهات متى ينبغي تمرير رزمة معينة ضمن شبكة ما ومتى تمرر الرزم الى شبكات اخرى، ولتحقيق ذلك ، تتبادل الموجهات فيما بينها المعلومات المنقولة بحد ذاتها الى جانب المعلومات المتعلقة بطبيعة مسارات الانترنيت نفسها (اي طوبوغرافيتها).

ومثلما تتبادل الحاسبات البيانات والمعلومات فيما بينها ، تستخدم الموجهات بروتوكولات توجيه وتسيير لتبادل البيانات والمعلومات ، ويستخدم كبار مزودي خدمات الانترنيت ضمن شبكاتهم الخاصة برتوكولاً يدعى (Integratedisis) إذ يمثل ISIS اختصاراً (Intemediate System-Intermediate System) ومفادها (ان المعلومات تمر وتجتمع من نظام انتقالي ـ الى ـ نظام انتقالي)، وبعض المؤسسات ومزودي خدمات الانترنيت الآخرين يستخدمون بروتوكولاً آخر يدعى

(OSPF) مختصر (Open Shortest Path First) أي (المسار الاقصر المفتوح اولاً)، وعند نقاط التماس يجري تبادل البيانات والمعلومات من مزود الى آخر، كما يستخدم البروتوكول (BGP) مختصر (Border Gateway Protocol) أي (بروتوكول عبور خطوط التماس)، ان الغرض الرئيسي من الموجهات هو تحديد المسار الافضل من بين البدائل المتوافرة لإرسال البيانات والمعلومات ، وعندما يطرأ تغيير في الظروف من جراء تعطل احدى الدوائر او بسبب الازدحام، تقوم موجهات الشبكة على الفور بتغيير وظائف تمرير او تقديم المعلومات ، وهذه القدرة الذاتية على التمييز والتفريق تؤدي بنا الى جهل المسار الفعلي للرزم الفردية عبر الشبكة. والنقطة التي يحصل عندها تعاون ملحوظ في ما بين مزودي خدمات الشبكات تتبادل الموجهات معلومات المستخدمين وعمليات تحديث جداول (التنظيم) مع تبدل الأجزاء المختلفة للانترنيت ، وفي بعض الأحيان تتعثر الأمور ، ومن خلال عملية تدعى (Route Flapping) أي (تقليب المسار) تقوم إحدى الشبكات العضوية بالاشتغال والتوقف، على نحو متكرر فتجعل كافة الموجهات (التي تعرف الشبكة) تبلغ بعضها بعضاً عن اختفاء أو ظهور مجموعة من العناوين، من جهة أخرى يستطيع موجه نموذجي ان يوجه (١٠) الآف رزمة بالثانية، والموجهات المتطورة لها القدرة على توجيه (٢٠٠) ألف رزمة بالثانية، وعلى كل حال ينبغي على الموجهات وبروتوكولات التوجيه ان تواكب النمو المتسارع على الانترنيت من حيث عدد المضيفات وعدد الموصلات (Links) المطلوب تعقبها ، وتزيد سرعة الموصلات وكمية البيانات والمعلومات التي يتم دفعها عبر تلك الموصلات. وتتمتع حاسبات اليوم بقوة اكبر وبذاكرة عمل (Ram) ارخص مما كانت عليه منذ سنة على النحو الذي أسهم في تطوير معدات الموجهات الى حدٍ كبير .

- الخوادم . تعد الخوادم (Servers) مصادرالبيانات والمعلومات المتوافرة على الانترنيت والخوادم هي حاسبات متخصصة تقوم بدور خدمة المعلومات، وأي حاسب موصول مباشرة بالانترنيت يمكنه خدمة البيانات والمعلومات ، بالأمس كان

معظم برامج الخدمة يعمل ضمن بيئة اليونيكس وكانت تصنعها شركات مثل (SUN , Silicon , IBM , HP , DEC) وغيرها لكنها اليوم أخذت تعمل باطراد على نظم الماكنتوش والويندوز ان تي ، وهناك خوادم "ويب" (Web) تعمل على نظام التشغيل المجاني (Linux) وضمن حاسب شخصي يتضمن معالج انتل ولا يتجاوز سعره (١٥٠٠) دولار ، ان اكبر المواقع على الانترنيت تعمل على أجهزة (Linux) نظراً لمعالجتها الأقوى من نوع (RISC) ونظم تشغيلها المتعددة المهام ، والموقع (Aitavista) و (Search engine) من شركة (DEC) يتداول ملايين المعاملات يومياً على حاسب من طراز (Alpha) مجهز بـ (٤) معالجات متوازية وبذاكرة عمل (Ram) سعتها جيجا بايتات، وتتضمن الخوادم برامج متخصصة لكل نوع من أنواع تطبيقات الانترنيت ، بما فيها (Web) (Gopher) و (Use Net) والبريد الإلكتروني، بالإضافة الى خوادم التطبيقات المذكورة توافق كل مؤسسة على تشغيل خادمها المتخصص لدمج موقعها في نظام (DNS) مختصر (Domain Name System)، إذ يسمح هذا النظام بتحديد أسماء المضيفات بالأحرف بدلاً من إعطاء عنوانها بالأرقام، وهو يتألف من عدد من الخوادم تعالج (Domains) الأعلى مستوى مثل (COM) أو (GOV) ومن خوادم الـ (DNS) الموجودة عند المستويات الادنى (أي لدى كل مؤسسة).

- البروتوكولات . تعد البروتوكولات (Protocols) من اكثر اجزاء الانترنيت تجريداً وغموضاً، وهي مواصفات يتواصل عبرها حاسبان وتحدد المقاييس او المراسم التي تتبعها الحاسبات المتخاطبة من اجل تنفيذ مهام محددة ، وعلى الرغم من كونها غير محسوسة (بدليل انك لا تلمس البروتوكول كما تلمس الموجه او الخادم) تعد البروتوكولات من الامور الحيوية في الانترنيت ، وهي تسمح لملايين الاجهزة حول العالم بان تتواصل فيما بينها وتتبادل البيانات والمعلومات . ويعني البروتوكول (TCP/IP) مختصر: (Transmission Net Protocol Control Protocol / Inter) (بروتوكولات ضبط الإرسال على الانترنيت) اللغة التي يجب ان تتكلم

بها كافة الحاسبات الموصولة بالانترنيت ، والجزء (TCP) أي (برتوكول ضبط الإرسال) هو بروتوكول نقل (مشروط بفتح الخط) (Connection-oriented)، ويسهل تكامل العمليات المتنوعة ، التي تحصل في المضيفات المختلفة (hosts)، أما الشق (IP) أي (بروتوكول الانترنيت) فيحدد خدمة (غير مشروطة بفتح الخط)

(connectionless) يجري بوساطتها إرسال البيانات والمعلومات من حاسب الى آخر، وطالما ان المعدات على اختلافها تتوافق مع نفس المقاييس وتستوفي شروطها عليه يمكنها ان تتواصل في ما بينها، وفي الواقع فإن أحد اوجه الانترنيت الأكثر جاذبية هو ان ما يحكم التواصل هو البروتوكول وليس صنف الحاسب ولا نظام تشغيل بروتوكول (TCP/IP)، وتجدر الاشارة هنا الى أن هناك بروتوكولات أخرى تنتج هي الأخرى عمليات نقل المعلومات، كما أن هناك بروتوكولات تعود لتطبيقات وعمليات محددة ، كبروتوكول شبكة الويب (HTTP) مختصر (Hyper Text Transport Protocol) لنقل النصوص التفاعلية ، وبروتوكول شبكة (NNTP) مختصر(Transport Protocol Network News) لنقل الأخبار عبر الشبكة وبروتوكول البريد (SMTP) مختصر ((Simple Mail Transport Protocol لنقل البريد الإلكتروني ، والبروتوكولات تتم عادة ضمن برمجيات مهما كانت وظائف البرنامج ـ كأن يكون التصفح أو برنامج البريد (Eudora) ، او خادم الوب ، أو منظومة دعم الـ (TCP/IP) الموجودة ضمن (Windows-٩٥) ـ إذ يجب صياغة البرمجيات التي تلتزم بقواعد البروتوكول المعني ، وفي كل تطبيق من التطبيقات المذكورة أعلاه، يحتاج البرنامج الوسيط (client Programmae) لمعرفة البروتوكول المناسب الذي سيمكنه من تبادل البيانات والمعلومات مع الخادم الموافق له ، فعندما ترسل بريداً الكترونياً او تتصل باحد خوادم الوب يتم تجزئة الرسالة الى رزم وارسالها على هذه الهيئة، وقد تعبر الرزم المختلفة مسارات مختلفة لكن الرسالة الكاملة يعاد تجميعها عند مقصدها، وبإمكانك تعقب المسار الذي تتبعه الرزم بمجرد كتابة امر التعاقب (trace route) وعلى سبيل المثال من المضيف (Wiggin (s . Tcimet Net) يمكنني إصدار الأمر : (Trace route www.cbs) وتظهر نتائج عملية التعقب على شكل صفوف من المعلومات، يمثل طرفها كل سطر فيها العقدة (Node) التي عرجت عليها الرزمة في طريقها الى مقصدها النهائي، وكل عقدة تمثل مجموعة من الخيارات التي تقترحها الموجهات على التوالي من اجل ايصال المعلومات، وقد لا تتبع المعلومات كلها المسار نفسه، وهي في طريقها الى المقصد.

يبدو لنا ان تطور البروتوكولات يتم بشكل عشوائي الا ان النمو الفائق السرعة للانترنيت خلال السنوات الاخيرة يشير الى ان عملية التطور على نحوٍ سليم ، وعندما تصبح الغالبية تتكلم بلغة (TCP/IP) ، يمكننا إنشاء تقنيات جديدة عليها ، وهذا ما حدث فعلاً مع شبكة (world Wide Web).

ثالثاً : استخدام الانترنيت وأساليب الارتباط بشبكاته

١- استخدام الانترنيت . لا تتعدى متطلبات الربط بمكتب توفير الخدمة سوى حاسباً شخصياً و"موديم" يربط بين الحاسب والخط الهاتفي بعد ان يتم الحصول على عنوان انترنيت خاص بالفرد ، ويشبه عنوان الانترنيت العنوان البريدي فهو يخبر الحاسبات المرتبطة بالنظام بموقع المشترك (يبين أي حاسب موصول بها وكيف المشترك موصول بها)، يحتاج المشترك الى مجموعة رئيسة (حزم) من برامج التطبيقات التي تتولى معالجة كلماته وجداوله الالكترونية وقواعد المعلومات الخاصة به، اما على مستوى الخارج فإنه يحتاج الى برنامج اتصالات يتحكم بالموديم وجهاز الحاسب الخاص به، وعادة تأتي هذه البرمجيات مع جهاز الحاسب كما هو الحال بالنسبة (للوندوز)، كما تحتاج الانترنيت الى برمجيات تطابق المعايير الدولية وتتطابق مع الاعراف كبروتوكول انترنيت (IP) ، وفي العادة يقوم المزود المحلي بتزويد المشاركين ببرمجيات اساسية للوصول الى الإنترنيت وتمتلك هذه البرمجيات امكانية ارسال واستقبال البريد الالكتروني.

٢- اساليب الارتباط بشبكة الانترنيت .   توجد ثلاثة طرق شائعة للارتباط بشبكة الانترنيت وهي:

- عن طريق الارتباط المباشر مع احدى الشبكات المكونة لشبكة انترنيت ،وغالباً عن طريق مزود رئيسي مثل PSI (Performance System International) في (روست) الواقعة ضمن ولاية فرجينيا في الولايات المتحدة الامريكية وهذه الطريقة مكلفة ، لكنها توفر سيطرة كاملة على عمليات الدخول الى الشبكة.

- عن طريق الاشتراك وفتح حساب او اكثر في شبكة إحدى المؤسسات المتخصصة في الربط الى شبكة انترنيت، وإذا ربطت جهازك (او شبكتك) بتلك المؤسسة يصبح بإمكانك الوصول الى الحاسب المركزي الخاص بها ، إذ يقوم هذا الحاسب (الذي يعمل غالباً تحت قيادة يونكس) بإيصالك الى شبكة انترنيت.

- عن طريق شبكات الخدمات الكبيرة التي توفر للمشتركين بها خدمات تبادل البريد الالكتروني مع مستخدمي شبكة انترنيت على الاقل، ووفرت كل من (Compu Serve) و(Brodegy) مؤخراً لمستخدميها خدمات (قوائم بريد انترنيت) و (مجموعات اخبار انترنيت) والبحث ضمن قواعد معلومات الإنترنيت، وتبادل الملفات مع الإنترنيت.

رابعاً : مجالات استخدام الانترنيت .

كان من الاهداف وراء انشاء شبكة الانترنيت الاغراض العسكرية اصلاً ، لاستغلال طاقات عدة اجهزة حاسب الى اقصى حد والتي كانت مكلفة جداً انذاك لغرض استيعاب اكبر قدر من البيانات والمعلومات وضمان توافرها في حالة نشوب حرب ثم وبالتدريج ـ وبعد عدة سنين ـ ربطت اجهزة اخرى وشبكات اخرى لمؤسسات بحثية متعددة بهذه الشبكة ، وتطورت خدمات جديدة مثل البريد الالكتروني (E.Mail)، ثم انتشر استخدام الانترنيت على اوجه في الابحاث الجامعية العلمية والثقافية بعد ان عرف نظام بروتوكول الاتصال (تي سي بي /اي بي):

(Transmission Control Protocol /Inter Protocol) ودمج في نظام تشغيل يونكس (UNIX).

وعلى اية حال فان الذي جعل شبكة الإنترنيت تنمو هذا النمو الهائل هو ايجاد خطة نظام عالمي للعناوين ونظام لايخطىء الاسماء (DNS) (Domain Name System) وحتى بداية التسعينات ظلت شبكة الانترنيت على نطاق واسع وسيلة العلماء ليتبادلوا نتائج بحوثهم او لاتصال الطلاب من الجامعات المختلفة، لكن هذا الوضع تغير عندما قام المركز النووي الاوربي للابحاث في كيرن في جنيف بتطوير شبكة (WWW) (World Wide Web) وايجاد بروتوكول جديد لنقل المعلومات (Hyper Text Markup Language (HTMI)) مما مكن مستخدمي الانترنيت من استخدام مخطط بياني يستظهرونه على الحاسوب ويعطيهم مفاتيحا لاستخدام المعلومات. ولقد ادت ببساطة استخدام الانترنيت والخدمات المتنوعة التي تقدمها الـ (WWW) الى ايلائها اهتماماً خاصاً من قبل الافراد والشركات والاحزاب والمنظمات، هناك عدد كبير من الاستخدامات، كما يتعاقب طرح الخدمات الجديدة يوماً بعد آخر في شتى المجالات العلمية والثقافية والادبية والفنية والرياضية والسياسية والدينية والاخبارية والتاريخية وهي بصورة شاملة ثورة معلوماتية شاملة نحو المستقبل تاخذ من اخذها وتترك من هجرها.

فيما يأتي نستعرض أهمها:

١- البريد الالكتروني (E.Mail). وتعد من الاستخدامات الشائعة والتي توفر امكانية الاتصال بالملايين من البشر حول العالم كبديل للبريد الالكتروني (E.mailing) التي تساعد الاشخاص في المشاركة بما يسمى مجموعة المناقشات (Discussions Group).

٢- شبكة العنكبوت العالمية (WWW) (World Wide Web) . والذي يعني تصفح المعلومات متعددة الوسائط والمترابطة ، وهذه الخدمة تجمع النصوص والصور والاصوات والافلام المتحركة بطريقة فاعلة (تخاطب وحوار وسحب

وايداع بيانات ومعلومات) ، ان البرمجيات المساعدة في عملية ادارة البحث خلال شبكة العنكبوت من خلال برنامج للتصفح المستعرض (Browser) وان البرمجيات الاكثر انتشاراً وشيوعاً في هذا المجال هي: Net Seap (Navigator) , Microsoft (Explorer) Mosaic.

٣- استرجاع المعلومات (Information Retrieval) . تحتوي الشبكة على العديد من قواعد المعلومات التي يمكن الرجوع اليها مجاناً كما ان هناك قواعد معلومات يمكن الدخول اليها لقاء اشتراك سنوي وان من المهارات المطلوب اكتسابها في التعامل مع الشبكة: هو معرفة (ماذا ؟ اين يوجد ؟ وكيف يتم الحصول عليه؟).

٤- الاخبار والمجلات اليومية والدورية: ثمة ثورة اخرى ترافق الثورة المعلوماتية وهي ثورة النشر الالكتروني، إذ بلغ عدد الصحف والمجلات اكثر من(١٥٠٠) صحيفة و (٣٧٠٠) دورية و (٥٠) ألف كتاب سنوي تنشر على الانترنيت الامر الذي يجعلها مكتبة ضخمة جداً.

٥- التعامل عن بعد: كما شجعت الانترنيت عدداً كبيراً من العاملين من انجاز اعمالهم عن بعد وعن طريق الهاتف وهم في منازلهم(١٠).

٦- انشاء شركات الخدمة الفورية (On-Line Companies) في مجال خدمات المستهلك مقابل رسوم شهرية وبوجه خاص في المجالات الآتية:

- تقديم استمارات الضرائب الكترونياً.

- البحث الالكتروني في المجلات المفضلة لديك عن أي موضوع تشاء.

- متابعة الاعلان عن الوظائف الشاغرة.

- المشاركة في الندوات والملتقيات العامة مثل الندوات السياسية والتدريب ... الخ.

- اتاحة فرق بريد الكترونية (E.Mail Gateways) أي امكانية ارسال البريد عبر الشبكة .

٧- النوادي الثقافية والهيئات الرسمية والدولية .

٧- الحلقات النقاشية والتحاور والاستشاره.

خامساً : الآثار الجانبية للانترنيت .

يمكن تجسيد الاثار الجانبية للانترنيت من خلال الجوانب الاتية :

١- لا تتضمن الانترنيت ـ بخلاف شبكات المكاتب ـ سلطة مركزية ، إذ اتفق مدراء هذه الشبكة على ترك اجهزتهم ليتحدث الواحد منهم الى الآخر بنفس لغة الارسال التي تعرف (Transmission Control Protocol / Inter Net Protocol) : (TCP/IP) وبذلك اصبح العالم شبكة واسعة من اجهزة الحاسب المتصلة ببعضها، ومن الحري ان نقول هنا ان الانترنيت وسيلة اتصالات لا يمكن وضعها تحت السيطرة فهي كالهواء كما تقول (استر دايسون) رئيسة (Electronic Frontrie Foundation) في سان فرانسيسكو .

٢- إمكانية اختراق أجهزة المراقبة ، وفي هذه الحالة قد تعد هذه العملية عملاً تخريبياً من الأفضل التخلص منه ، هذا ما صرح به (جون كليمور) أحد المساعدين في عملية إيجاد الانترنيت كشبكة لخدمة الأغراض العسكرية والعلمية منذ ما يقارب العقد من الزمان. فلم تبنى الانترنيت كي تستخدم كما هي الآن، ولا توجد بها طريقة ضمنية لتتبع اثر المستخدمين لكنها مع المستجدات والمستقبل وحده سوف يحدد فيما إذا كانت ستلعب دور الشبكة العالمية السريعة للمعلومات أم أنها مجرد شيء عابر.

٣- على الرغم من ان الاهتمام العالمي واسع جداً بالانترنيت الا أنه لابد أن نتذكر هنا ان بعض الدول بدأت بإقامة عقبات في طريق المعلومات الدولي، كما ان البعض يتوقف متأثراً بذلك ، وكذلك تبدو العقبات الجغرافية هشة والعادات والتقاليد المحلية اقل أهمية والأنظمة والقوانين التي تحكم وتتحكم بالتصرفات اكثر عالمية، أما مؤيدو الانترنيت فيعتقدون ان على المتسلطين رفع أيديهم، ولكن السياسيين والسلطات القضائية التي تعد مسؤولة عن النظام الاجتماعي وعن تطبيق القوانين فهي ترفض ذلك ، وسواء رضينا أم أبينا سيعاد النظر بالانترنيت ويبقى السؤال

الأكثر أهمية هنا كيف سيتم ذلك ؟ وحسب أي التشريعات وعلى أي المقاييس الاجتماعية .

سادساً : معوقات الانترنيت

هناك الكثير من العوامل التي تؤثر على تطور شبكة الانترنيت ، وتتباين التقديرات المتعلقة بما يمكن فيها من قدرات تجارية تبايناً واضحاً ، ولم تزل الكثير من الشركات ـ بصورة خاصة الكبيرة منها ـ ترى ان الانترنيت لا تزال في مراحل تطورها المبكرة وتقدم هذه الشركات على الدوام سلسلة من الاسباب التي تعيق تعاملها مع الانترنيت بعضها يعود الى اسباب داخلية تعود الى الشركات نفسها ومن أهمها:

١. ضعف معلومات الهيئات الادارية العليا عند الانترنيت ، فكثير منهم نشأ في عصر الترانزيستور وليس في عصر الحاسب ناهيك عن عصر الانترنيت، كما ان الطابع الفوضوي للانترنيت الذي لا يماثل العقليات الاقتصادية للمنظمة والذي يضم خليطاً غريباً من الأشكال عالية التقنية والنزعات الحضارية والحاسبية الغربية وجماعات هامشية من العلماء ، بل انه يبدو مثيراً للخوف فضلاً عن ان الكثير من مدراء هذه الشركات يضعون أجهزة الحاسب بشكل من أشكال الوجاهة اكثر من كونها وسيلة للتعامل اليومي ، والاهم من ذلك أن اكثر تلك الشركات لم تضع استراتيجية واضحة للتعاون مع / أو استعمال الانترنيت والاستفادة منها ، بعد هذا وذلك يأتي الفضاء المفتوح وغير الهرمي للانترنيت وخصائصها الحضارية الواسعة التي لا تتناسب مع التنظيمات والبنى الاقتصادية السائدة في أيامنا الحاضرة وبصورة خاصة في الشركات الكبيرة، وهناك عامل آخر وهو عدم وضوح العلاقة (التكلفة / والمنفعة) والتي لا يملك نظام المراقبة طريقة لتقييمها ، وهكذا فأنه من غير الممكن التأكد مما إذا كان استخدام الانترنيت يؤدي الى خفض التكاليف، وعلى هذا فان كفتي الآمال والشكوك متعادلتان ، وهناك أخيراً التخوف من الانترنيت بوصفها وسيلة جديدة

مما يعني ولادة نماذج جديدة للاتصال وتبادل المعلومات، ولذلك فهي تثير الكثير من الشكوك في الوضع الذي ستكون عليه الشركة واحتمال ان يؤدي الوضع (المفتوح) الذي توفره الانترنيت الى تغيير طرق التعامل الجارية والمألوفة، ومن ثم تغيير موازين القوى او التسلسل الوظيفي داخل الشركة وهو أمر لا يناقش بصراحة وعلانية ، فضلاً عن العوامل الخاصة بالشركات هناك عوامل تخص الانترنيت نفسها تعيق استخدامها تجارياً ، أهمها:

٢. عدم وجود وسيلة أكيدة لضمان سرية البيانات والمعلومات فالصعوبة البالغة في عدم توفر طريقة مضمونة لنقل البيانات والمعلومات بصورة عامة والتحولات المالية وأي شكل من أشكال العملة الإلكترونية تجاهه تضعف من ثقة الشركات في التعامل مع الانترنيت، ولهذا العامل جانب عاطفي غير التقني وهو ان التلفون ممكن ان يتم التصنت عليه والحصول على المعلومات السرية منه، لكن هذا الأمر قد لا ينطبق على استعمال الانترنيت، فهي وسيلة مختلفة تماماً ومجهولة لا تنقل ورقاً ولا موجات صوتية وإنما رموز يصعب فهمها تظهر على شاشة الحاسب في مكان آخر من العالم ، كما ان حالة من الشكوك حول الحالة النفسية والديمغرافية تحوم حول زبائن الانترنيت ، فهل يمكن الوصول الى زبائن (جدد) للانترنيت ؟ وما هي خصائصهم النفسية والديمغرافية؟ وما هي المنتجات والخدمات المناسبة التي يمكن عرضها عن طريق هذه الوسيلة؟

٣. ونقطة أخرى هي مشكلة الإرسال الضيق مما يجعل سرعة النقل واطئة جداً، فالحصول على المعلومات بضغطة زر يجري ببطيء شديد أمام أعين المشتركين الذين يدفعون تكاليف النقل، وهذا يجعل الكثيرين يعزفون أو يستغنون عن شراء حاجياتهم عن طريق الانترنيت لأنه يحرمهم من متعة التبضع .

٤. يعتمد تطور الاستخدام على درجة المصداقية التي تحققها الانترنيت وهي مسألة تهم المصارف بوجه خاص، عندما يكون الأمر متعلقاً بنظم المدفوعات المقبولة لدى الزبائن، فالفرص أمام المصارف واعدة ولكنها ذات مخاطر عالية وهناك روايات عن شركات تامين استعملت الانترنيت ولكنها تعرضت للوصول (Access) من قبل مزورين تلاعبوا بالأرقام ، فالانترنيت هي شبكة لا تخضع اليوم للرقابة ، وعلى الرغم من نموها على الصعيد الدولي ، الا ان قضايا أمن المعلومات ما تزال تثير المخاوف لدى المصارف، إذ مازال الاستعمال المتزايد للانترنيت وبخاصة من قبل الزبائن معرضاً للمخاطرة وتسعى المصارف لمعالجة هذا الجانب قبل الإقدام الواسع على استعمال خدماتها، إذ انه على الرغم من وجود قواعد الشبكة في الولايات المتحدة وأوربا، فان النظام ككل تصعب السيطرة عليه او فرض المعايير في تشغيله، هذا خاصة وان الانترنيت لا تنقل النصوص فقط وإنما الصور والرسومات كذلك، مما يجذب مستعلمين يشك في صدق تعاملهم .

٥. ثمة مشكلة أخرى وهي كيفية تنظيم دفع الرسوم مقابل استخدام الانترنيت في الأجل الطويل ، خاصة وان البنى التحتية متاحة للاستعمال المتبادل ، هذا الى جانب الضغوط التي تتعرض لها المصارف وهي تضع استراتيجيتها، لان الجيل الجديد من الأطفال والطلبة وغيرهم ممن اعتادوا على حياة مستندة على الحاسب ونظم المعلومات ، مما يعني انه سوف تواجه طلبات متزايدة لابتداع وسائل إلكترونية في تقديم خدماتها لهم .

المبحث الرابع

البرمجيات Soft Wares

يشير الباحثون والمختصصون في تكنولوجيا المعلومات إلى ان منظومة الحاسب تتكون من جزئين اساسين هما الاجهزة والمعدات (الحاسب وملحقاته) والبرمجيات . وقد سبق الكلام عن الجزء الاول في المبحث السابق وسوف ينصب التركيز في هذا المبحث على الجزء الثاني اذ يمكن القول بان الحاسب ما هو الا مجرد آلة صماء عاجزة عن الاتيان باي شيء الا بعد تزويدها بالبرمجيات التي يتم ادخالها إلى الحاسب (تغذيتها) بنفس طريقة ووسائل ادخال البيانات فيها. فلاجل المساهمة بدور مهم في البنية التحتية لتكنولوجيا المعلومات في المنظمة فان أجهزة الحاسبات تحتاج الى برمجيات وهذا يعني ان تنفيذ العمليات المطلوبة في وحدة المعالجة المركزية ـ سواء تعلق الأمر بوقت المعالجة، سعة التخزين، الطابعات، الطرفيات- ، يتم بناءا على ايعازات البرنامج الذي يتم ادخاله في هذه الوحدة ، إذ تشكل هذه البرمجيات سواءً تم شراءها أم تطويرها ذاتياً وعلى نحوٍ متزايد الجانب الأكثر تكلفة في نظام المعلومات الإدارية. وعلى الرغم من تدني أسعار الأجهزة والمعدات بسبب التطورات التقنية ، إلاّ أن تكلفة البرمجيات ـ ولسوء الحظ ـ استمرت بالصعود رغم مواكبتها لتلك التطورات ، وحسب توقعات الخبراء فإنها ستستمر بالصعود بسبب جوهري هو أن عملية اعداد البرمجيات وتطويرها تعتمد أساساً على العنصر البشري بدرجة كبيرة .

أولا . مفهوم البرمجيات

يمكن تعريف البرنامج على انه " سلسلة من الايعازات على شكل خطوات واضحة تبين كيفية معالجة البيانات المختلفة مثل حل المسألة العلمية أو احتساب العمليات التي تسجل في الدفاتر المحاسبية أو تحليل الاحصائيات وتوزيعها حسب أصنافها المحددة وغيرها من العمليات العلمية والادارية والاقتصادية ".

في ضوء هذا التعريف وعلى الرغم من اختلاف الحاسبات الالكترونية من حيث عدد الايعازات التي تستطيع كل منها تنفيذها ، أي اختلافها من حيث عدد العمليات ومن ثم عدد المعاملات الا انها تتشابه جميعاً فيما يتعلق بتركيبة التعليمات الخاصة بهذه الايعازات إذ يمكن تصنيف هذه التعليمات على النحو الاتي :

- تعليمات خاصة بادخال البيانات (تغذيتها) واخراج المعلومات (تسجيل نتائج المعالجة على احدى وسائل الاخراج).
- تعليمات خاصة بتحريك البيانات ونقلها داخل وحدة المعالجة .
- تعليمات خاصة بالعمليات الحسابية كالطرح ، الجمع ، القسمة ، الضرب .
- تعليمات خاصة بالمعالجات المنطقية .
- تعليمات خاصة بتنظيم وضبط عمل الشبكات.

ثانيا : ادارة عمليات البرمجة في نظام المعلومات الادارية . تجابه عملية إعداد برمجيات نظم المعلومات الإدارية العديد من الصعوبات لعل من أهمها وجود البرمجيات التي لا تولد المخرجات المطلوبة أو التي لا تعمل مطلقاً أو التي تصبح متقادمة بمجرد تشغيلها، عليه ولتجاوز هذه الصعوبات لا بد من القيام بإدارة عمليات البرمجة في نظام المعلومات الإدارية على نحوٍ سليم ، وتستلزم هذه الإدارة اعتماد الخطوات الآتية :

١- تحديد نوع البرنامج . يفترض إبتداءاً تحديد نوع البرنامج المطلوب اعداده والذي ستظهر الحاجة اليه عند تشغيل نظام المعلومات الادارية إذ يمكن تصنيف البرمجيات كما هي في الشكل (٤-٣) الآتي:

الشكل (٤-٣)

تصنيف البرمجيات المعتمدة في تطبيقات نظم المعلومات

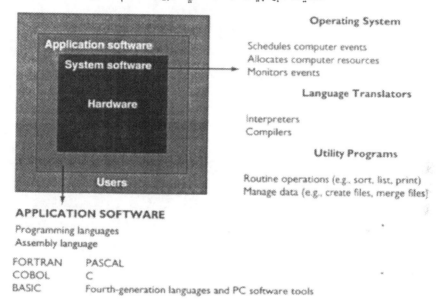

Application software
System software
Operating System
Schedules computer events
Allocates computer resources
Monitors events
Language Translators
Interpreters
Compilers
Utility Programs
Routine operations (e.g., sort, list, print)
Manage data (e.g., create files, merge files)
APPLICATION SOFTWARE
Programming languages
Assembly language
FORTRAN
COBOL
BASIC
PASCAL
C
Fourth-generation languages and PC software tools

وفيما يأتي فكرة موجزة عن هذه البرمجيات:

- البرمجيات الخاصة. أي المكتوبة خصيصاً لاستعمالات محددة أو مجموعة محددة من العمليات التي لا تصلح لسواها مثل ذلك برنامج معالجة بيانات الأجور والرواتب في المنشآت الصناعية .

- برمجيات التشغيل . هي البرمجيات التي تتحكم بأسلوب عمل الحاسب ويتصرف الحاسوب بموجبه في اجراء العمليات الروتينية مثل الفرز، تحويل البرنامج المصدري (Source Program) إلى البرنامج الهدفي المكتوب بلغة الحاسب (Object Program) ، برنامج خزن المعلومات وغيرها من البرمجيات التي تصبح بمرور الزمن جزءا اساساً من نظام المعلومات . إذ تقوم هذه البرمجيات بمساعدة وحدة التحكم على فهم وتفسير خطوات البرمجيات الأخرى والتنسيق فيها ، وعلى ضوء

ذلك تقوم هذه الوحدة بتوليد الاشارات الكهربائية اللازمة لعمل وتوجيه الوحدات الأخرى من الحاسب على وفق احتياجات هذه البرمجيات .

- برمجيات الاستخدامات العامة . والتي تسمى بالبرمجيات الجاهزة "Packages " أي التي تستخدم لاجراء مختلف العمليات التي تدخل في اطار التحليل وصنع القرارات بغض النظر عن طبيعة ومجالات وانواع التحليل والقرارات ، مثال ذلك برنامج السيطرة على الخزين ، برنامج الصيانة الدورية . وهي برمجيات سبق وان تمت كتابتها من قبل مبرمجي المنظمة أو مبرمجين آخرين خارجها لحل مسائل معينة شائعة أو تنفيذ أعمال معينة، وتكون هذه البرمجيات مخزونة في الذاكرة الثانوية ويتم استخدامها عند الحاجة. عليه في هذه الحالات لا توجد حاجة إلى كتابة الخطوات التفصيلية لكل من هذه البرمجيات كلما أريد استخدامها بل يستغل وجودها وهي مخزونة .

- برمجيات الشبكات . والتي تسمى "البروتوكولات" وهي مجموعة البرمجيات التي تنظم وتضبط عمل شبكات الاتصالات من خلال تطبيق القواعد والاجراءات التي تكفل تأمين الاتصالات بين الحاسبات المختلفة وتسهيل تدفق البيانات والمعلومات في اطار الشبكة ، وأيضا عرض محتويات المواقع من نصوص واصوات وصور وغيرها وتصفح الصفحات الأخرى المرتبطة بهذه المواقع بشكل سريع وسليم وآمن.

٢- اختيار فريق المبرمجين. ان استخدام نظام قاعدة المعلومات المتكاملة مع تطبيق اسلوب الوقت الحقيقي Real-Time عند تصميم نظام المعلومات الادارية سوف يؤدي إلى تعقد النظام بدرجة كبيرة ، يضاف إلى ذلك المشاكل التي قد تجابه ادارة عمليات البرمجة وخاصة تلك المتعلقة بالكفاءة الفردية للمبرمجين وموثوقية البرمجيات وجودة صياغتها .....الخ من المشاكل التي تتداخل فيما بينها بشكل بحيث يجعل من ادارة عمليات البرمجة عملية صعبة نوعاً ما. ومن بين أهم المشاكل المشار اليها تلك الخاصة بالكفاءة الفردية لكل مبرمج على انفراد فإنتاجية

المبرمج تقاس بموجب مؤشر عدد النسخ " Copies " من البرمجيات الجيدة التي يتمكن المبرمج من صياغتها خلال فترة زمنية محددة، وتتأثر هذه الانتاجية بجملة عوامل نذكر منها اللغة المستخدمة ، خبرة المبرمج، مستوى ثقافته، اسلوب البرمجة (المتصلة ام المنفصلة) ، عدد البرامج الفرعية ضمن البرنامج الرئيسي ، استخدام انواع مختلفة من الحاسبات في إعداد وتنفيذ البرمجيات، جودة المواصفات، معنويات المبرمجين .....الخ. مما سبق فان الضرورة تقتضي حل هذه المشاكل قبل القيام بصياغة البرنامج واهم الأساليب التي يمكن اعتمادها بهذا الخصوص ما يلي:-

- الدعم والاسناد المقدم من قبل ادارة النظام لفريق المبرمجين .

- التحديد الواضح والدقيق والتفصيلي لمهام ومسؤوليات اعضاء الفريق .

- التخصص فقط باعمال البرمجة وعدم تكليف المبرمجين باعمال جانبية .

- التاكيد على امتلاك المهارات الاساسية عند اختيار وتعيين المبرمجين .

- اتباع اسلوب البرمجة الهيكلية (Structure Programming) وخاصة الاشكال الشجيرية أو الهرمية في بناء البرمجيات وتنفيذها ، إذ تعد البرمجة الهيكلية من اهم الاساليب المستخدمة في تطوير قدرة الادارة على رقابة عمليات البرمجة وزيادة الانتاجية الفردية للمبرمجين رغم انها لا تمثل دائماً الحل الامثل لجميع تلك المشاكل. وترجع الاهمية إلى ان البرمجيات تتعقد بسبب القفزات إلى الامام والى الخلف الامر الذي يؤدي إلى صعوبة قراءة البرنامج أو معرفة اجزاءه ، فضلاً عن ان تغيير البرنامج أو تعديله يسببان المزيد من القفزات بالشكل الذي يستدعي اتباع اسلوب البرمجة الهيكلية لاجل تبسيط البرنامج وتجزئته إلى روتنيات مستقلة محددة الطول. وتجدر الاشارة هنا إلى ان البرمجة الهيكلية تقوم على قاعدة اساسية هي ان كل برنامج يحتوي على نطقة دخول واحدة ونقطة خروج واحدة ويمكن اختصاره إلى شكل متكون من هياكل لا يزيد عددها عن هياكل الرقابة الاساسية الثلاثة وهي هيكل السلسلة البسيطة (هيكل تعاقب العمليات)، هيكل الاختيار، هيكل الايعاز

المتكرر ويوضح الشكل (٤-٤) هذه الهياكل مع مثال لبرنامج تم صياغته وفق اسلوب البرمجة الهيكلية .

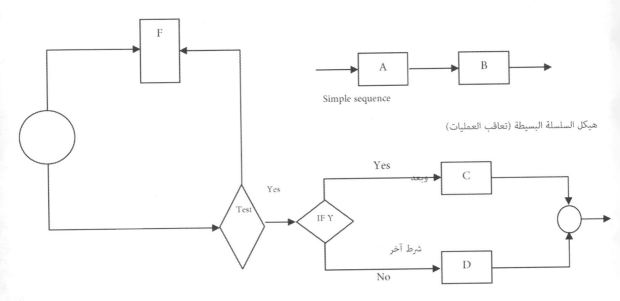

Simple sequence

هيكل السلسلة البسيطة (تعاقب العمليات)

Selection هيكل الاختيار

هيكل الايعاز المتكرر

الشكل (٤-٤)
الهياكل الأساسية الثلاثة لبرنامج وفق أسلوب البرمجة الهيكلية

٤- صياغة البرنامج. تعني صياغة البرنامج قيام المبرمج - بعد استلامه المواصفات الخاصة بالبرنامج والتي تم تحديدها في مرحلة تصميم النظام من قبل محلل النظام المسؤول - بدراسة المسألة (أو المشكلة) لأجل تخطيط الحل فيقوم بتحضير وصف للمعالجات المنطقية لتحديد مسار اجراءات البرنامج باستخدام المخططات الانسيابية، وقد يقوم المبرمج بإعداد هذه المخططات على

مستويات عديدة، مثلاً مخططات عامة للبرنامج لاظهار المنطق الرئيسي للبرنامج، ومخططات تفصيلية توضح بالتفصيل منطق اجزاء البرنامج وقد تشمل عملية التخطيط هذه تقسيم البرنامج إلى اجزاء مستقلة (روتين فرعي) كل جزء يقوم بوظيفة مستقلة ، بعد ذلك يقوم المبرمج بتحويل هذه المخططات إلى ايعازات من خلال لغة يفهمها الحاسوب، فاستخدام أي لغة في البرمجة تقترن بمجموعة من التعليمات التي تنظم عملية ادخال البيانات واخراج المعلومات وحركة البيانات داخل وحدة المعالجة الامر الذي يقتضي معرفة كيفية استخدام هذه اللغات في اجراء تلك العمليات . هذا ويتم صياغة البرنامج وفقاً للخطوات التالية :

- اعادة النظر في مواصفات البرنامج : يقوم فريق المبرمجين بمراجعة مواصفات البرنامج لاجل تكملة نواقصه وزيادة وضوحه، دراسة وتقييم وظائفه، اللغة المستخدمة ، مستلزمات المدخلات والمخرجات، مستلزمات المعالجة، اساليب السيطرة والتحكم في سير عمليات المعالجة .

- تحليل بناء قاعدة المعلومات . تتضمن هذه الخطوة دراسة هياكل المعلومات التي سيتم خزنها في قاعدة المعلومات ومستلزمات هذه القاعدة لاجل البحث في الوسائل الكمية التي يمكن استخدامها في صياغة البرنامج وفقاً لذلك .

- تحديد الهيكل المنطقي للبرنامج. بعد ان يتم تجزئة البرنامج إلى روتينات مستقلة يمكن استخدام خرائط التدفق الكلية (Macro) لوصف التدفق المنطقي الرئيسي للبرنامج وبعد اكمال بناء خرائط التدفق الكلية وفحصها يتم دراسة خرائط التدفق الجزئية (Micro) الاساسية الثلاثة (السالفة الذكر) في حالة استخدام وسائل البرمجة الهيكلية، فضلا عن امكانية استخدام الاشكال والنماذج القياسية في تركيب هياكل خرائط التدفق الكلية والجزئية وجداول القرارات عند تمثيل الهيكل المنطقي للبرنامج .

- فهرسة البرنامج . بعد إتمام الخطوات أعلاه يتولى فريق البرمجة عملية فهرسة البرنامج عن طريق اختيار الأسماء الخاصة بالذاكرة، التسميات المتعلقة بالمتغيرات لاجل نقل وابلاغ الاشارات والرموز ، والهدف الأساسي من هذه الخطوة هو الحصول على برامج " مفهرسة " بصورة نظامية يسهل قراءتها وتنفيذها .
- فحص وتدقيق البرنامج . لأجل تجنب معوقات تشغيل البرنامج ، وأيضاً تجنب الحصول على معلومات خاطئة بعد تنفيذ البرنامج يجب القيام بفحص وتدقيق البرنامج وذلك من خلال اختباره بهدف كشف الأخطاء وتصحيحها ، ويتم هذا الاختبار إما من خلال مراجعة عملية الترميز أو من خلال ادخال البرنامج عن طريق لوحة المفاتيح. وتجدر الاشارة هنا إلى أن الحاسبات الحالية تسمح باكتشاف الكثير من الاخطاء وبخاصة المتعلقة بالايعازات التي يتضمنها البرنامج، إذ يكشف الحاسب عن نوع وموقع الخطأ أثناء مرحلة تنفيذ البرنامج. وبعد التأكد من خلو البرنامج من الأخطاء ـ وكمرحلة أخيرة في اطار الفحص والتدقيق ـ تجري تجربة البرنامج على بيانات تؤدي إلى توليد نتائج معلومة مسبقاً ، من هنا ونظراً لأهمية هذه الخطوة فإنها قد تستغرق وقتاً طويلاً يزيد عن وقت إعداد البرنامج بحد ذاته .
- توثيق البرنامج واستخدامه . بعد اجتياز البرنامج للاختبارات الضرورية وتصحيح جميع الأخطاء يتم القيام بتوثيقه وذلك بأن يضاف له جمل توضيحية عن اسم البرنامج والهدف منه وهيكليته ومتغيراته ومن قام باعداده وتاريخ الاعداد وكيفية استخدامه وكيفية الحصول على النتائج من خلاله وغيرها من المطيات المفيدة التي تسهل الجوع اليه وفهمه ومتابعته .

ثالثاً: معايير اختيار البرمجيات . تقتضي الادارة السليمة لعمليات البرمجة في نظام المعلومات الادارية مراعاة جملة من المعايير الضرورية منها مدى ملاءمتها لمتطلبات العمل وسهولة استخدامها ومتطلبات التحويل وتوافقها مع أنظمة التشغيل والاتجاهات طويلة الامد ، وفيما يأتي توضيحا لهذه المعايير .

- ملائمة البرنامج لمتطلبات العمل في المنظمة .Fit to the Business Sitution. الشئ الاكثر وضوحا والذي يجب مراعاته عند اختيار البرنامج هو ما اذا كان يلائم متطلبات العمل ،فاذا كنت تطبع كتابا فان برنامج معالجة الكلمات المصمم لاغراض التوثيق القصير قد لايكفي ، واذا كنت بحاجة الى الجداول الالكترونية لانجاز الحسابات المالية فان الجداول الالكترونية للوظيفة المالية المبنية داخل النظام قد يوفر المزيد من الوقت والجهد. من جهة ثانية اذا اردت كتابة بعض المذكرات القصيرة أو اتك لاتحتاج الى انجاز الوظائف المالية فان البرمجيات البسيطة أو الرخيصة قدتكون الاختيار الافضل .
- سهولة الاستخدام .Ease of Use . يرتبط هذا المعيار بدرجة الجهود المطلوبة لاستخدام البرنامج في جانبي التطبيقات وأنظمة التشغيل والذي يعمل في اطاره البرنامج.
- التوافق مع الاجهزة والمعدات وأنظمة التشغيل والبرمجيات الاخرى المستخدمة Compatibility .على سبيل المثال فان برنامج معالجة الكلمات المفضل قد يكون غير مفيد اذا تعذر تشغيله في الحاسب المتوفر أو اذا تعذر استخدامه بالتزامن مع برنامج الجداول الالكترونية أو مع برنامج الراسم أو غيرها من البرمجيات المستخدمة.
- متطلبات التحويل .Conversion Requirements. الشئ الجوهري في تقويم أية برمجية هو مقدار الجهود المطلوبة لتحول من البرنامج الحالي الى البرنامج الجديد، وتعد متطلبات التحويل أيضا عاملا مهما في برمجيات المستفيد

النهائي.على سبيل المثال قبل اختيار المعالج الجديد للكلمات يجب تحديد ما أذا كانت الوثائق الحالية يجب تحويلها الى شكل جديد وكم يستلزم ذلك من جهود.

- الاتجاهات طويلة الامد . Long Term Direction . تعد البرمجيات استثمارا جيدا، ونظرا لانها تتغير ويتم تطويرها بمرور الزمن عليه فانه عند اختيار البرنامج يجب التفكير حول ماذا يمكن أن يحصل بهذا الاستثمار بعد سنتين أو خمس في حالة التفكير بتحديث هذا البرنامج او استبداله بآخر جديد .

المبحث الخامس
المستلزمات التنظيمية ORGWARE

تمهيد

قبل الابتداء باعتماد تطبيقات نظام المعلومات يفترض دراسة البيئة التنظيمية التي في ظلها ستعتمد تطبيقات نظام المعلومات الادارية، ويقصد بالبيئة التنظيمية لنظام المعلومات مجموعة المستلزمات التنظيمية التي تؤثر فيه سلبا أو ايجابا والتي تحدد صورة العالم التنظيمي الذي سيعمل فيه نظام المعلومات ويتفاعل معه، وقد تضم هذه البيئة مجموعة متغيرات اساسية تسهم في نجاح نظام المعلومات فيما إذا وفرت الارضية المناسبة (أي المستلزمات الملائمة) لتحقيق مثل هذا النجاح، من جهة أخرى قد تكتنف هذه البيئة مجموعة متغيرات تنظيمية غير ملائمة بما يعيق نجاح تلك التطبيقات.

وعليه يجب دراسة متغيرات البيئة التنظيمية قبل الشروع باعتماد تطبيقات نظام المعلومات، فأذا تبين من خلال الدراسة أن هذه البيئة ملائمة فعندها يمكن القيام بمزيد من الخطوات باتجاه تعزيز هذه التطبيقات والا فأن الابتداء باعتماد هذه التطبيقات في ظل بيئة تنظيمية غير ملائمة يعد مجازفة خطيرة فحالات الفشل في هذه التطبيقات كثيرا ما تكشف أن هذه التطبيقات كانت تحمل في طياتها بذور الفشل قبل الشروع باعتمادها لعدم ملاءمة البيئة التنظيمية لها، وبتعبير آخر لعدم تهيأة المستلزمات التنظيمية الملائمة لها.

مما سبق ولا جل تحديد أهم المستلزمات التنظيمية ودراسة علاقتها بنظام المعلومات الإدارية يكون من الضروري التعامل مع المنظمة بوصفها مكونة من جانبين أساسين هما:

- المناخ التنظيمي ويضم البناء الهيكلي (حجم المنظمة، البناء الوظيفي) والبناء الاجتماعي والبناء الحركي.

- العملية التنظيمية وتضم الوقت والنضج التنظيمي والموارد المتاحة والمشاكل التنظيمية.

وفيما يأتي توضيحا لهذين الجانبين :

أولا : المناخ التنظيمي .

مما لا شك فيه أن العنصر البشري هو الوعاء الحقيقي الذي تنجز من خلاله الفعاليات والانشطة لأية منظمة، ومنها نظام المعلومات الادارية الذي يعد جزءا جوهريا من تلك الانشطة. فالمعلومات في جوهرها هي أفكار يقصد من اعلانها أو نقلها حفز الاخرين للقيام بعمل معين في صنع قرار أو تبني موقف، أو تنفيذ الاوامر...الخ لذا فأن الجماعة البشرية هي الرحم الطبيعي لنظام المعلومات، لان عملية انتاج الافكار واعلانها واستيعابها هي فعاليات بشرية بحتة لا تتحقق الا في بيئة اجتماعية تبلورت لهم حدود ادوارهم وواجباتهم وحقوقهم. إن أهمية هذة البيئة الاجتماعية لنظام المعلومات وكفاءته وفاعليته تكمن في وصفها الاطار الحيوي/ العملي للمناخ التنظيمي حيث تتفاعل الابعاد البنائية والعمليات الاجتماعية ضمن ثلاثة مستويات اساسية هي:

- **البناء الهيكلي.** يعد البناء الهيكلي الصورة البنائية المعبرة عن المنظمة في أهدافها واقسامها الادارية وعلى وفق الأنشطة القائمة، وتوزيع القوى العاملة، وطبيعة العلاقات الوظيفية فيها ويمكن التعرف على أهم هذه المتغيرات الهيكلية ضمن جانبين اساسيين هما:

١- التصميم التنظيمي:

ينعكس اثر التصميم التنظيمي على نظام المعلومات الادارية في جوانب متعددة، ولعل ابرزها ما يتعلق بمركزية/ لا مركزية التصميم التنظيمي واثرهما في اعتماد تطبيقات نظام المعلومات الإدارية، فعلى الرغم من عدم وجود مركزية أو لا مركزية مطلقة ضمن الواقع الفعلي، اذ ان السمة الغالبة هي الجمع بين الاثنين بدرجات متفاوتة تبعا لعوامل مختلفة، الا ان التخطيط السليم لنظام المعلومات

المعلومات الادارية على النحو الذي يسهم في تلبية حاجات مختلف المستفيدين يستلزم بالضرورة مراعاة موضوع المركزية/ اللامركزية للتصميم التنظيمي، اذ يتجه هذا الموضوع بالنسبة لنظام المعلومات الادارية الى المستويات الاتية:

- مركزية التصميم التنظيمي الذي سيطبق فيه نظام المعلومات الإدارية.
- مركزية الجهود التي تبذل في بناء وتطبيق نظام المعلومات الإدارية.
- مركزية وحدة نظام المعلومات الإدارية.
- مركزية المواد المخصصة للحاسبة الالكترونية وملحقاتها عند استخدامها في تطبيقات النظام.

مما سبق- وبسبب - ان بعضا من المفاهيم قد تستخدم أو يساء استخدامها أو يهمل استخدامها في مجال نظام المعلومات، وعليه فان المهم جدا التحديد الواضح للمستوى المقصود من المستويات المذكورة آنفا وفي اية فترة زمنية، مثال ذلك أن المنظمات ذات التصميم اللامركزي تكون على الاغلب أكثر مرونة وقابلية للنمو والتنوع والتعقيد والتوسع جغرافيا، وتؤدي هذه السمات الى تعظيم مشكلات التحكم والرقابة على الوحدات اللامركزية جغرافيا، إذ أن ادارة هذه الوحدة اللامركزية تكون من قبل الادارة العليا البعيدة عنها، لذا فأن المشكلات الإدارية التي تواجه هذه الادارة ستكون على الاغلب روتينية متكررة، إذ لا تصلح الحلول الرياضية والاساليب الكمية باعتماد تطبيقات نظام المعلومات في حل مثل هذه المشكلات.

٢- حجم المنظمة:

على الرغم من عدم وجود الدليل القاطع الذي يؤكد على أن المنظمات الصغيرة الحجم تواجه صعوبات أكثر من الكبيرة فيما يتعلق بادارة نظام المعلومات وعلى الرغم من أن اغلب البحوث تحصر أهمية المعلومات في المنظمات الكبيرة فقط دون الصغيرة، وحيث أن هناك بعض المؤشرات الى أن العكس قد يكون صحيحاً ايضا فأنه مما لا شك فيه أن تواجه المنظمات الصغيرة بالتأكيد انواعا مختلفة من الصعوبات بالمقارنة بالمنظمات الكبيرة ويمكن اجمالها بالاتي:

- مدى الجدوى الاقتصادية لاستخدام تقنيات متطورة في تطبيقات نظام المعلومات. اذ تواجه المنظمات الصغيرة مشكلة التوازن بين النتائج الايجابية المتحققة وبين التكاليف المترتبة على استخدام تقنيات متطورة لنظام المعلومات فعلى الرغم من انه تم تقليص تكاليف استخدام الحاسبات الصغيرة فضلا عن تقليص تكاليف التشغيل والبرمجة، فأن تكاليف نظام المعلومات استمرت تشكل عبئا اكبر نسبياً على المنظمات الصغيرة بالمقارنة مع الكبيرة.

- الرغبة في الحصول على نتائج آنية واحتمالات الفشل . يضاف لما جاء آنفا فأن العبء المالي قد يؤدي إلى الضغط للحصول على نتائج آنية، اذ أن ترابط الرغبة بالنتائج الآنية السريعة مع الرغبة بخفض العبء المالي يقود بالضرورة إلى احتمالات اعلى للفشل في اعتماد تطبيقات نظام المعلومات، خاصة عندما تعتمد الإدارة على اسلوب شراء الاجهزة الرخيصة وتقليص الإيدي العاملة بشكل يؤثر على كفاءة المنظمة كما في الشكل (٤-٥) ادناه:

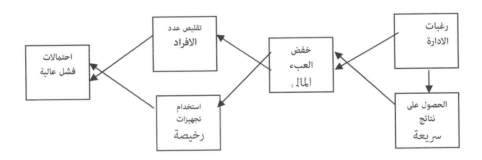

الشكل (٤-٥)

العلاقة بين الرغبة في الحصول على نتائج آنية واحتمالات فشل نظام المعلومات

لذا نجد أن الاهتمام ينصب على الاثار المترتبة على التدفق النقدي والوضع المالي بعامة، إلى جانب ربحية النظام، وعليه فأن مشروع نظام المعلومات يباشر به فقط إذا كان سليما ومجديا اقتصاديا، حيت تكون المخاطر أكبر في المنظمات الصغيرة.

- الهياكل والاجراءات الرسمية. الصعوبة الاخرى هي أن المنظمات الصغيرة لا تحتاج الى التأكيد على الهياكل والاجراءات الرسمية، والظاهرة التي تدلل على ذلك هي الميل نحو تجاهل دور الادارة الوسطى بسبب أن الادارة العليا قد تكون قادرة أو في الاقل تحس بأنها قادرة على التحكم في مجريات الامور في المنظمة، وبخاصة في منظمات المقاولات والمنظمات ذات الطبيعية العائلية وكمحصلة على ذلك يظهر العجز في التحكم بالاقسام الادارية والتنسيق فيما بينها وميل كل قسم تحو انجاز الاعمال بطريقته الخاصة فضلا عن الميل نحو صنع القرارات بناء على الحدس والتخمين وليس على اساس تحليلي وفي ضوء المعلومات المتاحة، اما في المنظمات الكبيرة وبسبب أن فاعلية نظام المعلومات تستلزم تنظيم عملية صنع القرارات ذات العلاقة كشرط اساسي، عليه يجب بذل جهودا خاصة عند تنظيم وترشيد المنظمة، وهنا نجد أن الحجم وحده هو الذي يستلزم من المنظمة الكبيرة تنظيم اجراءاتها.

- نمو حجم المنظمة. يعني نمو حجم المنظمة كنظام مفتوح حصول تغييرات كمية ونوعية في الانظمة الفرعية لها وبخاصة الانشطة والفعاليات التي تقوم بها بما ينعكس على نحو اساسي على حجم وطبيعة الوظائف الاساسية للأدارة (التخطيط، التنظيم، والتوجيه، الرقابة) وكذلك على حجم وطبيعة الوظائف الاساسية للمنظمة (الانتاج - التسويق - التمويل- الافراد) ولما كان أداء هذه الوظائف يعتمد على كفاءة وفاعلية عملية صنع القرار، ولما كان نظام المعلومات من المقومات الاساسية لنجاح عملية صنع القرار، فأن طبيعة ونوع ودرجة الحاجة إلى مثل هذا النظام تتأثر بتغيرات حجم المنظمة، فضلا عن أن نمو حجم المنظمة يعني تزايد

المستويات الادارية وتعقد بناء العلاقات التنظيمية (عموما) وكذلك اتساع الهيكل التنظيمي وتعقد بناء العلاقات التنظيمية (افقيا) ومن ثم تزداد الحاجة إلى نظام معلومات اكثر تعقيدا، أي اكثر قدرة على الاستجابة لعمليات تدفق البيانات والمعلومات افقيا وعموديا كما نوعا.

٣- البناء الوظيفي .

يحقق البناء الوظيفي عمليات الضبط والاتصال في النظم من خلال توزيعه الادوار وتحديد مكانها في بناء العلاقات التنظيمية، فطبيعة العمل في المنظمة وما تفرضة من انماط معينة- لتوزيع الأدوار الوظيفية والمواقع التنظيمية – وقد تكون متفقة او مغايرة لبناء المكانة الاجتماعية التي يتمتع بها أفراد التنظيم في المجتمع ثم ما يقود اليه هذا الاختلاف بين الدورين (الوظيفي- الاجتماعي) من مصاعب في بناء لغة مشتركة بين طرفي الاتصال في نظام المعلومات وخاصة عندما يكون الاتصال رأسيا (الرئيس ومرؤسيه) فالشخص صاحب المكانة الاجتماعية خارج اطار العمل والذي يمارس دورا قياديا في بيئته وصاحب المكانة الاجتماعية الأقل في العمل بخاصة اذا كان الرئيس أقل مكانة منه خارج العمل وبذلك تظهر حالات سلبية في تقبل المعلومات وفي استيعابها وفي تنفيذها مما يثير مصاعب في تحقيق الانسيابية المتوقعة في نظام المعلومات ويكون من عوامل انخفاض كفاءته وفاعليته.

من ناحية اخرى نجد أن عدم استقرار البيئة الاجتماعية الناجم عن تغير الادوار الوظيفية والحركة الافقية والرأسية المترتبة على إجراءات الترقية وتغيير المهام والواجبات والصلاحيات يخلق حالات سلبية مستمرة في تقبل المعلومات واستيعابها وتنفيذها مما يستلزم اعادة النظر في تصميم النظام باستمرار وعلى نحو دوري يتوافق مع سرعة التغيير في الأدوار الوظيفية.

واخيرا فأن اكثر الجوانب تأثيرا في نظام المعلومات هو ما يحققه البناء الوظيفي من سلطات لشاغلي الادوار الوظيفية سواء أكانت هذه السلطات رسمية (صلاحيات مفوضة من قبل الإدارة) أم سلطات غير رسمية (قناعات واعجاب من قبل اعضاء التنظيم) ذلك لأن هذه السلطات تمثل الاطار الشرعي لتوجيه الاوامر والتعليمات أو تقديم المشورة والارشاد، ومن بعد فأن هذه الشرعية- سواء كانت رسمية أم اجتماعية- سوف تزيد من انسيابية المعلومات وتوفر مناخا تنظيميا ايجابيا لنجاح نظام المعلومات.

- البناء الاجتماعي .

يحقق البناء الاجتماعي عمليات التوازن والتكامل في التنظيم من خلال تحديد العلاقات بين مكونات البيئة الاجتماعية التي تعد من العوامل الاساسية في تقرير طبيعة اللغة المشتركة الممكن اعتمادها في عمليات الاتصال ونقل البيانات والمعلومات فعندما تضم البيئة الاجتماعية للمنظمة فئات اجتماعية متفاوتة في بنائها العمري والنوعي والتعليمي والثقافي وبنائها الرسمي ضمن شريحة عمرية محددة وغالبيتهم من الذكور أو الاناث أو يتسم معظم العاملين فيها بمستوى تعليمي عال وباعداد اجتماعي حضري وينتمون إلى عائلة لغوية واحدة، فالمنظمة تحتاج إلى نظام معلومات أصعب عندما تضطر لتبليغ الاوامر بصياغات تناسب الجامعي وغير المتعلم وتناسب الحضري والريفي، وتناسب الشاب المندفع والرجل البالغ الناضج وتناسب الذكور والاناث.

مما سبق يتضح أن نجاح نظام المعلومات يتأثر بمدى قدرته على الاستجابة لمستلزمات بناء لغة مشتركة لكل افراد المنظمة، ومن بعد فأن درجة التباين والتفاوت بين هؤلاء الافراد في اعمارهم وتعليمهم وثقافتهم...الخ، تعد متغيرا بالغ الاهمية لنظام المعلومات. وتجدر الاشارة الى أن هذه التغيرات البنائية ترتبط بدورها ايضا بمتغيرات اخرى نذكر منها:

- متغيرات بيئية تتعلق بالمدخلات التي تحصل عليها المنظمة من البيئة الخارجية سواء كانت موارد مادية ام بشرية وما تحمله هذه الكوادر البشرية من قيم وانماط سلوكية متباينة ومفاهيم لغوية متفاوته.

- متغيرات تشغيلية تتعلق بطبيعة الانشطة التي تتطلب مؤهلات شخصية ومهنية تفرض بناءا مهنيا وكذلك بناءا اجتماعيا له خصوصياته في فئاته العمرية والنوعية والتعليمية والثقافية. أن هذه العلاقات المتداخلة بين المتغيرات البنائية والمتغيرات الاخرى تزداد اهميتها ثم من الضروري التحسب لها عند تصميم نظام المعلومات.

- البناء الحركي .

يحقق البناء الحركي في عمليات التغيير الحاصلة في البناء الاجتماعي والوظيفي، وما يترتب على هذا التغيير من صراعات سواء بين الاقسام أو المستويات أو الافراد فالتصور الذي يعكسه المستويان السابقان يعكس بدوره الابعاد التنظيمية الهيكلية الساكنة، اما الجانب الحيوي/ الحركي للتنظيم فيمكن أن ندركه من خلال بعدي الصراع والتغيير التنظيمي، ذلك لان ممارسة الادوار الوظيفية من قبل شاغليها لا يمكن ان تتحقق بنفس الكفاءة سواء على مستوى مجموعة الادوار أو الدور الواحد، بل حتى مستوى الشخص ذاته والذي يتباين في مستوى ادائه في اثناء ساعات العمل اليومي تبعاً لاختلاف حالاته النفسية والجسدية وتبعاً ايضاً لاختلاف مواقفه من العمل والإدارة ومواقف الاخرين تجاهه ... الخ .

ثانيا: العملية التنظيمية .

يقصد بها العملية التي تمارسها الإدارة باتباع أساليب مختلفة تتناسب وطبيعتها لاجل توجيه جهود الهيكل ببعديه العضوي والبنائي باتجاه تحقيق الأهداف، وتعد هذه العملية محصلة لتفاعل جملة من العوامل التي عند احكام السيطرة عليها تتمكن الادارة من تهيئة البيئة التنظيمية الملائمة لنظام المعلومات، واهم هذه العوامل:

- **الوقت .**

يعد الوقت العنصر الحاسم في صنع القرارات الادارية، ولاجل توضيح أهمية الوقت نعمد إلى تصنيف المنظمات على وفق أنموذجين هما: الآلي الرشيد، والعضوي المتطور، فالأنموذج الأول يصلح للمنظمات المستقرة التي تنمط السلوك التنظيمي فيها بحيث تكون الحاجة إلى القرارات السريعة محددة ومن ثم يصبح بالامكان تصميم نظام معلومات مستقر. والأنموذج الثاني يصلح للمنظمات السريعة النمو أو الجديدة والتي لم يتحقق فيها تنميط عال للسلوك التنظيمي، وتكون عملية اتخاذ القرارات فيها سريعة وبذا تكون الحاجة إلى نظام معلومات سريع التغيير على النحو الذي يمكنه من مواكبة التغييرات الحاصلة في البيئة التنظيمية. ويخضع وقت المنظمة - وتبعا لذلك يتحدد اختيار احد الأنموذجين المذكورين إلى مجموعة من المتغيرات المختلفة منها البيئة الثقافية والحضارية والتقنية المستخدمة والمنافسة.

وفيما يلي عرض لهذه المتغيرات:

١- القيم الاجتماعية والثقافية .

تؤثر القيم الثقافية والاجتماعية التي تحدد النمط الحضاري للمجتمع ومدى حركة مؤسساته على نحو فاعل في تحديد مدى أهمية الوقت والحاجة للقرارات السريعة، فكلما كانت هذه القيم تميل إلى التحرك والتغير السريع كانت هذه المؤسسات أكثر حركية، ومن بعد تزداد الحاجة إلى القرارات السريعة، ومع عدم الاخلال بما سبق فأنه حتى في حالة الحركية العالية فان العوامل الثقافية قد تعني أساليب مختلفة في صنع القرارات مع اشكال الوقت البطيئة، وهذا ما نجده مثلاً في المجتمع الياباني الذي يتميز بالنمط الحضاري التقليدي بسبب القيم الاجتماعية والثقافية التي تؤكد على القرارات الجماعية مما يؤطر عملية صنع القرارات بأشكال بطيئة الإجراءات القرارات، على العكس من ذلك نجده في المجتمع الامريكي الذي يميل فيه عملية صنع إلى السرعة والتخويل.

٢- التقنية المستخدمة .

تملي التغيرات التقنية السريعة على الإدارة أسلوب صنع القرارات السريعة، فالصناعات الإلكترونية وصناعة الطائرات بما تتطلبه من معدلات عالية للتغيير تجعل من وقت المنظمة عاملا مهما وكبيرا في التأثير على فاعليتها وكفاءتها مما يعطي وزنا اكبر لسرعة صنع القرارات، والتطور التقني يعد العامل الحاسم في نجاح مثل هذه المنظمات عليه تكون الحاجة إلى وجود نظام معلومات حركي وسريع النمو وقادر على الاستجابة لعلميات صنع القرارات السريعة ماسة جدا، على العكس من ذلك تكون حالة المنظمات التي تستخدم تقنيات خاصة بالانتاج الجماعي الكبير والتي تميل إلى الاستقرار في النمط العام لمختلف النشاطات.

٣- المنافسة .

وبأسلوب مشابه لما ذكر في الفقرتين السابقتين يمكن القول بأن المنظمة التي تواجه منافسة ضعيفة أو لا تواجهها بالمرة تتمتع بوقت فراغ كبير في صنع القرارات بالمقارنة مع تلك المنظمات التي تجابه منافسة قوية، مثال ذلك الاسواق المركزية والمنظمات الكهربائية والبريد فضلا عن احتمالات أن تميل المنظمات الصغيرة الى صنع قرارات تتميز بدورتها القصير بالمقارنة مع المنظمات الكبيرة. فمعدلات النمو في المنظمات الصغيرة تكون اكبر نسبيا من تلك الكبيرة، لذا فأن التغييرات المطلوبة تميل إلى أن تكون اكثر الحاحاوبصورة متكررة فضلا عن ان المنافسة والتغيرات التقنية لا تسمح للمنظمات الصغيرة ان تبقى متخلفة عن غيرها.

وتتمثل أهمية وقت المنظمة بالنسبة لنظام المعلومات في صعوبة مضاعفة الجهود في نظام المعلومات الكفوء والفاعل عندما يكون الوقت قصيرا بالمقارنة مع الحالة التي يكون فيها الوقت متاحا ومرنا، والمبررات التي تدفع لذلك تتمثل في المواقف الموضوعية للأفراد العاملين في اعتماد تطبيقات نظام المعلومات عند مواجهة المشكلات الخاصة بوقت المنظمة وايضا بطول الوقت المطلوب للحصول

على النتائج، فحتى في حالة عدم خضوع المطبقين لضوط الوقت الذي في ظله تعمل إدارة المنظمة فأن طول الوقت المطلوب لبناء النظام يجعله مهملا قبل اكتماله وتبرز هذه الصعوبات على نحو حاد عند محاولة استخدام نظام معلومات إدارية شاملة وذلك بسببين هما:

- يستغرق تجميع البيانات ومعالجتها وقتا طويلا بشكل يجعل الجزء الاكبر من هذه البيانات عديمة الفائدة/ قليلة الفائدة قبل ان تصل إلى المستفيدين .
- تأخر النماذج الخاصة بتطبيقات النظام قبل أن تصبح صالحة لتوليد النتائج المرغوبة فيها والتي تنخفض فائدتها عندما تصبح متاحة.

واخيرا فأن مشكلة الوقت ستصبح اكبر من خلال التغير السريع الذي يميز المنظمات الحديثة، مما يجعل المعلومات التي تحتاجها متغيرة ايضا فضلا عن تعدد المشكلات المصاحبة للتناقض في الوقت بين العاملين في النظام والمستفيدين منه بشكل قد يقود إلى عجز النظام جزئيا عن تحقيقه اهدافه.

- النضج التنظيمي .

من العوامل المهمة الاخرى التي تسهم في تشكيل البيئة التي في ظلها سيعمل نظام المعلومات هو عامل النضج التنظيمي، فزيادة درجة نضج المنظمة تعني زيادة فرص نجاح نظام المعلومات والعكس صحيح تماماً.

وعند مناقشة هذا العامل نجد أن من المفيد جداً عد المنظمة كنظام بشري معقد، عليه وبسبب هذا التعقيد فأن المنظمة يمكن تشبيهها بالصندوق الأسود الذي يمكن ملاحظة مدخلاته مخرجاته، الا ان عملياته الداخلية قد تكون مجهولة حتى بالنسبة لادارتها، فهي تستخدم التقنية دون المعرفة والدراية الكافية بها وتكون النشاطات واغلب الاجراءات المطبقة من قبلها غير واضحة ومحددة مما يجعل غالبية المنظمات تتصف بصعوبة الفهم والاخضاع للتحليل الكمي وتعذر توليد المعلومات ذات العلاقة بصنع القرار، مثل هذه المنظمات تعد منظمات غير ناضجة، من جهة ثانية فان المنظمة تعد ناضجة اذا كانت الانظمة التي تشتمل

عليها، مفهومة ومحددة على نحو جيد ويمكن تحليلها كميا وتوليد معلومات ملائمة لصنع القرارات والسيطرة على نشاطاتها.

ويجب الإشارة هنا إلى انه لا يشترط لنضج المنظمة مراعاة عامل العمر فقد تكون المنظمة القديمة التي مضى على انشائها فترة طويلة غير ناضجة والمنظمة الجديدة المؤسسة على نحو جيد تتسم بالنضج مع عدم تجاهل حقيقة أن المنظمات القديمة في الصناعات المستقرة اكثر نضوجاً من المنظمات الفتية في الصناعات المتنامية، وأهم العوامل التي تساعد على تحديد درجة نضج المنظمة هي:

١- فهم وإدراك المنظمة .

لاجل الحصول على وصف جيد للمنظمة لا بد من الحصول على فهم وإدراك جيد لها على النحو الذي يمكن معه تحديد المتغيرات ذات العلاقة، فاذا تم اعداد الانموذج الخاص بالمنظمة اعداد جيدا فان العلاقة بين المتغيرات يمكن فهمها وادراكها بشكل دقيق وواضح، حيث تعتمد درجة الفهم في هذه الحالة على الصناعة التي تنتمي إليها المنظمة، ففي الصناعات القديمة ذات التقنية المستقرة مثل الصناعات الكيمياوية، تصفية البترول، الحديد الصلب، فأن عملية الانتاج يمكن دراستها بعناية وفهمها فهما جيداً، وتجدر الإشارة هنا /إلى ان عمر الصناعة لا يعد الضمان للحصول على الفهم الكافي، مثال ذلك ان اتمتة عمليات التحكم في صناعة الورق عام ١٩٦٠ في الولايات المتحدة الامريكية استلزمت تكريس عدة سنوات لدراسة العملية التصنيعية التي لم يسبق وان تم فهمها بشكل جيد قبل هذه الفترة ، فاذا كانت الحالة في الصناعات القديمة فق ما ذكرناه فان من الطبيعي جداً ان تكون العمليات التصنيعية أقل فهما وادراكا في الصناعات الحديثة التي لم يتم بحثها ودراستها او الصناعات ذات التقنية المتغيرة، واذا كانت - ايضا- الاوجة التقنية للمنظمة تبرز وتثير مثل هذه المشكلات فلا عجب ان تكون العمليات الإدارية -بعناصرها السلوكية واعتمادها على العوامل الانسانية مثل الحدس والتخمين

والاعتبارات الشخصية - قليلة الفهم والإدراك حتى من قبل اولئك الذين يشتركون في هذه الإدارة ويتفاعلون معها، من هنا يمكن عد المنظمة ناضجة فقط في حالة حصول مثل هذا الفهم والإدراك والعكس صحيح.

٢- إمكانية القياس .

يتطلب بناء وتطوير نظام المعلومات الكفء والفاعل ليس فقط أن تكون العمليات الإدارية واضحة ومفهومة على نحو جيد، وإنما أيضا إمكانية تمثيل هذه العمليات على نحو ملائم لاغراض المعالجة والتحليل والتي تتضمن عادة التحليل الكمي بدلاً من الوصف النوعي، حيث يظهر مثل هذا الوصف النوعي في شكل أنظمة حسابات يتم تطويرها من خلال أنظمة التخطيط المالي والموازنات، أو من خلال توليد وتجميع معلومات عن النشاطات التسويقية والانتاجية، لذا تبذل الجهود في سبيل تحويل المنظمة من حالة غير محددة تحديداً كافياً وذات أسلوب نوعي إلى اخرى محددة وخاضعة للتحليل الكمي، مثل هذا التحويل يعد ضرورياً جداً فيما اذا أردنا التوصل إلى منظمة ناضجة.

٣- توفير البيانات والمعلومات .

يمكن قياس الانظمة كميا فقط اذا كانت البيانات والمعلومات عنها متاحة، ويمكن الحصول عليها عند الحاجة، إذ تعد حالتا الاتاحة والحصول ضروريتين جداً في هذا القياس ويرجع السبب في ذلك إلى تعذر تجميع بعض أنواع البيانات والمعلومات المطلوبة لصنع القرارات أو تعذر أتاحتها على نحو ملائم إلا بعد إجراءات عمليات المعالجة أو لتوفير مثل هذه البيانات والمعلومات الى جهات لا تدرك وجود الحاجة لها أو تقوم عمدا بحجبها عن المستفيدين.

خلاصة الكلام تعتمد درجة نضج المنظمة على وجود البيانات والمعلومات وسهولة الحصول عليها وعلى فهم المنظمة وامكان قياسها كميا، والمنظمات التي تفتقر الى معايير النضج المذكورة يتعذر بناء انظمة معلومات ناجحة فيها.

- الموارد المتاحة .

تسهم المشكلات الخاصة بتوفير الموارد الضرورية بقدر كبير في فشل نظام المعلومات وذلك للاسباب الاتية:

١- تنافس وحدة نظام المعلومات مع النشاطات الاخرى في المنظمة على تخصيص الموارد، وتتمثل هذه المنافسة في تجزئة هذه الموارد معبرا عنها بتخصيصات الموازنة، وبما أن الحاجة تبرز من خلال معرفة الدخل المتوقع أو الادخارات المتحققة للبرنامج الذي تخصص من أجله الموارد، وعليه فأن هذه العملية قد تكون صعبة بالنسبة لتبرير مشروع نظام المعلومات بسبب تعذر احتساب اغلب المنافع المترتبة على النظام.

٢- لا يمثل نظام المعلومات الاولوية في تسلسل اسبقيات المنظمة بسبب عدم ارتقاء نشاط المعلومات من حيث الاهمية من وجهة نظر ادارة المنظمة إلى مستوى أهمية الانشطة الاخرى مثل الانتاج والتسويق المالية الافراد...الخ فوظيفية المعلومات لا تعد الا وظيفة مساعدة ليس إلا من وجهة نظر بعض الادارات.

٣- تواجه الإدارة صعوبات كبيرة في ترجمة التخصيصات المتعلقة بمشروع نظام المعلومات إلى مستلزمات لتشغيل النظام مثل التجهيزات والأفراد العاملين، النظم، البرامج...الخ، ففيما يتعلق بالتجهيزات فأنها لا تشكل صعوبات كبيرة خاصة بعد التطورات الحاصلة في مجال تقنية معالجة البيانات ووجود بدائل متعددة في حين نجد ان الحصول على الافراد العاملين الضروريين يعد المشكلة الرئيسية، فالمبرمجون ومحللوا النظم ومشغلوا الحاسبة من المتعذر الحصول عليهم أو الاحتفاظ بهم لسرعة دورانهم وهو ما اوضحه " مكفارلان" بقوله: يحتاج نظام المعلومات في أية منظمة إلى أربع سنوات ونصف السنة لكي يوضع موضوع التطبيق بسبب النقص في الايدي العاملة.

- **المشكلات التنظيمية .**

تختلف المشكلات التنظيمية اختلافا واسعا، فالمنظمات الدولية تواجه مشكلات تختلف عن تلك التي تواجهها المنظمات المحلية، والمنظمات الحكومية تجابة مشكلات تختلف عن تلك التي تواجهها المنظمات في القطاع الخاص، وبتعبير أوضح نجد أن منظمات الطيران تمارس نشاطات مغايرة للجامعات أو منظمات تصنيع السيارات، وأن ادارة الانتاج تختلف عن إدارة التسويق أو إدارة تصنيع السيارات، وان ادارة الانتاج تختلف عن إدارة التسويق أو إدارة الافراد وتنعكس هذه الاختلافات على نظام المعلومات الادارية فبعض المشكلات تخضع ذاتها لمساعدة نظام المعلومات بشكل أكبر بالمقارنة مع غيرها، وعليه فأن احتمالية النجاح في تطبيق مشروع نظام المعلومات تكون راجحة عندما تسمح طبيعة المشكلة بالحل من خلال اعتماد تطبيقات نظام المعلومات، هذا وتتوقف طبيعة المشكلة على تفاعل أربعة عوامل اساسية هي:

١- الوقت المتاح لحل المشكلة (سبق الكلام عنه في الفقرة ١).

٢- النشاط الذي تظهر فيه المشكلة.

فالمنظمات التي تواجه مشكلات مركبة ذات صبغة كمية وتصلح معها الحلول القائمة على المعلومات تخضع ذاتها على نحو أكبر لتطبيقات نظام المعلومات في الحل بالمقارنة مع المنظمات التي ترتكز فيها عملية صنع القرارات على الحدس وتبنى على الحكم الشخصي فالمنظمات مثل السكك الحديد، الحديد والصلب، الطيران، والاغذية ومثيلاتها من المنظمات تتدرج في اطار النوع الاول الذي تقوم فيه النماذج الجاهزة بانجاز الجزء الاكبر من النشاطات فيها إذ تعد القدرة على بناء النماذج الدليل البديهي لقدرة مثل هذه المنظمات على حل المشكلات من خلال اعتماد تطبيقات نظام المعلومات والمنظمات الاخرى مثل البنوك والمستشفيات ومطابع الكتب والقرطاسية والتنقيب، فأن دور نظام المعلومات فيها لا يتعدى تزويد

المعلومات الضرورية التي يمكن ترجمتها الى قرارات إعتماداً على الخبرة الشخصية والحدس.

٣- المستوى الإداري .

يؤكد الكاتب "هارلان ميل" على حقيقة أنه كلما كبر حجم المشكلة التي تواجه الادارة قلت المعلومات المتوافرة عنها وهذا يعني أن حجم المشكلة يتناسب عكسيا مع كمية المعلومات المتوافرة عنه، ونتيجة لذلك فأن كثيرا من المشكلات التي تجابة المستويات الادارية الدنيا يمكن دراستها بعناية ومعالجتها باسلوب تحليلي، من جهة ثانية فأن درجة عدم التأكد تزداد في المستويات الادارية العليا وتقل معها المعلومات الضرورية لصنع القرارات ويسود الاعتقاد عند البعض انه مهما حصل من تطور في مجال نظام المعلومات فأن اعتماد تطبيقات نظام المعلومات لا يصلح في كثير من مجالات صنع القرار، عليه يفترض بادارة نظام المعلومات الاستعداد لمواجهة مثل هذه المشكلات، كما يجب عليها الاعتراف الصريح في حالة عجزه عن تقديم المساعدة الضرورية.

٤- المجالات الوظيفية .

استكمالا لما تم طرحه في الفقرة السابقة، يمكن القول بأن بعض المجالات التي تواجه مشكلات يسهل حلها بشكل أفضل من خلال اعتماد تطبيقات نظام المعلومات بالمقارنة مع غيرها من المجالات، مثال ذلك سهولة اعتماد هذه التطبيقات في مجالات الانتاج والمالية في حين يتعذر اعتمادها في اغلب مجالات التسويق على الرغم من أن التقدم التقني حاليا يسمح باستخدام اسلوب المحاكاة في مجال الاعلان أو في جدولة المبيعات، كما نجد انه لم يحصل تقدم كبير في اعتماد هذه التطبيقات في مجالات الافراد والاستثمار وادارة المستشفيات... وما شابهها.

أسئلة نهاية الفصل

- تعد المستلزمات البشرية من أهم أنواع المستلزمات الضرورية لإدارة وتشغيل نظام المعلومات الإدارية . علل ذلك ؟

- تتوقف أنواع وطبيعة المستلزمات البشرية على درجة التقانة المعتمدة في نظام المعلومات الإدارية . علق على ذلك .

- يشير الكتاب في مجال نظام المعلومات الإدارية الى أن اختيار الأفراد العاملين ينطوي على مخاطر محسوبة لكل من الفرد والمنظمة .. لماذا ؟

- يمكن اعتماد نوعين من المصادر للحصول على الكادر العامل في نظام المعلومات الإدارية . وضح ذلك مبيناً الحالات التي يفضل فيها كل نوع وأهم المزايا والعيوب .

- تفرض مسألة مواكبة التطورات التقنية الإهتمام بموضوع تدريب العاملين في نظام المعلومات الإدارية . بين رأيك ؟

- يوفر الحاسوب تسهيلات فنية كبيرة في نظام المعلومات الإدارية ، ويمكن تجسيد هذه التسهيلات من خلال خصائص الحاسب ، وضح ذلك .

- لكي ندرك دور الحاسب في تسهيل عمليات نظام المعلومات الإدارية يفترض معرفة المكونات الأساسية له . إعط فكرة موجزة عن هذه المقومات ؟

- يمكن الاختيار من بين ثلاثة بدائل متاحة أمام الإدارة عند سعيها باعتماد الحاسب في تطبيقات نظام المعلومات الإدارية . ما هي هذه البدائل وما هي أهم مزاياها وعيوبها وأهم الحالات التي يفضل أو لا يفضل فيها ؟

- يشير استقاء الواقع الفعلي الى اعتماد الاتصالات في تطبيقات نظام المعلومات الإدارية إلى وجود قصور في هذا الجانب ... لماذا ؟

- قارن بإيجاز بين معدات الاتصال الآتية: التلفون، الكيبلات المحورية، المايكروييف .
- تعد الأقمار الصناعية من معدات الاتصال المهمة التي تعتمد في تطبيقات نظام المعلومات الإدارية. وضح هذه الأهمية مبيناً المزايا والعيوب لها .
- تعادل أهمية التطورات الحاصلة في أنظمة الألياف الزجاجية الضوئية للإتصالات أهمية التطورات الحاصلة في أنظمة الأقمار الصناعية للإتصالات ... كيف ؟
- تسهم النهايات (المحطات الطرفية) بدور مزدوج في تطبيقات نظام المعلومات الإدارية ؟
- أحدثت شبكات الانترنيت انقلاباً جذرياً في أنظمة الاتصالات المعتمدة في تطبيقات نظام المعلومات الإدارية ، ما المقصود بها وما هي أهم مكوناتها ؟
- يختلف اسلوب الارتباط بشبكات الانترنيت وكذلك مجالات استخدامها.وضح ذلك؟
- تتباين الآراء بخصوص الآثار الجانبية المتوقعة لشبكات الانترنيت، بين وجهة نظرك؟
- ما المقصود بالبرنامج وما هي أنواع البرمجيات المعتمدة في مجال نظام المعلومات الإدارية؟
- تستلزم إدارة عمليات البرمجة في نظام المعلومات الإدارية اتباع مجموعة من الخطوات المتعاقبة ، وضحها بايجاز ؟
- ما المقصود بالكفاءة الفردية للمبرمج ، وكيف يمكن تعزيز هذه الكفاءة ؟
- كيف ينعكس أثر التصميم التنظيمي على نظام المعلومات الإدارية؟
- تشير الدراسات إلى أن المنظمة لها علاقة بادارة نظام المعلومات الإدارية؟
- ما علاقة البناء الوظيفي للمنظمة بنظام المعلومات الإدارية؟

- تأثر نجاح نظام المعلومات الإدارية بالبناء الاجتماعي السائد في المنظمة كيف ولماذا؟
- ما هو أثر الوقت في نجاح نظام المعلومات الإدارية؟
- يعد النضج التنظيمي من العوامل الحاسمة في عمل نظام المعلومات الادارية، كيف؟
- تسهم المشكلات الخاصة بالموارد المتاحة بقدر كبير في فشل نظام المعلومات، لماذا؟
- وضح أثر المشكلات التنظيمية في تطبيق مشروع نظام المعلومات الإدارية؟

الفصل الخامس
دور نظام المعلومات الادارية في نجاح المنظمات

تمهيد :

يسهم نظام المعلومات بدور استثنائي مهم وحاسم في حياة المنظمات في نجاحها في تحقيق أهدافها ومراميها، اذ يمثل نظام المعلومات اداة مهمة لخلق القيمة في المنظمة، وهناك طرق عدة يمكن من خلالها لنظم المعلومات الادارية المساهمة في تعزيز قيمة المنظمة منها زيادة العائد على الاستثمار، زيادة القيمة السوقية لاسهم المنظمة، زيادة ربحية المنظمة، مساعدة المدراء في صنع القرارات، تحقيق التكامل بين الوظائف الادارية المختلفة، تحقيق التكامل بين وظائف المنظمة المختلفة، وتعزيز الموقع التنافسي للمنظمة، هذا يعني أن لكل منظمة سلسلة قيمة للمعلومات والشكل (٥-١١) ادناه يوضح هذه السلسلة، اذ يتم تجميع البيانات الخام من مصادرها المختلفة ومن ثم تحويلها من خلال عمليات المعالجة الملائمة الى معلومات والتي تضيف قيمة لها ومن ثم يتم توصيل هذه المعلومات الى صناع القرارات لاستخدامها في صنع القرارات التي تسهم في انجاز وظائف المدير وايضا انجاز وظائف المنظمة بشكل سليم بالشكل الذي يسهم بدوره في تعزيز قيمة المنظمة، ويلاحظ من الشكل أن هذه القيمة تزداد وتتعزز بقدر ما يسهم نظام المعلومات في خلق هذه القيمة.

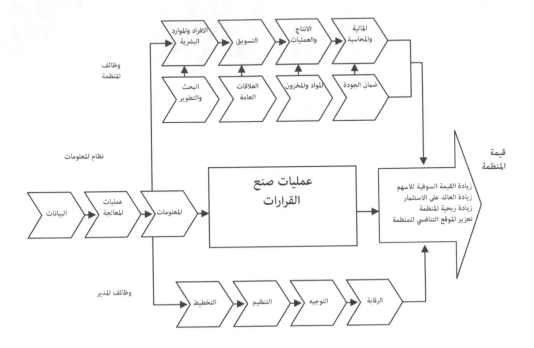

الشكل (٥-١)
سلسلة قيمة المعلومات في المنظمة

تأسيساً يهدف هذا الفصل الى بيان دور نظام المعلومة الادارية في اطار الجوانب الاربعة الاساسية المذكور وهي عملية صنع القرارات، تكامل وظائف المدير، تكامل وظائف المنظمة، وتعزيز الموقع التنافسي- للمنظمة وفيما يأتي نتطرق الى هذه الجوانب.

المبحث الاول
دور نظام المعلومات الادارية في صنع القرارات

يتفق اغلب الكتاب على أن دور نظام المعلومات الإدارية في صنع القرارات يفوق أي دور في أي مجال اخر، ذلك لان نجاح المنظمة يتوقف على معدل كفاءة ادارتها في صنع القرارات، وتعد المعلومات حجر الاساس الذي ترتكز عليه القرارات وبقدر الدقة والشمول وحسن التوقيت في توفير المعلومات الضرورية ترتفع تلك الكفاءة ، من هنا فان طبيعة القرارات ودرجة الكفاءة في صنعها انما تتوقف على نوعية المعلومات المستخدمة ودرجة دقتها ـ بفرض كفاءة الادارة وفاعليتها ـ انطلاقاً من ان القرار الاداري هو عملية اختيار أحسن البدائل المتاحة بعد تقييم النتائج المترتبة على كل بديل وأثرها في تحقيق الاهداف المطلوبة.

مما سبق نستنتج أن أهمية القرار تعادل بالضرورة أهمية المعلومات التي اعتمد عليها في صنعه الى درجة ان البعض من الكتاب اعتمد في التمييز بين المنظمات الناجحة والمنظمات الفاشلة (الادارات الناجحة والادارات الفاشلة) أساس مدى النجاح في صنع القرارات ، فكم من قرارات خاطئة قضت على آمال وطموحات منظمات كبيرة والعكس صحيح ، وكما قيل فان المعلومات الضرورية

بالخصائص المطلوبة في أيدي الادارة الرشيدة تحقق المعجزات وأن وجود المعلومات غير المكتملة والمضللة يستتبع بالضرورة وجود ادارة غير ناجحة ، وقد عبر (لامبرتون Lamberton) احد كبار رجال الاقتصاد في الولايات المتحدة الامريكية عن هذا الموقف بقوله : " في عالم تجد فيه كل شركة مرغمة على صنع قرارات فريدة ومصيرية ولتحقيق اعلى معدلات الكفاءة والابتكار ، فان صنع مثل هذه القرارات يدفع للاهتمام بالمعلومات بحيث يصبح توفيرها واختزانها والافادة منها نشاطاً استثمارياً أساسياً . ان الاطار السليم لتحديد أهمية نظام المعلومات الإدارية في صنع القرار يتمثل في دور النظام في توفير المعلومات الضرورية لصنع القرارات ، وفي تسهيل استخدام الاساليب الرياضية الحديثة في صنعها وأخيراً في اضفاء الرشد والعقلانية في انجاز كل مرحلة من مراحل صنع القرار.

أولاً: دور نظام المعلومات الادارية في تجهيز مراكز صنع القرارات بالمعلومات الضرورية . حيث يتكفل النظام بتوفير المعلومات بالوقت المناسب والكمية والدقة والتكلفة المناسبة وبالشكل الذي يسهم في اتاحة صورة واضحة عن مجال القرار، وان أي خلل في القيام بهذه المهمة ينعكس سلباً على وضوح تلك الصورة . وتقع المعلومات التي يحتاجها المدراء صانعوا القرارات بشكل عام في ستة أصناف واسعة هي المعلومات المريحة ومعلومات التحذيرات والمؤشرات الرئيسة والمعلومات عن حالة محددة والمعلومات غير الرسمية والمعلومات الخارجية، وفيما يأتي فكرة موجزة عن هذه الاصناف من المعلومات :

- المعلومات المريحة Comfort Information. هي المعلومات التي تلخص الوضع العام للمنظمة أو لانشطتها المختلفة ، وقد تشتمل على المبيعات في الفترة الاخيرة أو نتائج عمليات الانتاج أو الوضع الحسابي للزبائن . وعلى الرغم من أن الفائدة من هذه المعلومات قليلة الا أنها تساعد المدراء على الشعور بالراحة ، فالمدراء يرغبون بمعرفة كيف تسير الامور وأن لا تكون هناك مفاجآت غير سارة بانتظارهم، اذ تعد هذه المعلومات واحدة من المنافع التي تتحقق للمدراء من استمرارهم بالاحتكاك المباشر مع المرؤسين ومع المدراء المناظرين .
- المعلومات التحذيرية Warnings. هي المعلومات التي تحذر المدراء قبل حدوث المشكلة أو ظهور الفرصة والتي تستلزم فعلا اداريا أو تغييرا في الخطط . وبوصفها حالة طبيعية فان المدراء يجب أن يستلموا هذه التحذيرات بالوقت المناسب لاجل القيام بالفعل المطلوب قبل حدوث المشكلة أو ضياع الفرصة، وهذه التحذيرات قد تأتي من مصادر مختلفة تتراوح بين المكالمة

الهاتفية الى المعطيات الحاسبية في صيغة تقارير تحدد الاتجاهات والظروف المتوقعة .

- المؤشرات الرئيسة Key Indicators . هي المعلومات الخاصة بالقياسات للجوانب المهمة من الاداء المنظمي مثل العائد على الاستثمار لكل دينار ينفق على الاعلان والمخرجات لكل ساعة عمل، مستوى تذمر الزبون ، معدل اعادة العمل ...الخ . وتستخدم أغلب المنظمات أهداف رقمية (كمية) لتحديد المؤشرات الرئيسة للمحافظة على الرقابة المنظمية وتحديد المشاكل ،اذ يميل المدراء عادة الى جعل هذه المؤشرات واضحة ومفهومة ويسهل قياسها بشكل يمكن التحكم فيها على نحو سليم وأيضا تحفز منظماتهم لبلوغ أهدافها .
- المعلومات عن حالة محددة Situational Information. وهي المعلومات عن موضوع محدد يستلزم اهتمام المنظمة أو أحد المدراء ، وهذا الموضوع قد يكون أي شئ في المنظمة بدءاً من المشاكل الشخصية للمرؤوسين الى مشروع الاعلان الرئيس الذي يجب أن يستكمل في الوقت المحدد وما شابهها. والمدراء عادة ما يتتبعون هذه المعلومات بشكل دقيق.
- المعلومات غير الرسمية (الاشاعات) Informal Information (Gossip). هي المعلومات التي تأتي من المصادر غير الرسمية والتي تأخذ على الاغلب صورة الاشاعات التي تكون صحيحة ودقيقة في بعض جوانبها وتكون غير صحيحة وبعيدة عن الدقة، ويحاول المدراء الحصول على هذه المعلومات بسبب أنها تمثل انعكاسات جيدة لفهم الكيفية التي يفكر بها الافراد وأيضا تعكس الحالات التي يمكن أن تتحول الى مشاكل مستقبلا فيما اذا لم يلقى الاهتمام المطلوب .
- المعلومات الخارجية External Information. هي المعلومات التي يتم الحصول عليها من خارج المنظمة والتي تعكس مختلف متغيرات البيئة الخارجية العامة والخاصة الاقتصادية والاجتماعية والتكنولوجية والسياسية

- والقانونية والاجتماعية والمنافسة وغيرها وتعد هذه المعلومات ضرورية جدا في صياغة الرؤية الاستراتيجية للمنظمة واعتماد خياراتها ورسم سياساتها وتحقيق أهدافها . وفيما يأتي الشكل (٥-٢) الذي يوضح دور نظم المعلومات في توفير المعلومات الضرورية لصنع القرارات.

الشكل (٥-٢)
دور نظام المعلومات في توفير المعلومات الضرورية لصنع القرارات

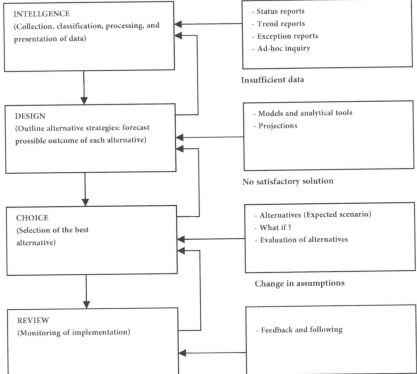

ثانياً: دور نظام المعلومات الادارية في استخدام الاساليب الرياضية الحديثة:

لقد اصبحت ادارات المنظمات تدرك مدى الحاجة الى التحول من اسلوب الادارة الارتجالية الى اسلوب الادارة المخططة الواعية ، والسبيل الى تحقيق هذا التحول يتمثل في استخدام الاساليب (التقنيات) الرياضية الحديثة في مجال صنع القرارات، وأهم هذه الاساليب هي: تحليل نقطة التعادل ، أنموذج الكمية الاقتصادية للطلبية (أمثلية المخزون)، السيطرة على الخزين، أنموذج العينة في التدقيق، المحاكاة ، صفوف الانتظار، البرمجة الخطية، تحليل الحساسية، نظرية المباريات ، شجرة القرارات، شبكة بيرت،اسلوب المسار الحرج، التنبؤات.

وتسهم الاساليب أعلاه بدور كبير في صنع القرارات وذلك من خلال:

١- ترشيد عملية صنع القرارات ـ فمعرفة هذه الاساليب وتطبيق نماذجها في حل المشاكل/استغلال الفرص التي تجابه المنظمة باسلوب عقلاني والتعامل مع كل حالة وفق معطياتها اعتماداً على التحليل والاستنتاج بدلاً من الاعتماد على الحدس والتخمين ، الامر الذي يساعد بدوره على صنع القرارات الرشيدة وتجنب الوقوع في دائرة التجربة والخطأ والاخطاء الناجمة عن الاعتماد على الحكم الشخصي.

٢- تسهيل عملية صنع القرارات . يعني أن النظام يزود المدراء بالمعلومات التي تمكنهم من استخدامها بالطريقة المناسبة عند صنع القرارات ، فنظام المعلومات الذي يوفر معلومات المنافسة يسهل التعامل مع التهديدات التنافسية من قبل الادارة الاستراتيجية .من هنا وبما ان عملية صنع القرارات تعني الاختيار من بين البدائل المتاحة بعد تقييم النتائج المترتبة على كل بديل ثم اختيار افضلها ونظراً لان عدد هذه البدائل قد يكون كبيراً ، أو غير محدد فضلاً عن صعوبة صنع الكثير من القرارات في ظل ظروف التقدم التكنولوجي ومتطلبات البيئة والمنافسة الشديدة الامر الذي يستلزم بذل جهود كبيرة واستنفاذ وقت كبير ، ولتذليل هذه الصعوبات يمكن الاستفادة من الاساليب اعلاه.

٣- أتمتة عملية صنع القرارات Automate : تعني أن النظام ينجز المهام التي كانت تنجز من قبل الفرد ،اذ تساعد هذه الاساليب في أتمتة عملية صنع القرارات وخاصة المتكررة منها ، فإذا تمت صياغة مشكلة/ فرصة معينة بدقة من خلال اعداد أنموذج لحلها وحصل وأن تكرر حدوث ذات المشكلة/ ذات الفرصة، فانه يمكن تطبيق ذات الانموذج في حلها/ استغلالها ، إذ يمكن برمجة هذا النموذج على الحاسبة الالكترونية التي تتولى صنع القرارات بشكل اتوماتيكي، ومن الامثلة على هذه القرارات أنموذج السيطرة على الخزين والتي تتحكم الحاسبة بكمية الخزين من خلال تحديد نقطة إعادة الطلب والحدين الاعلى والادنى للخزين والكمية الاقتصادية للطلبية ... الخ.

مما سبق وبما انه يتعذر تطبيق الأساليب اعلاه في ظل غياب المعلومات الضرورية ونظراً لان نظام المعلومات الإدارية هو الذي يكفل توفير هذه المعلومات عليه فان أهمية نظام المعلومات الإدارية تنبع من أهمية استخدام الأساليب أعلاه في صنع القرارات.

ثالثاً: دورنظام المعلومات الادارية في أنجاز مراحل عملية صنع القرارات

لقد جرت محاولات عديدة خلال السنوات المنصرمة من قبل الفلاسفة والقادة العسكريون وكتاب الادارة باتجاه تحديد خطوات ومراحل صنع القرارات وتمخضت هذه المحاولات عن حصول الإجماع من قبل اغلب الكتاب على أن هذه الخطوات تتمثل بالآتي:

تحديد المشكلة /الفرصة، تحليل المشكلة وتحديد مسبباتها/ تحليل الفرصة وأبعادها، تحديد البدائل والمفاضلة فيما بينها ، اختيار البديل الافضل وتنفيذ القرار ومتابعة التنفيذ . وقد اقترح هربرت سايمون عالم الادارة المعروف اختصار هذه المراحل بثلاثة فقط هي الادراك Intelligence والتصميم Design والاختيار Choice ، حيث يمكن تصور عملية صنع القرار كحركة انسيابية تبدأ بادراك المشكلة أو الفرصة

المتاحة مروراً بالتصميم (تحديد وتقييم البدائل) وانتهاءاً بالاختيار (اختيار البديل الافضل) مع الاخذ بنظر الاعتبار امكانية العودة مجدداً بنتائج اية مرحلة لاحقة الى المرحلة السابقة في اطار عملية التغذية العكسية للبدء من جديد. أي أن هذه المراحل تمثل عناصر متكاملة لعملية واحدة. والنهج الذي سوف نعتمده في توضيح دور نظام المعلومات الإدارية في انجاز مراحل صنع القرارهو تقسيم المنظمة الى ثلاثة مستويات ادارية هي مستوى الادارة العليا الادارة الوسطى والادارة التنفيذية ذلك لان الاسلوب الذي من خلاله يتم انجاز هذه المراحل يرتبط على نحو كبير بالمستويات الإدارية وبدور نظام المعلومات في القرارات التي تصنع من قبل كل مستوى ، وفيمايلي توضيحاً لذلك:

١- مرحلة الادراك:

تميل المشاكل /الفرص في مستوى الادارة التنفيذية الى أن تكون متكررة ويمكن تحديدها بسهولة. بينما تميل المشاكل/الفرص في مستوى الإدارة العليا إلى أن تكون فريدة ومتميزة ويصعب تحديدها ، أما مشاكل/ فرص الإدارة الوسطى فإنها تكون حلقة انتقال بين مشاكل فرص المستويين السابقين فبعض الإدارات ضمن هذا المستوى تواجه مشاكل/فرص تكون اعتيادية ويسهل تحديدها مثال ذلك إدارة الموازنة في حين نجد أن المشاكل في مجالات أخرى من هذا المستوى مثل إدارة المبيعات يصعب تحديدها ، والشكل (٥-٣) يوضح أسلوب تحديد المشكلة/الفرصة في المستويات الإدارية المختلفة .

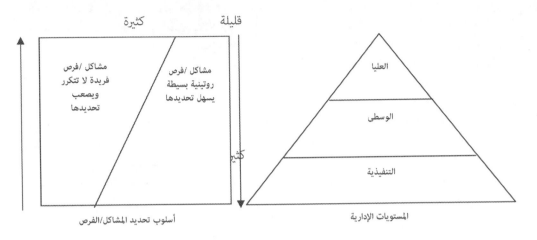

الشكل (٥-٣)
أسلوب تحديد المشكلة /الفرصة في المستويات الإدارية الثلاثة

وعند الكلام عـن دور نظام المعلومـات الإداريـة في تحديد المشاكل/الفرص تبعاً للمستويات الإدارية الثلاثة نجد أن هذا الدور يتصاعد كلما ازدادت درجة صعوبة وتعقيد المشاكل/الفرص أي كلـما تدرجنا من المشاكل/الفرص البسيطة المتكررة باتجاه المشاكل/الفرص الصعبة الفريدة والسبب في ذلك يعود الى اختلاف مواصفات المعلومات المطلوبة والضرورية لتحديد هذه المشاكل/الفرص، وفي مقدمة هذه المواصفات مصادر هذه المعلومات والفترة الزمنية التي تغطيها إذ يؤدي هذا الاختلاف الى اختلاف درجة صعوبة عمليـة تـوفير المعلومـات وايضاً الجهود المبذولـة والتكـاليف الضرورية فالبيانـات الخاصـة بالمشكلة/الفرصة البسيطة تكاد تكون متاحة ومتيسرة داخل المنظمـة وأن دور نظام المعلومـات الإداريـة يتمثل في الجهود التي تبـذل لتجميع هـذه البيانات واجـراء عمليات المعالجـة عليها لتـوفير المعلومات الضرورية التي تساعد الادارة التنفيذية في تحديد هذه المشكلة/الفرصة،

ونظراً لان أغلب هذه المشاكل/الفرص تكون متكررة أو ذات طبيعة متشابهة عليه يمكن القول بـان ذات المعلومات التي تم استخدامها عند تحديد المشكلة/الفرصة للمرة الاولى يتم استخدامها او بعـد اجـراء تعديلات بسيطة عليها (من خلال عملية التحديث) للمرة الثانية والثالثة، اما بالنسبة للمشاكل/الفرص غير الاعتيادية فان دور نظام المعلومات الإدارية يكاد يعادل مقدار الخسارة المتحققة في حالة عدم التوصل الى الحل المناسب للمشكلة أو يساوي كلفة الفرصة الضائعة في حالـة عـدم استغلالها، عليـه نجـد ان تحديـد هذه المشاكل أو كشف هذه الفرص يستلزم الحصول علـى معلومـات اضـافية وبـذل جهـود اكبـر وتحمـل تكاليف أكثر إذ يتوقف مقدار الجهود او التكاليف التي يكون صانع القرار معتمداً على قبولها علـى درجـة وصعوبة وايضاً على أهمية المشكلة أو الفرصة، عليه وبما أن اغلب هذه المعلومات تكون موجـودة خـارج اطار المنظمة ولا تكون متيسرة بالسهولة التي تتيسر فيها المعلومات من النوع الاول كـما يستلزم توفيرهـا بذل جهود كبيرة واستنفاذ وقت كبير وتحمل تكاليف عالية فان أهمية نظام المعلومات الإدارية تتزايد تبعاً لذلك.

٢- مرحلة التصميم:

في اطار الاسلوب التقليدي لصنع القرارات فان مرحلة التصميم تقتضي القيام بتحديد مجموعـة البدائل التي يمكن اعتمادها كحلول للمشكلة/استغلال للفرص، وفي العديد مـن الحـالات نجـد أن هـذا الاسلوب يعد مناسباً جداً ، لكن مـن جهة ثانية نجـد أن بعض المشاكل/الفرص يمكن مباشرة القرار بخصوصها بالبديل الافضل الوحيد ، عليه ولأجل تجنب الخوض في الاشكالات المتعلقة بوجود بـديل واحد أو عدة بدائل فاننا سوف نعد مرحلة التصميم بمثابة عملية بناء أو اختيار إنموذج قرار حيث يرينا الشكل (٥-٤) كيفية استخدام النماذج في صنع القرارات في المستويات الثلاثة.

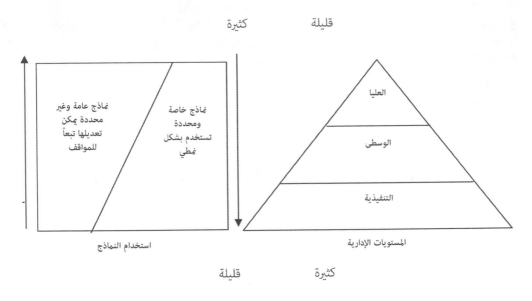

الشكل (٥-٤)
استخدام النماذج في المستويات الإدارية الثلاث

ففي المستوى التنفيذي حيث ان هناك مشاكل/فرص معينة تتكرر باستمرار فان النماذج المعيارية الخاصة بحالة معينة من المحتمل أن تكون موجودة وجاهزة وحتى في حالة عدم توفرها فان طبيعة التكرار التي تتسم بها هذه المشاكل/ الفرص تبرر الجهود التي ستبذل في بناء النماذج الملائمة لها ، مثال ذلك نجد أنه في المنظمات التي تظهر حاجتها الى تحديد احتياجاتها الى المواد المخزنية فانها تلجأ الى الكتب العلمية الإدارية للحصول على النماذج الجاهزة فيها والخاصة بتحديد الكمية الاقتصادية للطلبية أو الحدين الادنى والاعلى للمخزون وحتى في حالة عدم وجودها فان الحاجة لها تبرر الجهود التي ستبذل في بناء النماذج المطلوبة، مع التنويه الى ان نماذج الخزين تكون خاصة جداً ويمكن تطبيقها فقط في ايجاد حلول لمشاكل مخزنية محددة وهي تلك التي تتطابق ابعادها مع فرضيات هذه النماذج

ونظراً لان هذه النماذج يتكرر استخدامها فانها تبدو وكانها مختارة من تلك النماذج أكثر من كونها صممت استجابة لظهور مشكلة فرصة معينة.

اما في مستوى الادارة العليا فان النماذج تتصف بدرجة اكبر من العمومية في طبيعتها ولكنها ليست بالضرورة فريدة قدر تعلق الامر بالمشاكل/الفرص التي لاجلها صممت ، فقد يحدث مثلاً أنه لم يحصل قط من قبل حالة إندماج بين شركة للخوط الجوية وأخرى للحديد والصلب في شركة واحدة ولكن الادارة التي تفكر بهذا الاتجاه يمكنها الاعتماد في اعداد خطتها المالية طويلة الامد على ادوات مختلفة مثل المحاكاة او معادلات التدفق النقدي... الخ إذ تستخدم الادارة احدى هذه الادوات لوصف عملية الاندماج وفي بناء النموذج المالي للشركة المختلطة.

اما في مستوى الادارة الوسطى فان هناك أرضية مشتركة في اختيار الأنموذج ليس فقط بسبب أن بعض القرارات في هذا المستوى تعتمد على نماذج محددة وتعتمد اخرى على نماذج عامة وانما ايضاً بسبب أن هذه القرارات تحتاج الى نماذج هي في بعض اجزائها عامة وفي البعض الآخر خاصة تبعاً لحالات استخدامها مثال ذلك البرمجة الخطية التي يمكن عدها من النماذج العامة اذا تم استخدامها على نطاق واسع في تحديد البدائل ولكنها تعد أيضاً نماذج خاصة فيما اذا تم تطبيقها في نطاق ضيق وعلى مشاكل/فرص خاصة ، إذ تعد حسابات النقل من الامثلة على الاستخدامات الخاصة لاسلوب البرمجة الخطية.

وعند البحث عن أهمية نظام المعلومات في بناء النماذج يفضل العودة مجدداً الى موضوع استخدام الاساليب الرياضية الحديثة (انظر ٢ من هذا المبحث) عندما أكدنا على تعذر تطبيق تلك الاساليب في ظل غياب المعلومات الضرورية، هذا يعني ان نظام المعلومات الإدارية ـ وبشكل عام ـ يسهم في مرحلة بناء النماذج في المستويات الإدارية الثلاثة إلا أن درجة هذه المساهمة تختلف باختلاف النماذج المستخدمة ، فأذا كانت النماذج جاهزة ومتاحة فان دور نظام المعلومات الإدارية يتمثل في التاكد من مدى امكانية تطبيق الانموذج على الحالة موضوع

القرار وفي توفير المعلومات الضرورية لتطبيق هذا الانموذج ، اما في حالة عدم توفر الانموذج الجاهز فان دور نظام المعلومات يتمثل في المساهمة ببناء الانموذج الملائم ومن ثم توفير المعلومات الضرورية لوضع الانموذج موضع التطبيق بغض النظر عن المستوى الاداري الذي يستخدم فيه الانموذج.

٣- مرحلة الاختيار

يمكن عد مرحلة اختيار البديل أو تقويم نتائج الانموذج جوهر عملية صنع القرارات ففي مستوى الادارة التنفيذية نجد ان هيكل عملية صنع القرارات يسمح باستخدام نماذج التعظيم (Optimization) التي تمنح لصانعي القرار أفضل الحلول الممكنة للمشكلة أو أفضل النتائج للفرصة المتاحة ، والحل في هذه الحالة يحتاج فقط الى اختيار مدى انسجامه مع العمليات ذات العلاقة وتعديله في حالة وجود حاجة الى التعديل مثال ذلك فان معادلة الكمية الاقتصادية للطلبية قد تكون نتيجتها بعد تطبيقها ان الكمية الاقتصادية هي (١٢٣) وحدة ، فان صانع القرار قد يعدل هذه النتيجة الى (١٢٠) وحدة اذا كانت هذه الوحدات تأتي الى المخازن على شكل دفعات حجم كل منها (١٢) وحدة. بينما نجد في مستوى الادارة العليا فان صانع القرار يميل الى تحقيق الرضا من خلال اختيار البديل الافضل من بين عدد محدد من البدائل وليس بالضرورة البديل الذي يحقق أفضل الحلول أو أفضل النتائج وفي ظل التقويم الشامل لجميع البدائل والسبب في ذلك يرجع الى طبيعة المشاكل أو الفرص التي تواجهها هذه الادارة والتي تتسم بالتعقيد الكبير ومحدودية في الوقت واعتمادا على معلومات محددة وعلى قدرات محددة لتوظيف هذه المعلومات على النحو الذي يجعل من المتعذر القيام بتقييم شامل لكل البدائل ، ففي حالة إقامة مصنع جديد مثلاً قد يتعذر على الادارة التعرف على كل المواقع المتاحة لاقامة المصنع ولكنها تختار اول موقع يصادف أنه يلبي جميع الشروط المطلوبة والذي يعد البديل الأفضل من بين ثمانية أو عشرة من المواقع البديلة كما يتضح من الشكل (٥-٥).

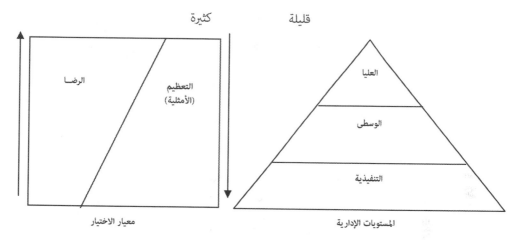

شكل (٥-٥)
معيار اختيار البديل تبعاً للمستويات الإدارية الثلاث

ويتوقف دور نظام المعلومات الإدارية في انجاز هذه المرحلة على مساهمة النظام في انجاز المرحلتين الاولى والثانية سواء تعلق الامر بقرارات الادارة التشغيلية أو الوسطى أو العليا ، ذلك لان المعلومات التي يتم توفيرها في مرحلة الادراك وتحليلها في مرحلة التصميم من خلال الانموذج المختار يتم اعتمادها في مرحلة الاختيار بعد الاخذ بنظر الاعتبار الإضافات الحاصلة في كم ونوع هذه المعلومات بعد التقدم نحو المرحلة اللاحقة.

ختاماً وإذا ما أخذنا بنظر الاعتبار وجود مرحلة رابعة تتمثل في تنفيذ القرار ومتابعة التنفيذ فان دور نظام المعلومات يتمثل بالنسبة لجميع المستويات الثلاثة في توفير معلومات التغذية العكسية للتأكد من مدى سلامة القرار وسلامة تنفيذه وتصحيح الانحرافات في حالة حدوثها واتخاذ ما يلزم لمنع تكرارها.

المبحث الثاني
دور نظام المعلومات الإدارية في تكامل الوظائف الإدارية

المدخل لهذا الموضوع هو تعريف الادارة على انها : عملية استغلال الموارد المتاحة للمنظمة مـن خلال ممارسة وظائف التخطيط والتنظيم والتوجيه والرقابة وصولاً الى الاهداف المنشودة ، إذ يمكن ربط هذا المدخل بنظام المعلومات الإدارية ومن ثم تحديد دوره في تكامل الوظائف الإدارية.

ولأجل توضيح هذه الفكرة لابد من اعطاء فكرة مبسطة عن كل وظيفة مـن الوظائف الإداريـة الاربعة وهي على التوالي:

التخطيط : يعني اعداد التنبؤات وتحديد الاهداف ووضـع الاستراتيجيات والموازنـات والسياسـات اللازمـة لبلوغ هذه الاهداف ولايمكن اعداد هذه الخطط ولا تنفيذها ولامتابعتها في ظل غياب المعلومات.

التنظيم : يعني تنظيم الجهود البشرية وتنسيقها باتجاه تحقيق الاهداف المرسومة وذلك من خلال تحديد التقسيمات الرئيسة والثانوية ، الصلاحيات المسؤوليات، الادوار ، المراكز ... الخ ولا يمكن أن يكون التنظيم فاعلاً الا عند توفير شبكة اتصالات كفؤة تقوم بتوفير المعلومات الضرورية.

التوجيه : هو مجموعة الانماط السلوكية التي تستخدمها الادارة في حفز الافراد لانجاز العمل كـما تقتضيه الخطة ويستلزمه التنظيم ، والتوجيه بهذا المعنى يتضمن القيادة والحفـز والاتصالات ، وعـلى الـرغم مـن اختلاف الادارات في انماطها السلوكية عند مواجهتها لنفس المواقف إلا أن الحد الادنى من متطلبات التوجيه يتمثل بتوفير المعلومات عن الافراد.

الرقابة : تعني قياس أداء الافراد والجماعات والمنظمة بهدف كشف الانحرافات وتصحيحها بالشكل الـذي ينسجم مع الاهداف المحددة سلفاً ، فالعناصر الجوهرية

لوظيفة الرقابة تشتمل على القياس والمقارنة والتغذية العكسية والنشاط التصحيحي وكل عنصر من هذه العناصر يحتاج الى المعلومات.

مما سبق يتضح لنا مدى أهمية المعلومات ليس فقط في انجاز كل وظيفة من الوظائف الإدارية وانما في تحقيق الضبط والانتظام والدقة والعقلانية في انجاز كل منها وتوفير شروط التطبيق الصحيح لها ، الى جانب تحقيق التكامل بين كل وظيفة والوظائف الأخرى ذلك لانه في ظل غياب المعلومات ستنفصل الخطة عن الواقع ومن ثم يتعذر التنفيذ الامر الذي ينجم عنه أن تصبح وظيفتا التوجيه والرقابة غير مجدية لسبب عدم وجود الأساس الذي يعتمد عليه في التوجيه والرقابة. بتعبير اخر فان أي خلل في انجاز أي وظيفة من الوظائف بسبب عدم توفر المعلومات أو نقصها سوف يترتب عليه خلل مركب في انجاز الوظائف الاخرى ، والشكل (٥-٦) يوضح أهمية نظام المعلومات في إنجاز كل وظيفة من الوظائف الإدارية الأربعة .

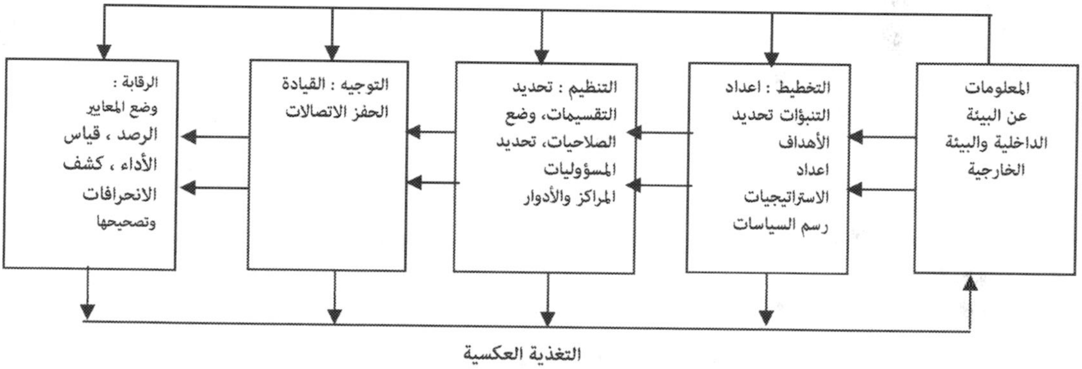

| الرقابة : وضع المعايير الرصد ، قياس الأداء ، كشف الانحرافات وتصحيحها | التوجيه : القيادة الحفز الاتصالات | التنظيم : تحديد التقسيمات، وضع الصلاحيات، تحديد المسؤوليات المراكز والأدوار | التخطيط : اعداد التنبؤات تحديد الأهداف اعداد الاستراتيجيات رسم السياسات | المعلومات عن البيئة الداخلية والبيئة الخارجية |

التغذية العكسية

الشكل (٥-٦)
أهمية المعلومات في إنجاز الوظائف الإدارية

٢٨٣

إن معرفة الآلية التي من خلالها يتحقق التكامل بين الوظائف الإدارية بمساعدة نظام المعلومات الإدارية وبالصيغة المؤشرة في الشكل (٥-٦) تقتضي ـ التطرق إلى موضوع المستويات الإدارية في المنظمة الواحدة ، حيث يتفق كتاب الادارة على وجود ثلاثة مستويات إدارية في كل منظمة هي مستوى الادارة العليا، مستوى الإدارة الوسطى ، مستوى الادارة التنفيذية ، إذ تمارس هذه المستويات الثلاثة الوظائف الإدارية الاربعة ولكن مع اختلاف نسبة الوقت المخصص من قبل كل مستوى في انجاز كل وظيفة من تلك الوظائف ، وبهذا الخصوص نجد ان وظيفة التخطيط تستحوذ على نسبة كبيرة من اجمالي الوقت المخصص للادارة العليا وبالدرجة الثانية التنظيم ومن ثم التوجيه واخيراً الرقابة في حدود ضيقة جداً ، هذا يعني ان الادارة العليا ذات توجه تخطيطي بالدرجة الاساس.

اما في مستوى الادارة التنفيذية فان العكس يحصل تماماً حيث يتم تخصيص الجزء الاكبر من وقت هذه الإدارة على الرقابة ومن ثم التوجيه والتنظيم وأخيراً التخطيط في حدود ضيقة جداً ، هذا يعني ان هذه الإدارة ذات توجه رقابي بالدرجة الأساس والشكل (٥-٧) يوضح ما جاء أعلاه.

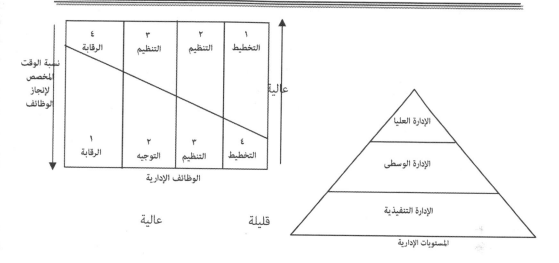

الشكل (٥-٧)

الوقت المخصص لإنجاز كل وظيفة من قبل المستويات الإدارية

تعد هذه العلاقة بين المستويات الإدارية وبين الوقت المخصص لإنجاز الوظائف الإدارية المنطلق والباعث الأساسي لضرورات وجود نظام المعلومات الإدارية لكي يؤدي دوره المستهدف والمتوقع في تحقيق التكامل بين الوظائف الإدارية ، ذلك لأن اختلاف هذه المستويات في نسبة الوقت المخصص لإنجاز كل وظيفة يترتب عليه اختلاف المعلومات التي تحتاجها هذه المستويات والتي يجب توفيرها مـن قبل نظام المعلومات ، ويكون هذا الاختلاف في جانبين أساسين هما: محتوى المعلومات ، ومواصفات المعلومات.

أولاً: اختلاف المعلومات من حيث المحتوى.

يمكن تصنيف المعلومات التي يجب على نظام المعلومات توفيرها الى ثلاثة انواع هي:

١- **المعلومات الاستراتيجية :** هي التي تغطي فترة زمنية طويلة نسبياً وتتعلق بدرجة اساس بصياغة مرامي وأهداف المنظمة ، والخطط طويلة الاجل للوصول الى هذه الاهداف والامثلة على هذه المعلومات هي تحديد مواقع المشاريع ، مصادر راس المال ، انواع المنتجات ، المكائن والمعدات ... الخ.

٢- **المعلومات التكتيكية :** هي التي تغطي الفترة الزمنية المتوسطة الامد وتتعلق بتنفيذ الادارة الوسطى للاستراتيجيات الموضوعة من قبل الادارة العليا أي انها تتركز حول وصف الخطط التكتيكية الضرورية لتنفيذ استراتيجية معينة ، مثال ذلك المعلومات الخاصة بتصميم المصانع واختبار وتدريب الافراد ، جدولة الانتاج، خطط الصيانة ، تخصيصات الموازنة.

٣- **المعلومات التشغيلية :** هي التي تتعلق بعمليات المنظمة اليومية حيث يجب توفير معلومات تفصيلية ودقيقة وبصفة مستمرة ومتكررة عن جميع أوجه النشاط في المنظمة ، مثال ذلك المعلومات المتعلقة بحضور وانصراف الافراد ، أنواع وكميات السلع المنتجة والمباعة ، التوقفات الحاصلة في المكائن والمعدات ... الخ. وفيما يأتي الشكل (٥-٨) الذي يوضح كيفية اختلاف محتوى المعلومات باختلاف المستويات الإدارية

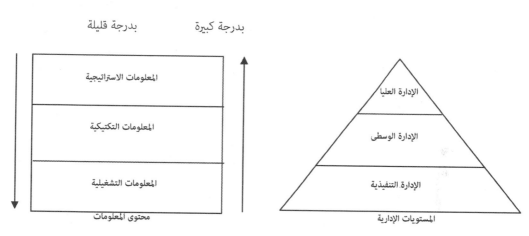

الشكل (٥-٨) اختلاف محتوى المعلومات باختلاف المستويات الإدارية

بدرجة قليلة بدرجة كبيرة

ولتجسيد هذا الاختلاف نعرض في الجدول (٥-١) بعض الامثلة لمحتوى المعلومات في اطار المستويات الادارية الثلاث.

المستويات الإدارية	محتوى المعلومات	خصائص المستويات الثلاثة					
		تنوع المشاكل	درجة الغموض	الافق الزمني	القرارات المبرمجة	قرارات التخطيط	قرارات الرقابة
العليا	المعلومات الاستراتيجية	عالي	كبيرة	سنوات	قليلة	اغلبها	قليلة
الوسطى	المعلومات التكتيكية	متوسط	متوسطة	أشهر	بعضها	نصفها	نصفها
التنفيذية	المعلومات التشغيلية	متدني	قليلة	أيام أو أسبوع	أغلبها	قليلة	أغلبها

الجدول (٥-١)
بعض الامثلة التي تجسد اختلاف محتوى المعلومات

ومن الشكل (٥-٨) وكذا الجدول(٥-١) يتبين أنه على نظام المعلومات الإدارية القيام بتوفير الانواع الثلاثة من المعلومات لكل مستوى اداري وحسب حاجته وعلى النحو الذي يسهم في انجاز كل مستوى للوظائف الإدارية أي المعلومات الاستراتيجية للادارة العليا والمعلومات التكتيكية للادارة الوسطى والمعلومات التشغيلية للادارة التنفيذية. ويوضح الجدول (٥-٢) نماذج لكيفية مساهمة نظام المعلومات الادارية في تحقيق التكامل بين الوظائف الادارية من خلال توفير المعلومات بالمحتوى المطلوب وبما يسهل انجاز الوظائف الادارية الاربعة في المستويات الادارية الثلاث .

الجدول (٥-٢)
نماذج لكيفية مساهمة نظام المعلومات في تكامل الوظائف الادارية

النشاط	العليا(المعلومات الاستراتيجية)	الوسطى(المعلومات التكتيكية)	التنفيذية(المعلومات التشغيلية)
إعـداد الخطـة المركزية	التنبـؤات طويلة الامـد للتكـاليف والمبيعات	التنبـؤات السـنوية للتكاليف والمبيعات	التقارير الاسبوعية بالتكاليف والمبيعات
المبيعات	التوقعات بخصوص خطوط الانتاج والاسواق الجديدة	التوقعات بحالة السوق	طلبيات البيع
التخزين	اقرار اساليب جديدة في التخزين	ملخص بالخزين لكل فترة	الخزين الحالي من المـواد الخـام والسـلع نصف المصنعة وتامـة الصنع
التصنيع	التخصيص الامثل للتسـهيلات والاحتياجات المستقبلية	تحديـد تحميل كـل ماكنة لاكمال اوامر الصنع	اوامر التصنيع غير الكاملة
النقل	اختيار اساليب اكثر كفاءة	جدولـة نقل السـلع بـين المصنع والوكلاء	اساليب الانتاج والتكاليف
الحسابات	الموازنة المالية للسنوات الخمس القادمة	التقارير الدورية (الموازنـة مقابل الفعلي)	سجلات الانتاج والتكاليف
التمويل	الاحتياجات المستقبلية من الاموال مـن المصـارف الخارجيـة وللامـد الطويل	بدائل فرص الاستثمار في الامد القصير	السيولة المتاحة في الامد القصير
الافراد	الاحتياجات المستقبلية من الافراد	التفاوض مع نقابات العمال	المعلومات التاريخية عن الافراد

ثانياً: اختلاف المعلومكات من حيث المواصفات : يعد الاختلاف في مواصفات المعلومات المطلوبة تبعاً لاختلاف المستويات الإدارية من المسائل الطبيعية جداً، إذ تشير نتائج الدراسات الميدانية الى أن هناك اختلافاً جوهرياً في مواصفات المعلومات المطلوبة من قبل كل مستوى اداري ، فالمعلومات التي تحتاجها الادارة العليا تميل الى أن تكون خارجية بنسبة كبيرة واكثر اختصاراً واقل تكراراً بالمقارنة مع المعلومات التي تحتاجها الادارة التنفيذية والتي تميل الى أن تكون داخلية بنسبة كبيرة وتفصيلية وتتصف بالتكرار ، والجدول (٥-٣) يوضح ذلك

الجدول (٥-٣)

اختلاف مواصفات المعلومات تبعاً للمستويات الإدارية

المستويات الإدارية مواصفات المعلومات	العليا	الوسطى	التنفيذية
١- درجة عدم التأكد	عالية	معتدلة	قليلة
٢- الدقة	قليلة نسبياً	مطلوبة نوعاً ما	كبيرة جداً
٣- درجة التفصيل	مختصرة	تفصيلية بعض الشيء	كبيرة
٤- التكرار	غير متكررة	متكرر من أسبوع الى شهر	متكررة (عادة يومية)
٥- الافق الزمني	طويلة الامد (سنوات)	متوسطة الامد (اشهر)	قصيرة الامد(اسبوع/ايام)
٦- قرارات التخطيط	اغلبها	حوالي النصف	قليلة
٧- قرارات الرقابة	عدد قليل	حوالي النصف	اغلب القرارات
٨- درجة الحكمية	عالية	معتدلة	متدنية
٩- مصدر البيانات	مصادر خارجية	عن مصادر محددة	داخليـة علـى الاغلب ونسبـة كبيرة جداً
١٠- مجال الاستخدام	التنبؤ والتخطيط	الرقابة والتوحيد	التنفيذ

مما سبق وكما يتضح ايضاً من الجدول أعلاه نجدد التأكيد على أنه يجب على نظام المعلومات الإدارية فيما - اذا اريد له تحقيق الاهداف التي صمم من اجلها - ليس فقط توفير المعلومات الاستراتيجية والتكتيكية والتشغيلية لكل مستوى اداري وانما ايضاً توفير هذه الانواع الثلاثة بالمواصفات الموضحة في الجـــــــــدول (٥-٣) وبالشكل الذي يحقق الانسجام والتكامل بين هذه المستويات وبين مجموعة الوظائف الإدارية التي تنجزها في اطار نسبة الوقت المخصص لانجاز كل منها، والا فان أي خلل في هذا الدور الذي يفترض أن يلعبه نظام المعلومات سوف ينعكس سلباً كما اشرنا سابقاً في صورة خلل مركب في إنجاز هذه المستويات للمهام الموكلة اليها ومن ثم خلل في مسيرة المنظمة ومساعيها باتجاه تحقيق أهدافها.

المبحث الثالث
دور نظام المعلومات الادارية في تكامل وظائف المنظمة

انطلاقاً من مفهوم نظرية النظم تعد المنظمة مجموعة من الانظمة الفرعية التي تسعى الى تحقيق اهداف جزئية مشتقة من الهدف الكلي لها ، وعند تحديد هذه الانظمة الفرعية وفقاً لهذا الاطار يمكن اعتماد أسس عديدة ، فبالامكان مثلاً اعتماد أساس تدفق الموارد، العمل، النقود، المواد الخام، كما يمكن اعتماد أساس المستويات الإدارية أو المداخل المختلفة في صنع القرارت واخيراً يمكن اعتماد اساس الوظائف الرئيسة التي تمارسها المنظمة وهو الاساس الذي ينسجم مع توجيهاتنا في دراسة موضوع هذا المبحث لانه يتيح امكانية الحصول على تصور واضح عن الانظمة الوظيفية الفرعية للمنظمة ومن ثم وصف الطريقة التي تتكامل بها هذه الانظمة من خلال نظام المعلومات الإدارية.

وبناءاً عليه نجد أنه في اغلب المنظمات يتم تشكيل هذه الانظمة الوظيفية من خلال تجميع الانشطة المتشابهة مثال ذلك وظيفة التسويق التي تتشكل من تجميع انشطة البيع والتسعير والاعلان والتعبئة والتغليف، وتتشكل وظيفة الافراد والموارد البشرية من تجميع انشطة الاختيار والتعين والتدريب وتحديد الاجر والمكافأة ...(*) الخ وهكذا بالنسبة للوظائف الاخرى، إذ يمكن تحديد هذه الانظمة الفرعية في المنظمة بشكل عام بثمانية وظائف هي: الانتاج والعمليات، التمويل، التسويق، الافراد والموارد البشرية، الشراء والتخزين، العلاقات العامة، البحث والتطوير وضمان الجودة، مع التنويه الى انه ليس بالضرورة أن نجد ذات الوظائف في تلك المنظمات . وفيما يأتي فكرة موجزة عن كل وظيفة.

(*) قد يستخدم اسس اخرى في تجميع هذه الانشطة غير الاساس الوظيفي مثال ذلك الاساس الجغرافي،اساس تكامل المراحل او التعليمات الانتاجية ، اساس المنتج ... الخ وفي جيمع هذه الحالات فان دور نظام المعلومات يتمثل بتكامل مثلاً الانشطة المنتشرة في مواقع او اقاليم جغرافية مختلفة ، او بتكامل المراحل والعمليات الانتاجية ... الخ.

- **النظام الفرعي للتمويل .** يهتم هذا النظام بالموارد المالية المتاحة للمنظمة واختيار الاسلوب المناسب في ادارتها، من خلال تحديد كيفية الحصول عليها ومصادر هذه الموارد وسبل إنفاقها بما ينسجم والاهداف الكلية للمنظمة ، فالمهمة الاساسية لهذا النظام هي مقابلة الالتزامات المالية للمنظمة باستخدام الممكن من تلك الموارد وبالشكل الذي يتوافق مع هامش الامان المخطط ، ولايتحقق ذلك الا من خلال التحكم بالتدفقات النقدية الداخلة الى المنظمة والخارجة منها والمترتبة على اجمالي النشاط الذي تمارسه هذه المنظمة وصولاً الى اهدافها المنشودة ، والسبيل الوحيد الى تحقيق هذا التحكم بشكل سليم هو في توفير المعلومات الضرورية.

- **النظام الفرعي للانتاج والعمليات.** تستلزم هذه الوظيفة تحويل المواد الى سلع وخدمات فمصانع السيارات تحول العمل وراس المال والمواد الخام الى سيارات ومنظمات القانون تنتج الخدمات القانونية ، المنظمات العسكرية تحفظ الدولة من العدوان الخارجي باستخدام العمل وراس المال ، وبغض النظر عن انتاج السلع او تقديم الخدمات فان الامر يقتضي في كلتا الحالتين توفر المعلومات عن جميع جوانب هذا النظام.

- **النظام الفرعي للتسويق.** يتولى تحديد الاسواق أو اجزاء السوق التي تعمل المنظمة على خدمتها ، لذا يجب عليه ادارة الموارد المتاحة للمنظمة عند نقطة التماس بين المنظمة وبين زبائنها. فمن ناحية نجد ان الوظيفة التسويقية توجه نحو تحديد وتلبية احتياجات ورغبات الزبائن ومن ناحية ثانية تسعى لتحقيق اكبر كمية ممكنة من المبيعات التي تعظم عائدات المنظمة ، هذا يعني ان هدف هذه الوظيفة هو تسهيل تدفق السلع من المنظمة الى الاسواق ، ولأجل تحقيق ذلك لابد من وجود تدفق موازي من المعلومات وبالاتجاه المعاكس أي من الاسواق الى المنظمة.

- **النظام الفرعي للافراد والموارد البشرية.** يستلزم انجاز أي وظيفة اقتصادية وجود الافراد، من هنا فان هدف هذا النظام ينصب على الحصول على هؤلاء الافراد بالمؤهلات المطلوبة، تحديد اجورهم والمزايا الاخرى التي ستقدم لهم،

تدريبهم ، تقويم ادائهم ووضع قواعد الانضباط لهم ، هذا يعني ان هذا النظام يعد نقطة التماس المشترك بين المنظمة والعاملين فيها، إذ يتحمل هذا النظام مسؤولية مزدوجة من خلال القيام اولاً بتوفير هؤلاء الافراد وثانياً من خلال تهيأة اجواء العمل المناسبة لهم وفي ظل غياب المعلومات قد يتحول هذين الهدفين المتوازنين الى هدفين متناقضين على النحو الذي لا ينسجم مع اهداف المنظمة.

والشكل الآتي (٩-٥) يمثل النظرة التقليدية لنظم المعلومات الادارية الوظائفية في المنظمة، اذ يتم بناء نظم معلومات وظائفية مستقلة خاصة بكل وظيفة من وظائف المنظمة.

الشكل (٩-٥)

النظرة التقليدية لنظم المعلومات الادارية

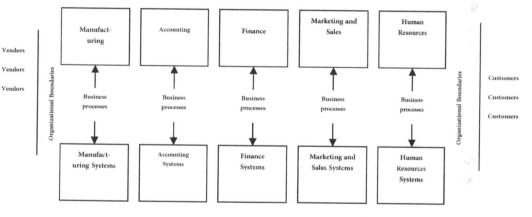

آلية تكامل الانظمة الوظيفية من خلال نظام المعلومات:

من خلال العرض السابق للانظمة الوظيفية الفرعية تبين لنا أن انجازها يستلزم توفر المعلومات الضرورية وأن قسماً من هذه المعلومات يتم الحصول عليها من الانظمة الفرعية الاخرى بسبب اعتمادها بعضها على البعض الآخر ،هذا يعني ان هناك تبادلاً للمعلومات بين هذه الانظمة الوظيفية ، أي تكاملاً بين هذه الانظمة عند انجازها لمهامها بحيث تغدو كمجموعة متكاملة وليس مجرد أنظمة مستقلة تعمل بمعزل عن بعضها البعض الامر الذي يحتم وجود أداة معينة تسهل مثل هذا التبادل وتحقق ذلك التكامل ، وهذه الاداة هي نظام المعلومات الإدارية الذي يمكن عده كنظام فرعي خاص الى جانب الانظمة الوظيفية الفرعية الثمانية سالفة الذكر ، إذ تعد هذه العملية تبادل - المعلومات وتحقيق التكامل بين هذه الانظمة - الباعث الاساس لحتمية وجود نظام المعلومات الإدارية لكونه يمتلك امكانية القيام بمثل هذه العملية. ويجسد الشكل (٥-١٠) حالة التكامل بين الأنظمة الوظائفية في المنظمة في اطار النظرة المعاصرة لدور نظام المعلومات.

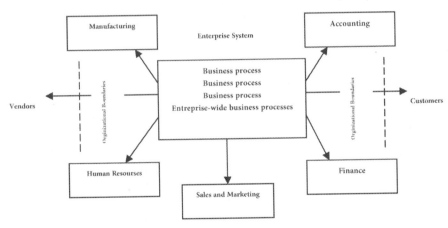

الشكل (٥-١٠)
النظرة المعاصرة لدور نظام المعلومات في تكامل وظائف المنظمة

من هنا ولكي يصبح ممكناً اعتماد إجابة محددة ودقيقة على التساؤل الخاص بكيفية مساهمة نظام المعلومات في تكامل الانظمة الوظيفية الفرعية نرى من الضروري تحديد الدورة الاقتصادية للموارد المتاحة للمنظمة في إطار تلك الانظمة الفرعية والتي ستكون موضوعاً لنظام المعلومات الإدارية المستهدف الذي سيمثل الجهاز العصبي المحرك لهذه الانظمة من خلال مساهمته في تنظيم تلك الدورة وانسيابيتها بكفاءة.

ان القيام بمجموعة الفعاليات والأنشطة الاقتصادية في إطار الأنظمة الوظيفية على مستوى المنظمة يتم من خلال استخدام الموارد المتاحة والمتمثلة بالمواد الخام والمعدات والقوى العاملة ورؤوس الأموال والتي تتميز بخضوعها للتغيير المستمر والحركة الدائمة الامر الذي يستدعي إخضاعها للسيطرة والتنظيم في إطار تكاملي مستهدف ، فبالنسبة للموجودات الثابتة مثلاً فان حركتها ـ دورتها ـ تتمثل من خلال عملية إعادة الإنتاج المتحققة عادة عن طريق الاستثمارات ومساهمتها في عملية الإنتاج في ظل العوامل المادية المحددة بصيغة تكاليف الاندثارات والصيانة ... الخ ، اما بالنسبة للموجودات المتداولة والتي تتحرك بالتتابع في الدورة الاقتصادية من دائرة الإنتاج الى مساحة التداول فان حركتها هذه بصيغتها المؤشرة تتم في اطار الدورة الاقتصادية بعد خضوعها لتغييرات مضافة من خلال عملية التراكم نتيجة إعادة الإنتاج.

إذ تمثل الدورة الاقتصادية عملية تحويل النقود الى سلع وخدمات لأغراض البيع ومن ثم بيع هذه السلع والخدمات لاجل تحويل الموارد الى نقد مجدداً ، والمنظمات الناجحة ـ بالطبع ـ هي المنظمات التي تحقق نقداً اكبر من بيع السلع والخدمات مقارنة مع ماتنفق للمواد الخام والسلع والخدمات التي تحصل عليها.

وكل منظمة بغض النظر عما اذا كانت تنتج السلعة أو الخدمة لها دورة اقتصادية فالمنظمة الصناعية تنتج السلع والمنظمة التجارية تشتري السلع لاعادة بيعها والمنظمة الخدمية التي تشتري الخدمة من الافراد العاملين وتقوم ببيعها.

وتجدر الاشارة هنا الى أن المنظمة يجب أن تولد النقد من خلال نشاط المالية .. وهـذه النقـود تأتي عادة من المستثمرين (مثل حملـة الاسـهم او المقرضين كالبنوك والافراد) ، وتنفـق هـذه النقـود في مجالات الانفاق المختلفة لاجل الحصول على جهود الافراد مـن خـلال دفـع الاجـور ولشـراء المـواد الخـام والسلع والخدمات ومن ثم تحويلها الى سـلع وخـدمات اخـرى مـن خـلال نشاط التحويل . (في المنظمـة الصناعية يسمى نشاط التحويل ، الانتاج) .

نشاط الايرادات يتالف من بيع السلع والخدمات الى الزبائن وتجميع العائدات منهم التي تكون على نوعين اما نقداً او حسابات مدنية ، والنشاط المالي يكون مسؤولاً عن تجميع المبالغ من المدينين ودفع المستحقات الى العاملين والمجهزين وخلال نشاط المالية فان النقود غير المستخدمة يتم استثمارها في السندات قصيرة الامد لحين ظهور الحاجة الى النقد في مجالات الانفاق ، وعند هذه النقطة تبدأ الدورة الاقتصادية من جديد مع انفاق النقد على المواد الخام الاضافية وعلى السلع والخدمات، وفي الحقيقة يحصل التدفق في هذه الدورة الاقتصادية على نحو متصل، إذ تشترك كل الوظائف التقليدية للمنظمة مثل المالية/ الحسابات الانتاج والعمليات، الافراد، التسويق، وفي بعض الاحيان قد تكون مساهمة احدى الوظائف اكبر من غيرها، مثال ذلك المالية والحسابات تكون مساهمة رئيسة في انشطة الانفاق والعائدات والجوانب المالية، في حين تسهم الانتاج والعمليات في انشطة الانفاق والتحويل، التسويق يسهم في نشاط العائدات على نحو رئيسي والافراد في نشاط التحويل.

وهكذا اذا مـا بحثنـا في طريقـة انجـاز الـدورة الاقتصـادية للمـوارد المتاحـة ولكل الفعاليـات والانشطة المعتمدة في المنظمة لامكننا أن نـؤشر بسـهولة تلـك الفعاليـات التـي يسـتلزم الامـر اخضـاعها لتطبيقات نظام المعلومات بهدف تحقيق التكامل فيما بينها وذلك مـن خـلال جمـع البيانـات ومعالجتهـا وتوصيل المعلومات الى الانظمة الفرعية التي تمارس تلك النشاطات والفعاليات.

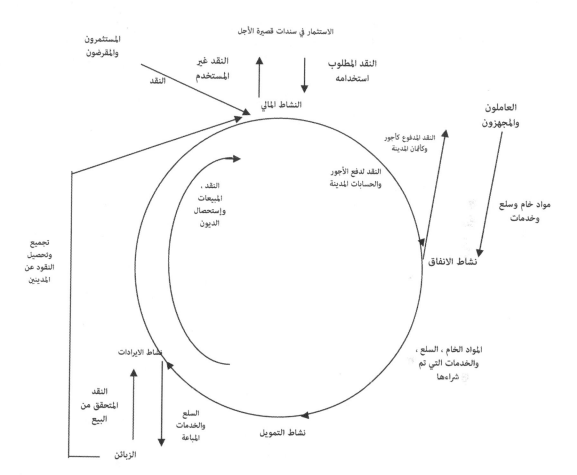

الشكل (٥-١١)
الدورة الاقتصادية لموارد المنظمة

مما سبق يتبين لنا أن لطبيعة الانشطة والفعاليات التي تمارسها المنظمة دوراً بارزاً في الاختيار ووضع الاجابة لما أثرناه من تساؤل سابق ، وبهذا الصدد يبدو مهماً في المنظمة اعتماد تطبيقات نظام المعلومات في جميع الجوانب ذات العلاقة بانشطة وفعاليات المنظمة وفيما يلي الجدول (٥-٤) الذي يؤشر بعض نماذج هذه التطبيقات.

جدول (٥-٤)

بعض نماذج تطبيقات نظام المعلومات الإدارية

الافراد	المالية	التسويق	الانتاج	
تقويم اداء رجال البيع	المدينون / نقداً	تحليل المبيعات	الطلب على السلعة	البيع
ـــــ	الدائنون / نقداً	ـــــ	تجهيز المواد	الشراء
تقويم معدلات الدفع	نقداً	ـــــ	تحديد تكلفة العمل	الاجور
تاهيل الافراد	توفر راس المال الضروري	وجود طلب على السلعة	مدى امكانية الانتاج	فتح خط انتاجي جديد
معدلات الاجور المتاحة	الموازنة الراسمالية	الاستخبارات التسويقية	تخطيط العمليات الانتاجية	البيئة المحيطة بالمنظمة

إن التعداد المشار إليه في أعلاه يمثل بعض تطبيقات نظام المعلومات وليس جميعها ، ومن وجهة نظرنا فان تصميم هذه التطبيقات يجب أن يراعى عد المنظمة كنظام حركي مفتوح (سبرنيتك) ، لذا فإن أي تطبيق للنظام يجب ان يلبي الحاجة إلى المعلومات ولكافة النشاطات والفعاليات مع التذكير باختلاف طريقة معاملة المعلومات وفقاً للهدف منها (انظر الجدول أعلاه) وهكذا أيضاً فان جوهر التصميم العقلاني لنظام المعلومات يتضمن إدخال البيانات الأساسية لمرة واحدة فقط إذ تصبح بعد معالجتها للمرة الأولى جاهزة للاستخدام من قبل إحدى الانظمة الفرعية أو بعد اخضاعها لدرجات مختلفة من المعالجة بالنسبة للانظمة الفرعية

الاخرى وفقاً للحاجة من استخدامها او طلبها من قبل النشاطات والفعاليات المختلفة لاحقاً.

إن مبـدأ التجميـع الموحـد للبيانـات مـع اخـتلاف درجـات المعالجـة لهـا والـذي يحققـه نظـام المعلومات ـ لا يتيح فقط الاستخدام الاقتصادي للاجهزة والمعدات والافـراد فحسـب وانمـا ايضـاً يمكـن مـن تامين الصلة المطلوبة بين المعلومات المطلوبة من الانظمة الوظيفية الفرعية المختلفة باتجاه تكاملها كما هو الحال ـ مثلاً ـ بالنسبة للمعلومات الخاصة بالمشتريات والبيئة والمبيعات ... الخ الأمر الذي سيحد مـن مشكلة الازدواجية في عمليات نظام المعلومات وبما يضمن اعتماد نظام سيطرة مناسب من خلال ما يتيحه مـن معلومات مناسبة للادارات المختلفة المعنية ، وبالإمكان تأشـير إنمـوذج لمثـل هـذا التكـامل وذلـك مـن خلال امتلاك موقف معلوماتي مناسب عن كل الأنشطة والفعاليات المشار إليها من قبل الأنظمة الوظيفيـة الفرعية المسؤولة عن تلك النشاطات والفعاليات وفق منظور تكاملي بجميع هذه الأنظمـة، أنظر الشـكل (٥-١٢)

الشكل (٥-١٢)
دور نظام المعلومات في تكامل الأنظمة الوظيفية الفرعية

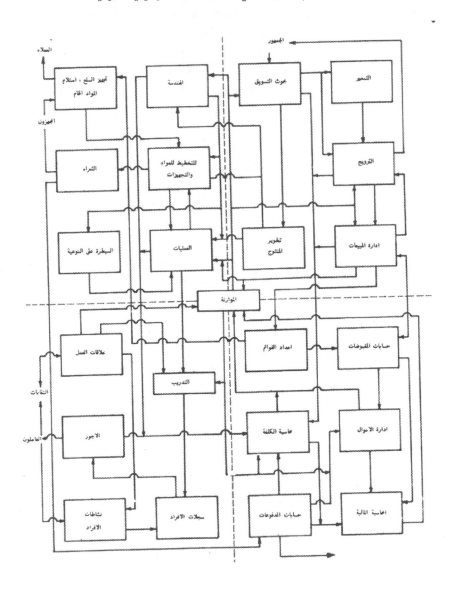

المبحث الرابع
دور نظام المعلومات الإدارية في تحقيق المزايا التنافسية

تمهيد :

لقد توسع نطاق نظام المعلومات مع مرور الزمن بحيث اصبح نظام المعلومات يسهم بدور اكبر في حياة المنظمات، نظم المعلومات الاولى أحدثت تغييرات تكنولوجيا سهلة التحقيق، نظم المعلومات التالية اثرت في الرقابة الادارية والسلوك المنظمي والانشطة الجوهرية للمنظمة، في المنظمات الرقمية توسع دور نظم المعلومات بشكل كبير بحيث تجاوز حدود المنظمة ويشمل المجهزين والزبائن وحتى المنافسين. والشكل الآتي يوضح ذلك

الشكل (١٣-٥)
تغير دور نظم المعلومات

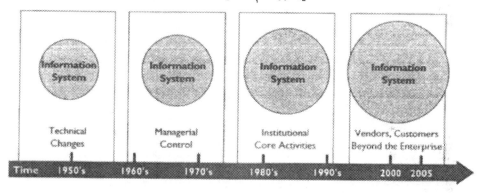

مما سبق تميل اغلب المداخل المعتمدة في التخطيط الاستراتيجي للمعلومات الى مراعاة كيفية مساهمة نظام المعلومات الإدارية في تعزيز القدرة التنافسية للمنظمة، ففي المسح الذي اجري على المنظمات المتوسطة والكبيرة الحجم في

ألمانيا الاتحادية عام ١٩٩٠ تبين ان تحقيق المزايا التنافسية من خلال أنظمة المعلومات الإدارية والتخطيط الاستراتيجي للمعلومات يعد واحداً من بين خمسة من اكثر المشكلات المستقبلية التي ستواجه الإدارة ، وتجدر الإشارة هنا الى فكرة المزايا التنافسية ليست بالفكرة الحديثة فهي ظهرت في أواخر السبعينات من قبل كل من Mckinsey & Company وتستند هذه الفكرة على نجاح اليابانيين في اختراق الأسواق العالمية ، ويمكن تعريف المزايا التنافسية على أنها الوضع الذي يتيح للمنظمة الفرصة لتحقيق الأرباح العالية مقارنة مع المنافسين وذلك من خلال:

- تمييز منتجات المنظمة عن منتجات المنافسين.
- التركيز على تقسيمات سوقية محددة.
- الاقتصار على الإنتاج أو قنوات التوزيع.
- استخدام هياكل سعرية / تكلفة مختارة.

وسواء تم استخدام واحد من هذه الأساليب أو مجموعها فان الهدف المنشود سيكون متفرداً ومتمايزاً على نحو افضل عن المنظمات المزاحمة ، ويسهم نظام المعلومات بدور كبير في اعتماد هذه الأساليب أو تعزيز استخدامها.

ولتجسيد هذا الدور نستعرض في أدناه دور نظام المعلومات المنتج في تحقيق المزايا التنافسية كمثال يمكن أن يعمم على أنظمة المعلومات الإدارية الأخرى في المنظمة.

نظام معلومات المنتج :

يشير الكتاب الى وجود العديد من الضغوط والحاجات التسويقية التي تدفع الادارات الى الاهتمام بتطوير المنتج والتي تعد من وجهة نظرنا العوامل التي تدفع هذه الادارات ايضاً الى الاهتمام بذات الوقت بنظام معلومات المنتج وهي:

- الحاجة الى التقليص المستمر لوقت تطوير المنتج.
- الحاجة إلى تسريع مهام تطوير المنتج.

- التطورات المتلاحقة والسريعة في أدوات تطوير المنتج والحاجة الى تحقيق التكامل والتنسيق فيما بينها.
- الحجم الكبير من البيانات المتولدة عن استخدام هذه الادوات.

ويعد التحكم الفاعل بهذه البيانات شرطاً مسبقاً للتعامل مع كل هذه الضغوط والاستجابة لها على نحو يحقق المزايا التنافسية للمنظمة ، ويسهم اعتماد تطبيقات نظام معلومات المنتج في تجسيد ذلك من خلال المنافع التي يحققها ، إذ يؤكد (Mcfarlan) ان الفرد الذي يمتلك الدليل على بناء نظام سليم لمعلومات المنتج لا ينتابه ادنى شك في إمكانية هذا النظام على تقليص التكاليف وتحسين الرقابة على فعاليات الجدولة ، فضلاً عن ايجاد بيئة عمل مبدعة للنوعية. وفي الوقت الذي يصعب فيه تبرير هذا النظام فيما اذا لم يؤخذ عنه فكرة سليمة او اذا اعتمدت سياقات تنظيمية غير فاعلة في ادارته وذلك بسبب ان هذا النظام لا يعد أداة تحقق معدلات اداء يمكن قياسها كمياً وإنما هو بيئة عمل يقاس في ظلها هذه المعدلات، وعلى الرغم من ذلك فانه يمكن تجسيد أهمية هذا النظام من خلال المزايا التي يمكن أن يحققها عند اعتماد تطبيقاته على نحو سليم وهي:

أولاً: اختصار وقت تسويق المنتوج .

يعد وقت الوصول الى السوق عاملاً حاسماً في تحقيق المزايا التنافسية وبخاصة عند طرح المنتجات الجديدة ، وبعامة هناك ثلاثة عوامل حاسمة تلعب دوراً كبيراً في تحديد السرعة التي من خلالها يمكن طرح المنتج في السوق وهي:

- الوقت المطلوب لإنجاز المهام مثل التصميم الهندسي ، التصنيع ..الخ.
- الوقت المستنفد بين المهام المنجزة كما هو الحال بالنسبة للتصميم المعاد عندما يبقى في الانتظار عند مهندسي الإنتاج لحين إتاحة فرصته في الإنتاج.
- الوقت المستنفد في إعادة العمل.

إذ يمكن لنظام معلومات المنتج تقليص هذه الاوقات وذلك بتسريع انجاز المهام من خلال اتاحة المعلومات عند ظهور الحاجة اليها، وتقديم الدعم والاسناد لادارة المهام، والسماح لكل المخولين من أعضاء فريق المشروع بالوصول الى كل المعلومات الضرورية.

ويشير بهذا الصدد احد خبراء مجموعة "CIM" الى ان مثل هذا النظام يؤدي الى تقيلص وقت تصميم المنتج بنسبة تتراوح بين (٢٠-٣٠%) ، كما يشير خبير آخر من مجموعة "PA" الى ان التخفيض النموذجي في الوقت الضائع الكلي للانتاج يصل الى (٤٠%)، وبنفس الاتجاه يؤكد (Londono) ان مهندسي التصميم يستنفذون مامقداره (٢٥-٣٠%) من وقتهم في تداول المعلومات والبحث عنها واسترجاعها ،وفي انتظار نسخ من الخرائط ، تدقيق المعلومات الجديدة . ويختصر نظام معلومات المنتج هذه الاوقات على نحو كلي على الاغلب ، إذ يحتاج المهندس المصمم فقط لمعرفة موقع وجود التصاميم المعادة أو معلومات اخرى وهي جميعاً تكون متاحة وميسرة ، الى جانب استبعاد ما يسمى بـ " Reinvented Wheel Syndrome" وهو مقدار الوقت المستنفذ من قبل المصمم لحل المشاكل التي يحتمل ان تم حلها سابقاً وبخاصة المعروفة منها ، إذ يعد عادة اسرع لإعادة عمله مجدداً بالمقارنة مع اعادة المحاولة من المرة الاولى .

وعلى الرغم من صعوبة البرهان على تحقق هذه الارقام بطريقة أو اخرى الا ان المنظمة حتى ولو تمكنت من تقليص اجزاء محددة فقط من هذا الوقت فانها يمكنها تحقيق آثار مهمة في ربحيتها وفي حصتها السوقية وهو ما أشار اليه (Daris) عندما اكد على وجود علاقة قوية بين ربحية المنظمة ونمو حصتها السوقية وبين سرعة وصول منتوجاتها الى السوق، عليه تسعى المنظمات جاهدة الى تركيز مواردها على تقليص الوقت الضائع في ايصال منتجاتها الى السوق. كما وجدت الدراسة التي اجريت من قبل (Mckinsy & Company) في شركة (Hewlett-packard) ان تسويق المنتج على نحو متأخر لمدة ستة اشهر يترتب عليه

ـ كمعدل ـ فقدان (٣٣%) من الارباح الصافية ، إذ تعد اثار ضياع الوقت اكثر اثارة من ضياع التكاليف ، فضياع (٩%) من تكلفة الانتاج يعادل (٢٢%) من النقص في الارباح بينما نجد ان تجاوز تكلفة المنتج بنسبة (٥٠%) يؤدي إلى تناقص الارباح بنسبة (٥ر٣%) فقط ، ويسهم تطبيق نظام معلومات المنتج في احداث تأثير ايجابي على الوقت وايصال المنتج إلى السوق ، وتكلفة تطبيقه اقل بكثير من ضياع (٣٣%) من ارباح المنظمة.

ثانياً: تحسين انتاجية التصميم

يتيح نظام معلومات المنتج الادوات الملائمة على النحو الذي يزيد من انتاجية المهندسين ، إذ ان وجود هذا النظام يوفر الادوات الصحيحة للوصول الى هذه المعلومات بفاعلية ، كما أن عملية التصميم بحد ذاتها يمكن أن تختصر على نحو دراماتيكي، وتشير الدراسات الى انه في الكثير من المنظمات فان نسبة كبيرة من تصاميم المنتجات الجديدة تتكون إما من الأجزاء الحالية أو من الأجزاء الحالية بعد اجراء التعديلات البسيطة عليها . وهناك الدليل على أن اغلب المصنعين يمكنهم أن يعيدوا دورة تصاميم منتجاتهم الى حد كبير من خلال ادارة ما تسمى بـ "المحفظة التصميمية" الحالية على نحو اكثر فاعلية . ويسهم اعتماد تطبيقات نظام معلومات المنتج في استخدام نسب كبيرة جداً من عناصر التصاميم الحالية أو بعد تعديلات بسيطة عليها ، عليه تكون الحاجة للتصاميم الجديدة قليلة على نحو كبير. والشكل (٥-١٤) يوضح ذلك.

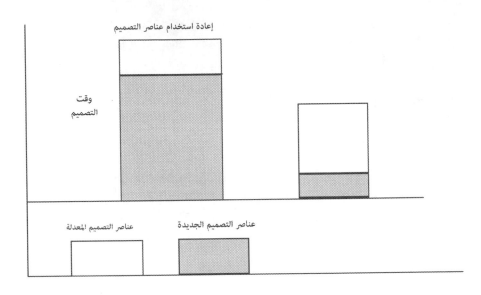

الشكل (٥-١٤)
أهمية نظام معلومات المنتج في تحسين إنتاجية التصميم

وضمن نفس الإطار يتيح نظام معلومات المنتج إمكانية الإدارة الأفضل للتغييرات الهندسية من خلال إمكانية إعداد موديلات أو نماذج متعددة لأي تصميم وخزنها في قاعدة المعلومات الامر الذي يعني ان اعادة التصميم يمكن أن تحصل دون التخوف من أن الموديلات أو النماذج السابقة تم حذفها او فقدانها ، فضلاً عن تقليص عدد التغييرات الكلية المطلوبة لتصميم المنتج خلال دورة تطويره ، والاكثر أهمية أن الحجم الاكبر من التغييرات يحصل في الخطوات المبكرة للتصميم عندما يكون تأثير وقت وتكلفة التغيير منخفضة ، على الرغم من أن جزء صغير فقط من تكلفة الانتاج الكلية (حوالي ٥-٨%) تستنفذ في عملية التصميم بحد ذاتها ، فان قرار التصميم الذي يصنع في المرحلة المبكرة من دورة حياة المنتج يشكل جزءاً

مهماً من تكلفة الانتاج الكلية ويتراوح (٦٠-٨٠%)[٢٢] والشكل الآتي يوضح ما جاء في اعلاه.

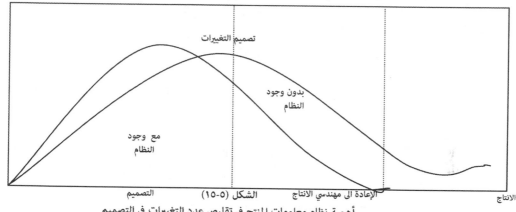

الشكل (٥-١٥)

أهمية نظام معلومات المنتج في تقليص عدد التغييرات في التصميم

ثالثاً: الاستخدام الأفضل لمهارات الفريق الإبداعية

يحذر المصممون عادة عندما يقدمون على اختيار الطريقة الملائمة لحل المشكلة ليس لسبب آخر وإنما فقط لان تضحيات الوقت في البحث عن الحلول البديلة تكون عالية جداً ، إذ ان المخاطر المترتبة على صرف وقت إضافي في الوصول الى طريقة تصميم جديدة قد لا تعمل على نحو سليم تكون غير مقبولة، وبناء عليه فان نظام معلومات المنتج يتيح المجال لتحقيق الإبداع في المجالات الثلاثة المهمة الآتية:

- التواصلية لجميع الوثائق واختبار النتائج المتعلقة بالتغيير في المنتج واختصار عمليات اعادة التصميم وأيضاً الأخطاء المحتملة للتصميم.
- تقليص مخاطر الفشل من خلال توزيع المخاطرة مع الآخرين وجعل المعلومات متاحة للافراد المناسبين بالوقت المناسب.
- تشجيع الفريق المختص بحل المشكلة من خلال السماح لكل فرد بتنشيط أفكار الأفراد الآخرين باستخدام تسهيلات نقل رزم / محافظ الأفكار بهدف جعل الجميع على علم بأنهم يبحثون في ذات المشكلة.

رابعاً: التحكم الأفضل بالمشاريع:

يستلزم تطوير المنتجات الجديدة مخاطر عالية واستثمارات مهمة في الاموال والوقت وتعقيد مع معدل فشل عالي، عليه تجد اغلب المنظمات أن المنتجات الجديدة تعد ضرورية لتفوق المنظمة وبسبب ذلك يشكل جزءاً مهماً من استراتيجية المنظمة التي يجب أن تركز على التحكم الأفضل بمشاريع تطوير المنتجات ، إذ يعود السبب الأساسي لتأخر اغلب مشاريع تطوير المنتج ليس الى سوء التخطيط وإنما بالدرجة الأولى إلى كونها تقع خارج نطاق السيطرة بسبب الحجم الهائل من البيانات التي تتولد عن المشروع والتي تصبح كجبل الثلج المتدحرج في ظل قيود التقنيات الإدارية التقليدية للمشروع، وكلما زادت ضغوط وقت المنافسة زاد نطاق عدم التناسق ومن ثم احتمالات إعادة العمل ، ويسهم نظام معلومات المنتج في إبقاء المشروع ضمن نطاق السيطرة من خلال ضمان السيطرة الدقيقة على المعلومات التي يعتمد عليها المشروع ، هيكل المنتج ، إدارة التغيير، ويمكن تعزيز السيطرة من خلال التدفق الأوتوماتيكي للبيانات والمعلومات والتنفيذ الإلكتروني للإجراءات على النحو الذي يجعل من الاستحالة إهمال عملية الجدولة أو تجاهلها.

خامساً: إدارة النوعية الكاملة

يتيح النظام الفرصة لتوفير مستلزمات إدارة النوعية الكاملة من خلال اعتماد مجموعة متراصة من العمليات التدقيقية لدورة تطوير المنتج ، إذ يمكن إرساء العديد من القواعد الأساس لإدارة النوعية الكاملة ، يضاف إلى ذلك أن هناك سبب تجاري قوي في ظل المنافسة الشديدة لضمان معايير النوعية الدولية، إذ يمكن لهذا النظام تحقيق ذلك من خلال اعتماد جملة من المعايير التي تهدف بعامة إلى استبعاد واحد من أهم أسباب زيادة نسب المنتجات المعيبة ودون مستوى هذه المعايير والتي تعد من أهم المشاكل التي تواجه المنظمات الصناعية في هذا العصر، وتنجم هذه المشكلة ليس من التصميم الرديء أو رداء عمليات التصنيع بل من النوعية الرديئة للمنتج أو تقادم المعلومات ، والخسارة المترتبة على ذلك تتمثل في قيمة الأجزاء الفائضة أو التالفة مضافاً إليها هامش خسارة التجهيز ، عليه لابد من تحديد المعايير الدولية الضرورية خلال دورة حياة المنتج وصياغة الإجراءات الكفيلة بتحديد الأجزاء الداخلة في تركيب المنتج والوصول إليها والرقابة عليها واختبارها، وتجدر الإشارة هنا إلى ان بإمكان نظام معلومات المنتج تشخيص القصور في إجراءات النوعية والتي لا ترتقي إلى مستوى المعايير الدولية ، فضلاً عن إمكانية المتابعة المستمرة لتاريخ تطور المنتج موضحاً أسباب حصول التعديلات وفترات حصولها والجهات التي قامت بإجرائها وتنفيذها.

أسئلة نهاية الفصل

١. كيف يمكن تجسيد أهمية نظام المعلومات الادارية في حياة المنظمات؟

٢. يقال في المثل " المعرفة قوة " كيف يمكنك تجسيد هذا المثل في مجال المعلومات.

٣. يرى المتخصصون في مجال المعلوماتية ان التقدم والتطور في هذا المجال يعد الفيصل بـين المجتمعـات والدول المتقدمة وبين تلك المتخلفة هل توافق على ذلك؟ ولماذا؟!

٤. لا تقتصر أهمية نظام المعلومات في انجاز كل وظيفة من وظائف المدير عـلى انفـراد وإنمـا في تحقيـق التطبيق الصحيح لها كل على انفراد وعلى مستوى الشمول : علل ذلك؟

٥. تعد العلاقة بين المستويات الإدارية وبين الوقت المخصص لانجاز الوظائف الإدارية المنطلق والباعـث لضرورة وجود نظام المعلومات الإدارية " علق على هذه العبارة مبيناً وجهة نظرك؟

٦. تختلف مواصفات المعلومات باختلاف المستويات الإدارية جسد ذلك من خلال الامثلة.

٧. يختلف مستوى المعلومات باختلاف المستويات الإدارية ، وضح ذلك من خلال الامثلة.

٨. يشير الباحثون في نظام المعلومات الإدارية الى انه لكي يصبح ممكناً اعتماد اجابة محددة ودقيقة عـلى التساؤل الخاص بكيفيـة مساهمة نظام المعلومات في تكامـل الانظمـة الوظيفيـة لابـد مـن مناقشـة موضوع الدورة الاقتصادية للموارد المتاحة للمنظمة ، وضح ذلك بالتفصيل.

٩. تصميم تطبيقات نظام المعلومات يجب ان يراعي عد المنظمة كنظام حركي مفتوح (سبرنتيكي) علـل ذلك.

١٠. يتفق اغلب الكتاب على أن أهمية نظام المعلومـات الإداريـة في صنع القـرارات تفـوق أيـة أهميـة أخرى في أي مجال آخر هل توافق على هذا الرأي ؟ ولماذا؟

١١. يساعد اعتماد تطبيقات نظام المعلومات في انتقال الإدارات مـن أسـلوب الإداريـة الارتجاليـة إلى أسلوب الإدارة المخططة الواعية ، كيف تبرر ذلك؟

١٢. وضح بالتفصيل العلاقة بين أهمية نظام المعلومات في صنع القرارات وبـين كـل مرحلـة مـن مراحـل صنع القرارات في إطار المستويات الإدارية.

١٣. انتشرت بعد فترة التسعينات الكتابات التي تؤكد على أهمية نظام المعلومـات الإداريـة في تحقيـق المزايا التنافسية للمنظمة ، هل بإمكانك توضيح الجوانب التي يمكن من خلالها تحقيق هذه المزايا؟

المصـــادر

أولاً: المصادر العربية

أ- الرسائل الجامعية

- إسماعيل، هادي خليل، قياس مواقف المستفيدين اتجاه أنظمة المعلومات الإدارية: دراسة استطلاعية لاراء عينة من المديرين في منظمات القطاع الصناعي الاشتراكي، أطروحة دكتوراه مقدمة إلى قسم إدارة الأعمال- كلية الإدارة والاقتصاد، الجامعة المستنصرية، ١٩٩٩ .
- الجنابي، عبد القادر رحومي أحمد، تقويم نظام المعلومات من خلال مدخل دورة حياة النظام: دراسة تطبيقية في الشركة العامة للالبسة الجاهزة، رسالة ماجستير مقدمة إلى قسم إدارة الأعمال- كلية الادارة والاقتصاد، جامعة بغداد، غير منشورة، ٢٠٠١ .
- الزعبي، حسن علي عبد، اثر نظام المعلومات الاستراتيجي في بناء تطوير المزايا التنافسية وتحقيق عوامل التفوق التنافسي، اطروحة دكتوراه مقدمة إلى قسم إدارة الأعمال- كلية الإدارة والاقتصاد، جامعة بغداد، غير منشورة، ١٩٩٩ .
- السامرائي، سلوى أمين، تقدير التلائم بين الانماط الشخصية لمتخذي القرار وخصائص نظام المعلومات الادارية، اطروحة دكتوراه مقدمة إلى قسم ادارة الاعمال-كلية الادارة والاقتصاد، جامعة بغداد، غير منشورة، ١٩٩٥.
- الطائي، محمد عبد حسين، اثر المناخ التنظيمي في مؤشرات فاعلية نظام المعلومات الإدارية: تحليل لاراء صانعي القرارات في عينة من الجامعات

العراقية، أطروحة دكتوراه مقدمة إلى قسم الادارة والاقتصاد، جامعة الموصل، غير منشورة، ١٩٩٥.

- العبيدي، بشرى عبد العزيز عمر، أثر مقومات نظام المعلومات الإدارية في فاعلية النظام، رسالة ماجستير مقدمة إلى قسم إدارة الاعمال- كلية الادارة والاقتصاد، جامعة بغداد، غير منشورة، ٢٠٠٠.

- العدواني، عبد الستار محمد علي، تطوير المعلومات الإدارية بالتركيز على تطبيقات تقانة المعلومات الحديثة: حالة دراسية في المعهد الفني بالموصل، أطروحة دكتوراه مقدمة إلى قسم إدارة الاعمال- كلية الادارة والاقتصاد، جامعة الموصل، غير منشورة ١٩٩٨.

- النقشبندي، ليلى عمر العزي، اختيار معايير نظم المعلومات الإدارية في بعض شركات قطاع المقاولات، رسالة ماجستير مقدمة إلى ادارة الأعمال- كلية الادارة والاقتصاد، الجامعة المستنصرية، غير منشورة ١٩٩٩.

- النوفل، سلطان احمد خليف، الثقافة التنظيمية وأثرها في خصائص وفاعلية نظام المعلومات غير الرسمية، دراسة تشخيصية تحليلية في عينة من المنظمات العراقية، أطروحة دكتوراه مقدمة إلى قسم إدارة الأعمال- كلية الادارة والاقتصاد، جامعة الموصل، غير منشورة، ١٩٩٨.

٢- الدوريات

- الرواندوزي، زانة محمد امين وغني، نسرين شاكر، "التطبيقات الفعلية لبعض قواعد البيانات الممكنة"، دراسة خاصة بالمركز القومي للتخطيط والتطوير، ١٩٩١.

- حلاوي، محمد علي، "مقدمة في نظرية استرجاع المعلومات"، القسم الثاني، مجلة التنمية الإدارية، العدد ١١ ، ١٩٧٩.

- علوي، حسن محمد علي، "محددات الاختيار والتحرك المهني: مدخل الأنماط الفكرية في اتخاذ القرارات"، مجلة الإدارة العامة، العدد ٥، ١٩٨٧.

٣- الكتب

- بيترز، توم، "ثورة في عالم الإدارة، ترجمة: حسين علي، الدار الدولية للنشر والتوزيع، مصر، ١٩٩٥ .
- الزغبي، فايز وعبيدات، محمد، "اساسيات الإدارة الحديثة، دار المستقبل للنشر والتوزيع، عمان، ١٩٩٧ .
- الصباح، عبد الرحمن والصباغ، عماد، "مبادئ نظم المعلومات الإدارية الحاسوبية، دار زهران للنشر والتوزيع، عمان، ١٩٩٧ .
- الصباح، عبد الرحمن، "نظم المعلومات الإدارية"، دار زهران للنشر والتوزيع، عمان، ١٩٩٦ .
- الطائي، محمد عبد حسين، "نظام المعلومات الإدارية"، الطبعة الأولى، دار الكتب للطباعة والنشر بجامعة الموصل، الموصل، ١٩٨٨ .
- الطائي، محمد عبد حسين، "نظام المعلومات الإدارية"، الطبعة الثانية، دار الكتب للطباعة والنشر بجامعة الموصل، الموصل، ٢٠٠٠ .
- الطائي، محمد عبد حسين، "الموسوعة الكاملة في نظم المعلومات الإدارية الحاسوبية، الطبعة الأولى، دار زهران للطباعة، ٢٠٠٢ .
- بورز، ميشيل وادمز، دافيد وميلر، هارلان، "تطوير نظم المعلومات الحاسب الآلية، ترجمة: ابراهيم عبد السلام ومحمد نزيه الدريني، معهد الادارة العامة، المملكة العربية السعودية، ١٩٨٨ .
- بيكر، هال ب، "سدية وكمال المعلومات"، ترجمة: محمد الحديدي، الدار الدولية للنشر والتوزيع، مصر، ١٩٩٥ .
- جرجيس، جاسم محمد وكلو، صباح محمد، "مقدمة في علم المكتبات والمعلومات"، دار الفكر المعاصر، صنعاء ١٩٩٩ .
- جونيز، جمز اوهكس، "نظم المعلومات الإدارية، ترجمة: حسين علي، معهد الادارة العامة، المملكة العربية السعودية، ١٩٨٧ .

- دنكان، جاك، "افكار عظيمة في الادارة"، ترجمة: محمد الحديدي، الدار الدولية للنشر والتوزيع، ١٩٩١ .

- شهيب، محمد علي، "نظم المعلومات لاغراض الادارة"، دار الفكر العربي، القاهرة، ١٩٨١ .

- ليفيت، ثيودر، "الادارة الحديثة"، ترجمة: نيفين غراب، الدار الدولية للنشر والتوزيع، مصر- كندا، ١٩٩٤ .

- مكليود، رايموند، "نظم المعلومات الإدارية"، ترجمة: سرور علي سرور وعاصم احمد الحمامي، دار المريخ للنشر والتوزيع، الرياض، ٢٠٠٠ .

- منصور، عوض وأبو النور، محمد، "تحليل نظم المعلومات باستخدام الكومبيوتر"، الطبعة الرابعة، دار الفرقان، عمان، ١٩٩٦ .

- ياسين، سعد غالب، "نظم المعلومات الإدارية"، دار اليازوري العلمية للنشر والتوزيع، عمان، ١٩٩٨

ثانياً: المصادر الأجنبية

١- Periodicals

- Ahitur, N., Malcon, C.M & Yair W. "The value of information in information Analysis" information & Management, No., ٤, ١٩٨١ .

- Bruwer, P.J.S., "Adescriptive Model of success for computer- Based Information System", Information & Management, Vol. V, No., ٢, April, ١٩٨٤ .

- Cheney, P. & Dickson, G. B., "Organizational Characteristics and information system success: An Exploratory Invistation", Acd. Mgmt.J. Vol. ٢٥, No. ١, ١٩٨٢ .

- Ein- dor, P. & segev, E. , "Organization context and MIS structure: some Empirical Evidence", MIS Quarterly, Vol. ٦, No., ٣, Sept. ١٩٨٢.

- Hall., L.P., Ross. C.S., "Asurvery of personal productivity software use by Business professional productivity software use by Business professional", Journal of computer information systems, Winter ١٩٩٦-١٩٩٧ .

- Harvey, David, "When Technology IS A bad Investment", Journal: Director (UK), Vol. ٤١, No., May, ١٩٨٨ .

- Howard, G.S. & Smith , R., "Computer Anxiety in Management: Mythor Reality, Com of ACM, Vol., ٢٩, No. V , July ١٩٨٦ .

- Igbaria, M. & Nachman, A.S., "Correlates of user satifaction with End user computing", Information & Management , No. ١٩, ١٩٩٠.

- Igbaria, M., & pavri, F. N. & Huff, S.L. "Micro computer Application: A Empirical book at usage", information & Management, Vol. ٢٦, No. ٤, April, ١٩٨٩ .

- Igbaria, M., "End-user computing Effectiveness: A structural Equitation Model", Omege, Vol. No. ٦, ١٩٩٠ .

- Igbarin, M. & Parasuraman, "A path analytic study of Individual characteristics, Computer Anxiety and Attitudes toward Micro computers". Jouranl of Management Systems, Vol. ١٥, No. ٣, Fall, ١٩٨٩ .

- James L. Mskenney & Peter G. W. Keen,"How manager minds", H.B.R. Vol. ٢٥,No.٣, May / June. ١٩٧٤.

- Lan, J.K., Yang, A.Y. & Graham, W., "Information System Skill: A comparison of perception Between information system professional from Indonesian and malysin Organization", Journal computer information systems spring, ١٩٩٧ .

- Lee, D. S., "Usage patterns and sources of Assistance to personal computer users", MIS Quarterly, Vol. ١٠, No. ٤, December, ١٩٨٦.

- Lin, E., & Hsieh, C., "Disfunctional user Behavior in systems Development", Journal of Information system Mangement, Vol. ٧, No., ١. Winter, ١٩٩٠.

- Mand, Nax, "Manageing strategic Investment In Information systems", Management Accountuing , UK, Vol. ٦٧, No. ٩, oct., ١٩٨٩.

- Nathe, R. "Aligning MIS with the Business" information & Management, Vol. ١٦, No., ٢, ١٩٨٩.

- O'Reilly, CH., "Variations in Decision- Marker's use of Information sources: Jour. Vol. ٢٥, No. ٤, ١٩٨٢.

- Ravinder, N., "Are Frequent computer users satisfied?" Information processing and Management , Vol. ٢٥, No. ٥, ١٩٨٩.

- Raymond, L., Characteristics and MIS Success in thc context of small Business", MIS Quarterly, Vol. ٩, No., ١, ١٩٨٥.

- Rushinck, A. & Rushinck S., "A User Evaluation of information Characteristics Related to Demond and Deposit system: An Empirical Analysis", Information & Management , No. ٧, ١٩٨٤.

- Schewe, C.d., "The Management Information system user: An Exploratory behavioral analysis", Academy of Management., Vol. ١٩, No. ٤, ١٩٧٦.

- Simha, R. M., Hauston, H.C., & Hugh, J. Watson, "Critical Success Factors for Information center Managers", MIS Quarterly, September, ١٩٨٨ .

- Wan, T. B. & Wah, L. T., "Validation of user satisfaction Instrument & Management , No., ١٨, ١٩٩٠.

- Zani, William N., "Blue print for MIS, "H.B.R. Vol. ٤٨, No., ٦, Nov./ Des., ١٩٧٠ .

٢- Books

- Alter, Steven, "Informationetion system management", ٣rd ed., Addison – wesly, U.S.A. ١٩٩٩ .

- Andrew S. "Computer Networks", ٣rd ed., Tanen Bauer prentice-Hall Informational, Inc. ١٩٩٦.

- Awad, Elias M., "Business Date processing" ٥th ed, prentice-Hall, Inc, U.S.A. ١٩٨٠.

- Awad, Elias, M., "Management Information System", Awad & Associates, Inc., NewYork, ١٩٨٨ .

- Benyon, David , "Information Date Modelking", ٢nd ed, McGraw-Hill publishing company, England , ١٩٩٧ .

- Bingham, Jahn E., "A hand book of System", Awad & Associates, Inc., NewYork, ١٩٨٨ .

- Cashmore, C. & Lyall R., "Business Information: Systems and Strategies", Prentece-Hall Information Ltd. UK., ١٩٩١.

- Compton H. & Bennet, W., "Communication Supervisory Management", Watson & Viney LTD. Great Britain, ١٩٦٧.

- Curties, Graham, "Business Information system: Analysis, Design and practice", ٣rd ed., Addison wesley publishing company, NewYork, ١٩٩٨ .

- Curtis, Graham, "Business Information systems: Analysis, Design and practice" Addison-Wesley, Ltd, NewYork., ١٩٨٩.

- Daft, R.L., "Organization Theory and Design" ٤th ed. West publishing Co. NewYork, ١٩٩٢ .

- David Stamper, "Local Area Networks" addison wesley Longman, Inc., ١٩٩٨ .

- Davis, Gordon B. & Olson, Margrethe H., "Management Information system conceptual foundation, structure and development", ٢nd ed, McGraw-Hill Book company, NewYork, ١٩٨٧.

- Davis, Gordon B., "Computers and Information Processing", ٣rd ed. McGraw-Hill, Inc., Japan, ١٩٧٧ .

- Hicks, Jr. Sames O., "Management Information System A user Perspective" , West publishing Co., ١٩٩٤.

- Huusain, S. S., "Information Management", McGraw-Hill Book Co. NewYork, ١٩٨٢.

- Jackson, Keith, "Secure Information Transfer", John Wiley & Sons, Inc. NewYork, ١٩٩٠.

- Jaffery, D.r. & Lawrence, M.J. "Systems analysis and design", prentice – Hall of Australia, ١٩٨٤.

- Jenkins, A.M., "A Program of research for Investigatin Management Information systems", Allen Co., NewYork, ١٩٨٢.

- Kanter, Jerome, "Managing with Information" ٤th ed, prentice-Hall of India, ١٩٩٦.

- Keen, Peter, "Information Technology", McGraw – Hill companies, Inc. U.S.A, ١٩٩٦.

- Kendalk, Kenneth E. & Lendalk, Julie E., "Systems analysis and Design", prentice-Hall, Inc. U.S.A , ١٩٨٨ .

- Kent, Allen, "Information Analysis & Retrival", ٣rd ed, John Wiley & Sons, Inc., ١٩٧١.

- Konter , Jeorme, "Management oriented information system", ٢nd ed, Prentice-Hall, Inc., New Jersy, ١٩٩٧ .

- Kotler, Philip, "Marketing Management", ٩th ed, prentice-Hall, Inc. New Jersey, ١٩٩٧ .

- Kronke , David, "Management Information System", McGraw-Hill, Inc. ١٩٨٩ .

- Laudon, Kenneth C. & Laudon, Jane P. "Management Information System, Managing the Digital Form", ٢٠٠٧ .

- Long, Larry, "Introduction to computers and information systems", ٤th ed, prentice- Hall International, New Jerasy, ١٩٩٤.

- Lucas, H.C., "Information systems concepts for management", ٢nd ed, McGraw-Hill, Inc, U.S.A. ١٩٨٢.

- Lucas, H.C., "Information System for management", ٤th ed, McGraw-Hill, Inc, U.S.A. ١٩٩٠.

- Mans, Charles C. & Sims, Henry P., "Business with out Bosses", John Wiley & Sons, Inc. U.S.A. ١٩٩٥ .

- O'Brien , J.A., "Management Information system Amangerial End- User Perspective", Iriwin, Inc., U.S.A., ١٩٩٠ .

- O'Brien, J. A., "Introduction to information system", ٩th ed, Irwin, Inc., U.S.A, ١٩٩٧ .

- Olle, T. W., "Information Systems Methodologies" ٢nd ed, Addison- wesely publishing company, NewYork, ١٩٨٨.

- Radia Perlman . Inter connections, Bridges, Routers, Switches, and Internet working protocols, Addison Wesley Longman, Inc, ٢٠٠٠.

- Schultheis, R & Summer , M., "Management Information: The Management view", ٣rd ed, Irwin, Inc., U.S.A., ١٩٩٥ .

- Scott, George M., "Principle of Management Information System, McGraw-Hill, Inc., NewYork, ١٩٨٦ .

- Senn, James A., Information System in Management", ٤th ed, wads worth, Inc., Inc., U.S.A. ١٩٩٠ .

- Taggart, William, M., "Information Systems" ٢nd ed., Allyn and Bacon, Inc., U.S.A., ١٩٨٦.

- Thieratful, Robert J., & Reynolds George, "Effective Information Systems Management", Charles E. Merrill Publishing Co., U.S.A.., ١٩٨٢.

- Williams, Brian, Sawyer, Stacey C. & Hutchinson, Sarah E., "Using Information technology", ٢nd ed, Irwin, Inc., U.S.A., ١٩٩٧ .